穆怀中 沈 毅 等◎著

中国农村养老保险体系框架与适度水平

THE FRAMEWORK
AND MODERATE LEVEL
OF RURAL PENSION SYSTEM
IN CHINA

社会科学文献出版社
SOCIAL SCIENCES ACADEMIC PRESS (CHINA)

摘 要

　　本书通过问卷调查、经济计量模型与统计分析等现代研究方法，构建了完善农村养老保险体系的理论分析框架；建立了农村养老保险适度水平模型，确定了适度区间并作为农村社会养老保险给付的理论标准和政策依据；根据全国统筹目标及对现行基础养老金模式的完善，提出基础养老金全国统筹"一元化"，并建立了"一元化"的基础养老金指数化调整方案和城乡统筹对接方案；提出了社会养老保险和家庭养老转换对接的三阶段划分，并建立了"二序列"（有无土地和有无子女）社会养老保险与家庭养老、社会救助等其他社会保障政策的协调对接方案；根据全国统筹目标及对现行社会养老保险模式的完善，提出了农村社会养老保险的"三账户"模式并确定了筹资及给付水平；基于体系的完善及水平的提高，研究提出了"一元化、二序列、三账户、五支柱"农村养老保险体系目标框架，并以适度水平为主线、以三阶段发展为目标确定了完善路径；根据目标框架，对农村社会养老保险提高社会保障水平的作用进行了实证分析，并研究了农民养老、收入再分配、拉动农村居民消费、劳动力市场整合与就业等效应；提出了加快实现基金养老金"一元化"、建立"二序列"农民社会养老保险与社会救助配套衔接机制、根据中央地方与个人承受力构建"三账户"筹资与给付模式、实施农村养老保险体系三阶段发展策略等政策建议。

Abstract

The book provides theoretical analysis framework of rural pension system by modern research methods including questionnaire survey, econometric models and statistical analysis etc. ; builds the moderate level model of rural pension and confirms moderate range as theoretical standards and policy basis of rural pension' payment. According to national pooling and basic pension model' improving, The book puts forward unitary national pooling of basic pension and unitary indexation adjustment scheme, urban – rural interfacing. The book puts forward three stages of transformation from family endowment to social pension insurance, build coordination and link – up scheme of social pension insurance, family supporting, social assistance and other social security policies for "Two Series" (peasants with land or not, peasants have children or not); Based on national pooling and improving of current social pension model, we put forward "Three Accounts" model of rural social pension and confirm financing and payment level; Based on improving of system and level, the book raises "Unify, Two Series, Three Accounts, Five Backbones" of rural social pension' target framework and confirm improving route according to the mainstream of moderate level and the target of "three stages"; The book studies empirically effectiveness of rural pension improving the level of social security and its effect for peasants' old – age security, income redistribution, stimulating countryside consumption, Labour market's integration and employment etc. The book put forward policy recommendations as accelerating unitary basic pension, building "two series" link – up mechanism of rural social pension and social assistance, establishing "three account" model of financing and payment according to bearing capacity of central government, local governments and peasants.

前 言

《中国农村养老保险体系框架与适度水平》是国家社科基金重大项目"完善农村养老保险体系和提高社会保障水平研究"（09&ZD023）的研究成果。

中国从 2009 年下半年开始启动新型农村社会养老保险试点，现正在全国各地农村全面铺开。农村社会养老保险是在城乡二元经济结构、农村少子高龄化加剧和城镇化速度加快的背景下建立的，符合广大农民对社会化养老的实际需求和愿望。农村社会养老保险由基础养老金和个人账户养老金两部分组成，前者是国家普惠式的养老金，后者是通过自我缴费积累实现的养老金，确保了农民在老年能够有稳定的养老金收入来源。农村社会养老保险在试点后发展较快，覆盖范围不断扩大，基本实现了对全体农村居民的全覆盖。本项目课题组对北京、辽宁、内蒙古等 20 个省区市的试点状况进行了跟踪研究并开展了实地调查和三次问卷调查，其中包括一次大规模问卷调查和两次典型地区问卷调查。调查发现：农民对农村社会养老保险政策十分欢迎，绝大多数农民认为基础养老金对自己的生活帮助很大。这充分表明农村社会养老保险的建立很有必要，养老保障作用较大。农村社会养老保险制度的建立，开始了农村养老从长期以来的以家庭保障为主向以社会养老保险为主的转变，并逐步向以农村社会养老保险为主与家庭养老、土地保障、社会救助相衔接的农村多支柱养老保险体系迈进。

农村社会养老保险试点几年来，虽然在全国各地发展较快并积累了丰富的经验，但也暴露了一些亟待研究和解决的问题。通过实地调查及深入研究，发现农村社会养老保险存在的问题主要集中在：第一，基础养老金的给付标准、增长及依据有待深入研究，广大农民对此特别关心；第二，全国各地区基础养老金给付标准差异较大，扩大了社会保障的地区差距，产生新的不公平；第三，对基础养老金未来的全国统筹及城乡对接缺乏中长期的考虑和政策设计，可能影响政策的连续性和可持续性；第四，个人账户主要存在农民缴费档次低、缴费时间短、基金回报率低等问题，导致待遇偏低且无法有效发挥养老作用；第五，农村社会养老保险与家庭养老、社会救助等其他社会保障政策的配套衔接机制尚未明确，导致各地政策不统一。此外，农村社会养老保险还存在中央与地方财政责任及比例分担不合理、统筹层次低且无法实现基金保值增值等诸多问题。这些问题倘若不能及时解决，将不利于农村养老保险体系的稳定运行及可持续发展。

本成果依据基础养老金、个人账户、土地养老、子女养老和社会救助五支柱研究框架，确立的研究内容概括为："一主线、两翼、三账户、三梯度、一目标"。"一主线"即完善农村养老保险体系以适度水平为主线，"两翼"即社会养老和家庭养老为农村养老保险体系发展的两翼，"三账户"即构建中央、地方与个人资金来源三账户模式，"三梯度"即在三阶段中实现家庭养老、社会救助与社会养老的梯度转换对接，"一目标"即通过体系完善与政策协调逐步建立适度、协调和可持续的农村养老保险体系。

本成果由五大部分构成，包括前言和9章主体内容。第一部分是前言，概述了研究背景和意义、研究主线和内容、主要创新点和贡献。第二部分是第1章，构建了完善农村养老保险体系的理论框架，提出了生存公平、劳动公平、二元劳动福利差、生命周期补偿、适度水平等理论观点。第三部分是农村养老保险体系目标框架及基础养老金、个人账户、家庭养老与社会救助等核心制度体系分析，包括第2至第5章。第四部分是农村养老保险体系协调对接、财政支付水平、管理运行体系及政策效应分析，包括第6至第8章。第五部分是第9章，论述了完善农村养老保险体系及提高社会保障水平的对策建议。

本项目采用了问卷调查、经济计量模型与统计分析等现代研究方法，对农村养老保险体系开展了深入研究，主要取得了以下创新性成果。

1. 构建了完善农村养老保险体系的理论分析框架

中国农村养老保险体系是在城乡二元经济结构、"工业反哺农业、城市支持农村"的背景下建立的，具有其建立与发展的特殊性和规律性。在此背景下，围绕农村养老保险体系如何完善的一些具体问题，有针对性地总结提出了生存公平、劳动公平、城乡二元劳动福利差、生命周期补偿和适度水平等理论观点。

养老保险生存公平与劳动公平理论是整个理论体系的基石，是建立农村养老保险给付适度下限和适度上限标准的理论依据。城乡二元工农劳动福利差理论是说明在城乡二元经济结构条件下，为什么要给农民养老补偿的理论依据。农民养老保险生命周期补偿理论是说明在农村社会养老保险实施条件下，国家财政要对哪些人进行补偿、补偿水平多高合适、补偿多长时间、以何种方式进行补偿的理论依据。农村养老保险适度水平理论是完善农村养老保险体系的理论主线，是从整体上说明农村养老保险给付多少为适度的理论依据。

以上四个层面的理论，构筑了农村养老保险体系和模式研究的理论框架，解决了农村养老保险体系为什么要完善以及如何完善的基本理论问题。

2. 建立了农村养老保险适度水平模型，确定了适度区间并作为农村社会养老保险给付的理论标准和政策依据

农村养老保险体系的完善主要以适度水平为主线和政策依据。农村养老保险适度水平主要包括宏观适度水平和微观适度水平。

宏观适度水平是以劳动负担系数和劳动要素分配系数两个指标为依据设立的。宏观适度水平是以劳动公平为依据，结合养老保险生命周期原理和代际转移原理，选择老年人口比重与目标或现实劳动生产分配系数的乘积作为适度上限或适度下限的测定标准。经研究确定宏观适度水平上下限区间：2012年为1.88%~2.53%，2020年为2.51%~2.79%，2030年为3.13%~3.45%，2050年为2.93%~3.24%。

微观适度水平是以居民收入和消费两个指标为依据设立的。微观适度水平下限是以生存公平为依据，保障老年人的生存权利，选择农村居民消费恩格尔系数作为其适度下限的测定标准。微观适度下限既是养老保险总水平适度下限的测定标准，也是基础养老金适度下限的测定标准。微观适度水平上限是以劳动公平为依据，其给付标准不能高于农民可支配收入水平，选择养老保险给付合意替代率50%作为养老保险给付适度水平上限的测定标准。依据农村养老保险"统账结合"的模式，基础养老金占养老金给付的50%，由此选择居民收入25%作为基础养老金给付适度水平上限的测定标准。这样，将农村居民消费恩格尔系数和农村居民收入的50%分别作为养老保险总水平适度下限和适度上限的测定标准并构成其适度水平区间。其中，将农村恩格尔系数和农村居民收入的25%作为基础养老金适度下限和适度上限的测定标准，并构成其适度区间。

根据微观适度水平模型，我们以替代率为指标测定了三阶段农村养老保险微观适度水平。养老保险和基础养老金的微观下限是以生存公平为依据的同一条线。微观适度水平下限随着恩格尔系数的下降而联动，2012年为23%、2020年为18%、2030年为12%、2050年为9%的替代率。养老保险和基础养老金的微观适度水平上限以劳动公平为依据，分别为50%和25%的替代率。

由于目前农业劳动生产要素分配系数和农村收入水平较低，农村养老保险宏观适度水平高于微观适度水平，但宏观适度水平和微观适度水平是相互关联并随着经济发展和劳动生产要素分配系数的提高而不断趋近的。农村养老保险给付水平从微观适度水平下限起步，逐渐趋近于微观适度水平上限，然后进一步趋近于宏观适度水平下限，最后进入宏观适度水平区间。从农村养老保险体系的现状及所处的发展阶段出发，我们主要以微观适度水平作为完善主线和政策依据。

3. 根据全国统筹目标及对现行基础养老金模式的完善，提出基础养老金全国统筹"一元化"，并建立"一元化"的基础养老金指数化调整方案和城乡统筹对接方案

在农村养老保险体系中，基础养老金是为农民提供基本养老保障的

"第一支柱",它的完善至关重要。基础养老金目前主要存在给付水平偏低、中央与地方财政责任及分担比例不合理等问题。在基础养老金制度研究中,我们提出了基于全国统筹的"一元化"发展策略。基础养老金"一元化"就是将基础养老金目标替代率的10%拿出来,设立中央账户进行全国统筹"一元化",即中央财政全部负担,按全国统一标准发放。

基础养老金目前的给付标准折合成替代率约为8%,低于基础养老金微观适度水平下限23%和适度上限25%,更低于宏观适度水平。在"一元化"统筹和给付的基础上,研究提出了三种基础养老金指数化调整方案。三种方案均根据物价指数(CPI)和农村人均纯收入($\bar{y}$)进行调整,调整指数分别为CPI、$CPI+\bar{y}$和$CPI+0.5\bar{y}$。根据实证检验和比较,第二种方案(调整指数为$CPI+\bar{y}$)比较适度。基础养老金按此方案调整后,初始期将达到9%的替代率,过渡期将达到12%的替代率,目标期将达到25%的替代率,即达到微观适度上限。

为了未来城乡养老保险体系的对接,研究提出了基础养老金"一元化"的城乡统筹对接方案。在农村基础养老金"一元化"的基础上,城镇基本养老保险也将社会统筹30%替代率的10%或15%拿出来,建立中央账户进行全国统筹。在"一元化"基础上,实现城乡基础养老金制度的统筹对接。

4. 提出社会养老保险和家庭养老转换对接的三阶段划分,并建立"二序列"(有无土地和有无子女)社会养老保险与家庭养老、社会救助等其他社会保障政策的协调对接方案

完善农村养老保险体系的关键节点之一是社会养老保险和家庭养老的转换与对接。在研究这一对接和转换过程中,本书提出了三阶段划分观点,并研究提出了"二序列"(有无土地和有无子女)差异替代给付方案。

根据社会养老保险、家庭保障及社会救助的替代作用,将它们的对接与转换过程划分为三个阶段:在初始期(2012~2020年),以基础养老金与个人账户为主体的社会养老与土地、子女等家庭养老给付水平比例为1:3;这一时期社会养老保险水平较低,家庭养老(土地养老、子女养老)作用较大,家庭养老对社会养老保险起到较大的替代作用。在过渡期（2021~2030年），以基础养老金与个人账户为主体的社会养老与土地、子女等家庭养老给付水平比例接近1:1，社会保险水平有所提高，社会养老保险与家庭养老将并重发展。在目标期（2031~2050年），以基础养老金与个人账户为主体的社会养老与土地、子女等家庭养老给付水平比例超过3:1。这一时期家庭养老功能将逐步弱化，社会养老保险发挥主要作用。

在三阶段中，家庭养老的地位及其趋势是关键问题。我们把家庭养老分解为土地养老和子女养老。在研究土地养老中，提出有无土地"二序列"养老联动给付对接方案。"有土地"享受基础养老金和土地养老，"无土地"则享受基础养老金和低保，其中低保替代土地养老。当"无土地"联动给付超过基础养老金微观适度上限时，应取消基础养老金与低保联动。在研究子女养老中，提出有无子女"二序列"养老联动给付对接方案。"有子女"享受基础养老金和子女养老，"无子女"则享受基础养老金和计生扶助金，其中计生扶助金替代子女养老。

根据我们的研究，在初始期和过渡期，"无土地"与低保联动进入适度区间，"无子女"与计生扶助金联动进入适度区间，以解决"无土地""无子女"二序列养老水平偏低问题。在目标期，若"无土地"联动给付超过微观适度上限，则应取消与低保联动。

5. 根据全国统筹目标及对现行社会养老保险模式的完善，提出农村社会养老保险的"三账户"模式并确定筹资及给付水平

农村社会养老保险的核心问题是资金的筹集和给付问题。在对基础养老金、个人账户筹资与给付模式及水平分析的基础上，基于基础养老金实现全国统筹的政策目标，我们提出了"三账户"模式。

我们提出的"三账户"模式是对现行模式的完善，根据适度水平明确了中央、地方与个人的筹资责任及分担比例。中央账户（第一账户）从基础养老金替代率的现行水平6%起步，逐步提高到目标期的10%，实现全国统筹"一元化"，由中央财政全部分担，按全国统一标准发放。地方账户（第二账户）对基础养老金和个人账户两部分进行补贴，一部分补贴基础养老金，从替代率的现行水平2%起步，逐步提高到目标期的15%，由地方财政负担，按省级统筹标准发放；另一部分，地方账户为了激励农民缴费，还要对个人账户进行补贴，从个人账户替代率 0.35%（每年财政补贴 30 元）起步，逐步提高到目标期的 5%。个人账户（第三账户）由农民个人缴费，随着农业现代化和农村经济发展及收入水平的逐步提高，农民个人账户缴费给付替代率从 1% 起步，到过渡期的 3%，再到 15%，逐步提高到目标期的 20%。为了减轻地方财政负担，经济发达地区或农民收入水平较高时，可以在 2035 年二元农业劳动福利差下降时，由劳动年龄农民对基础养老金进行个人缴费，缴费给付替代率水平可以从 1% 起步，目标期达到 5%。这样地方财政补贴（第二账户）水平可以由 20% 下降为 15%（见图 0-1）。

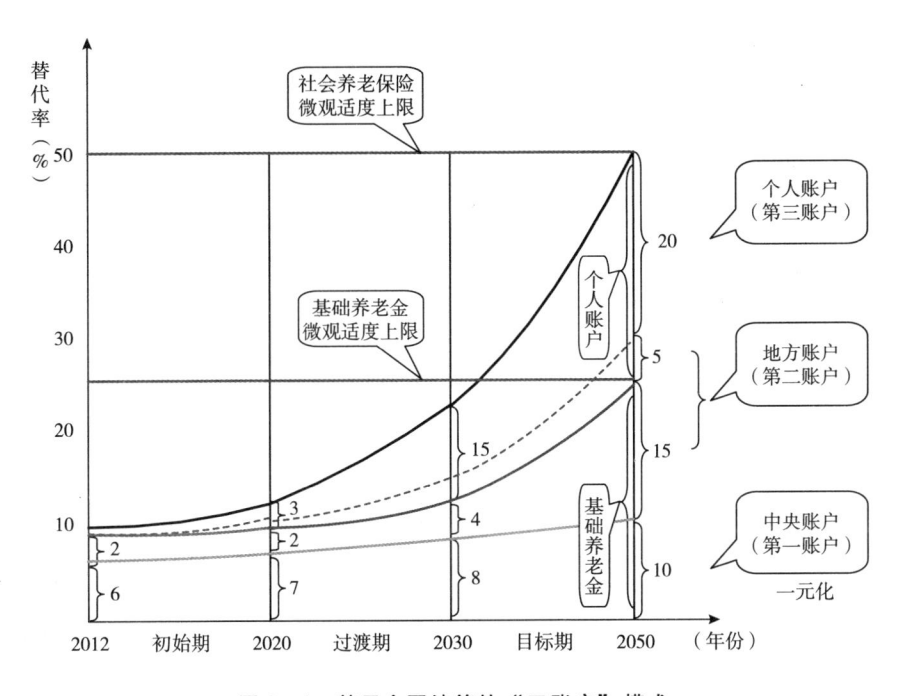

图 0-1 基于全国统筹的"三账户"模式

根据世界发达国家社会保障支出经验，国家财政总支出用于社会保障支出的比重一般为 40%，社会保障财政总支出用于养老保险支出的比重一般为 50%。同时，基于人口结构的再分配原理，农村养老保险财政支出占养老保险财政总支出的比重以不超过农村老年人口占全国老年人口的比重为限度。根据以上假设，我们分别构建了农村养老保险财政支出适度水平总系数、中央分系数与地方分系数模型，用来进行农村养老保险财政支付水平适度性检验。经研究确定农村养老保险财政支出适度水平总系数、中央分系数、地方分系数：初始期为9.65%~10.87%，过渡期为8.42%~9.46%，目标期为5.94%~8.30%。

根据我们的测算，在"三账户"模式下，全国农村养老保险财政支出水平在初始期为0.76%~1.22%，在过渡期为1.15%~2.06%，在目标期为2.03%~4.71%，均在适度范围内。第一账户农村养老保险中央财政支出水平在初始期为1.08~1.58%，在过渡期为1.46%~2.34%，在目标期为2.28%~3.39%，均在适度范围内。第二账户农村养老保险地方财政支出水平（包括第三账户财政补贴：初始期0.2%~0.55%，过渡期0.55%~0.88%，目标期0.59%~1.62%）在初始期为0.5%~0.92%，在过渡期为0.89%~1.83%，在目标期为1.82%~5.78%，均在适度范围内。以上表明"三账户"模式从全国、中央与地方财政角度考察，均是适度和可行的。第三账户在不含财政补贴条件下，初始期3.67%的缴费率能够实现3%的替代率，过渡期10.47%的缴费率能够实现15%的替代率，目标期8.42%的缴费率能够实现25%的替代率。如果加上个人账户财政补贴，三阶段实际缴费率分别降低为2.67%、8.47%、3.07%，这表明三阶段个人账户实际缴费率较低，农民是可以承受的。

"三账户"模式不仅可行，而且改善了现行模式。在现行模式下，农村养老保险中央财政支出水平为1.13%~6.75%，农村养老保险地方财政总支出水平为0.42%~3%，与中央和地方适度水平（10.87%~5.94%）相比，中央财政支付负担相对较重并可能超过适度区间，而地方财政支付负担相对较轻。在"三账户"模式下，农村养老保险中央财政支出水平为1.08%~3.39%，农村养老保险地方财政支出水平为0.5%~5.78%。这表明"三账户"模式与现行模式相比，中央财政支付水平下降，地方财政支付水平上升，它改善了中央财政负担较重的状况，并使其落在适度区间内。

6. 基于体系的完善及水平的提高,研究提出了"一元化、二序列、三账户、五支柱"的农村养老保险体系目标框架,并以适度水平为主线、以三阶段发展为目标确定了完善路径

农村养老保险体系的完善与发展应建立一个目标框架。根据现行体系及完善目标,我们研究提出了"一元化、二序列、三账户、五支柱"的农村养老保险要素、结构体系及目标框架(见图0-2)。

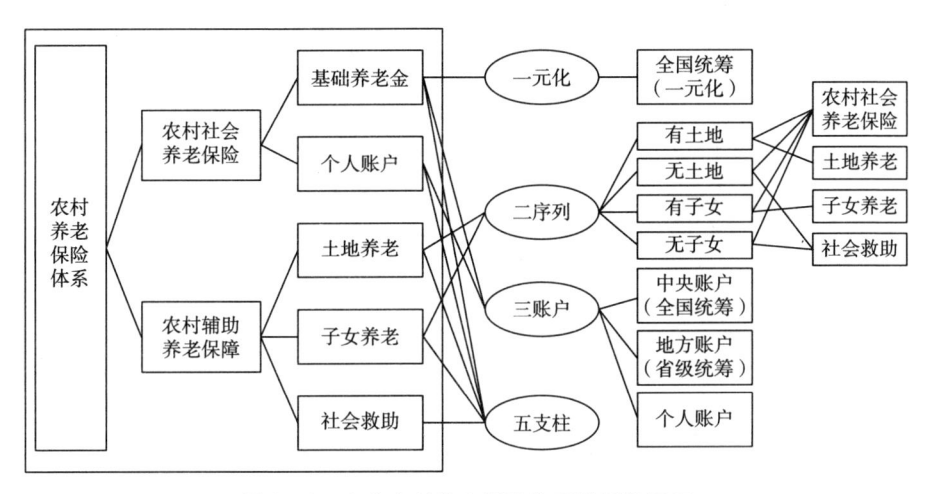

图0-2 完善农村养老保险体系的目标框架

完善农村社会养老保险体系是一个动态协调的发展过程,应根据"一元化、二序列、三账户、五支柱"目标框架和三阶段划分,确定其完善路径。农村养老保险体系的完善路径为:以养老保险适度水平为主线,以社会养老和家庭养老为两翼,以三账户为资金来源脉络,以三阶段梯度转换对接为过程,逐步向适度、协调、可持续的农村养老保险完善体系目标迈进。概括为:一主线、两翼、三账户、三梯度、一目标。

以养老保险适度水平为主线。在农村养老保险体系建设过程中,基础养老金、个人账户、土地养老、子女养老和社会救助五层次要素体系如何构建及未来趋势目标如何设定,主要依据适度水平并从现实出发逐渐实现适度水平的发展路径。我们测定微观和宏观适度水平上下限,在初始期,社会养老保险替代率水平低于微观适度下限,于过渡期接近微观适度下限,于目标期达到微观适度上限。社会养老保险与家庭养老、社会救助联动，在初始期超过微观适度下限，进入微观适度区间；在过渡期达到微观适度上限；在目标期超过微观适度上限，向宏观适度下限靠近，并进入宏观适度区间（见图0-3）。

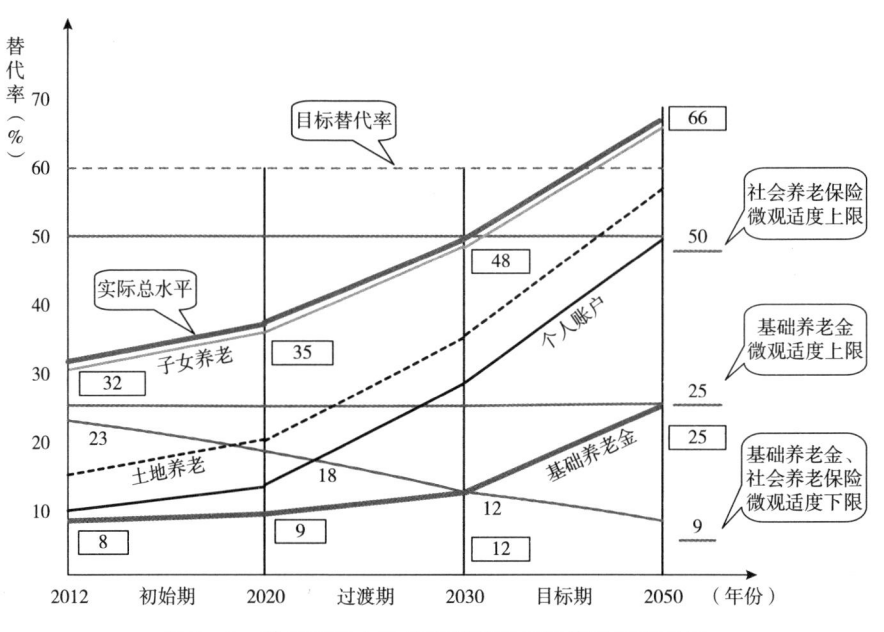

图0-3 基于适度水平的农村养老保险体系完善路径

以社会养老和家庭养老为两翼。以基础养老金与个人账户为主体的社会养老，与以土地养老、子女养老为主体的家庭养老，构成了农村养老保险体系的两翼。在初始期，以基础养老金与个人账户为主体的社会养老替代率为8%，以土地养老、子女养老为主体的家庭养老替代率为24%，这一时期社会养老与家庭养老比例为1:3；在过渡期，以基础养老金与个人账户为主体的社会养老替代率为27%，以土地养老、子女养老为主体的家庭养老替代率为21%，这一时期社会养老与家庭养老比例接近1:1；在目标期，以基础养老金与个人账户为主体的社会养老替代率为50%，以土地养老、子女养老为主体的家庭养老替代率为16%，这一时期社会养老与家庭养老比例超过3:1。社会养老与家庭养老这两翼在初始期以家庭养老为主，在过渡期社会养老与家庭养老并重，在目标期以社会养老为主（见图0-3）。

以三账户为资金来源脉络。中央、地方、个人三账户构成了农村养老保险体系的资金三来源。在初始期,中央账户的替代率为6%,地方账户的替代率为2%,个人账户处于起步积累阶段,三账户总和以8%的替代率起步向12%的替代率发展。在过渡期,中央账户的替代率为7%,地方账户的替代率为2%,个人账户的替代率为3%,三账户总和向27%的目标替代率过渡。在目标期,中央账户的替代率为8%,地方账户的替代率为4%,个人账户的替代率为15%,三账户总和将逐步实现50%的替代率目标。

这样,三账户从总量的8%,到12%,再到27%,最后达到50%,体现了农村养老保险体系逐步完善的过程(见图0-1和图0-3)。

以三阶段梯度转换对接为过程。在农村养老保险体系的完善过程中,伴随着社会养老和家庭养老转换以及保障水平逐步提高的梯度对接,在初始期,以土地、子女养老为主体的家庭养老替代率为24%和社会养老替代率8%对接,总和梯度为32%;在过渡期,以土地、子女养老为主体的家庭养老替代率为21%和社会养老替代率27%对接,总和梯度为48%,并与初始期32%的总水平对接;在目标期,以土地、子女养老为主体的家庭养老替代率为16%与社会养老50%的目标替代率对接,总和梯度为66%,并与过渡期48%的总水平对接。

这样,农村养老保险体系社会养老和家庭养老梯度转换对接,农村养老保险总水平从低水平起步向目标水平梯度转换对接两种形式,实现了农村养老保险三阶段梯度转换对接过程。

按照适度水平主线,以农民承受力和财政承受力等适度性检验为基础,逐步实现三阶段梯度转换、提高、对接,构成适度、协调、可持续的农村养老保险体系完善目标。

7. 根据目标框架,对农村社会养老保险提高社会保障水平的作用进行实证分析,并研究农民养老、收入再分配、拉动农村居民消费、劳动力市场整合与就业等效应

农村养老保险体系完善的目标之一就是提高农村养老保险水平,进而提高社会保障的整体水平。我们研究发现农村社会养老保险对提高社会保障水平具有显著拉动作用,并产生了农民养老、收入再分配等一系列效应。

农村社会养老保险对社会保障的整体水平具有提高作用。2011年农村社会养老保险使全国养老保险水平和全国社会保障水平各提高0.12个百分点。未来在农村社会养老保险适度水平发展条件下,初始期(2020年)、过渡期(2030年)和目标期(2050年)农村社会养老保险使全国养老保险水平各提高2.7个、4.5个和6.8个百分点,使全国社会保障水平各提高2个、3.1个和4.7个百分点。

农村社会养老保险为农民提供养老保障是第一位的目标。经我们测算:基础养老金现给付标准55元,相当于2011年农村人均纯收入的10%,农村居民生活消费支出的15%,农村低保人均补助的50%,养老效应明显。

基础养老金实现了国民财富对农村参保居民的转移支付,具有较强的代际再分配效应,缩小了城乡居民收入差距。经我们测算:2009~2011年基础养老金的转移支付每年使城乡居民的收入差距降低1%~4%。在农村社会养老保险参保人中,较年青一代(如参保年龄在45岁以下者)的净受益要显著小于中老年一代(如参保年龄为45~59岁),农村社会养老保险试点模式实现了财富从年青一代向年老一代的转移,具有代际收入再分配效应。

农村社会养老保险具有较强的拉动农村居民消费效应。经我们测算,在其他条件不变的前提下,农村养老保险基金支出平均每增加1亿元,将拉动农村居民整体生活消费支出18亿元左右。

农村社会养老保险对劳动力市场与就业产生一定影响,社会养老保险制度的实施有利于农村劳动力在乡城转移就业中实现城乡养老保险对接,减弱了农民工因城乡福利差异而进行迁移选择的硬性约束。同时,也在一定程度上降低了农民外出打工的意愿。

8. 提出加快实现基础养老金"一元化",建立"二序列"农民社会养老保险与社会救助配套衔接机制,根据中央地方与个人承受力构建"三账户"筹资与给付模式,实施农村养老保险体系三阶段发展策略等政策建议

农村养老保险体系是为亿万农民提供养老保障的民生福利工程,应该在发展过程中不断完善，以实现其适度协调、健康、稳定和可持续发展。为此，提出以下政策建议。

第一，加快实现基础养老金"一元化"。基础养老金是农村养老保险体系第一支柱，承担为农民养老提供基本保障的责任。在完善过程中，应采取有效措施加快实现基础养老金"一元化"。首先，应按基础养老金10%的替代率进行全国统筹"一元化"，由中央财政全部负担，从目前6%的替代率起步逐步提高到10%。其次，应建立中央财政专门账户，预先划拨资金实现全国统筹，并实现基础养老金的统一发放。最后，应对基础养老金建立依据物价指数和农民人均纯收入增长率的指数化调整机制，确保农民养老金待遇不降低。在农村基础养老金"一元化"的同时，城镇基本养老保险也按替代率的10%或15%进行全国统筹，实现城乡全国统筹对接。

第二，建立"二序列"农民社会养老保险与社会救助衔接配套机制。农村社会养老保险体系完善的关键节点之一是家庭养老与社会养老保险的替代及转换。依据三阶段划分，应尽快建立"有无土地""有无子女"二序列农民的社会养老保险与社会救助的配套衔接机制。对"无土地"农民，基础养老金应与低保联合给付，若联合给付超过微观适度上限则取消与低保联动；对"无子女"农民，基础养老金应与计生扶助金联合给付。

第三，根据中央、地方与个人承受力构建"三账户"筹资与给付模式。"三账户"模式是对现行模式的完善和发展，应尽快实施"三账户"筹资与给付模式，以建立农村养老保险的长效发展机制。首先，明确划分三账户筹资责任和分担比例，并从现行水平起步逐步提高。中央账户以10%的替代率支付目标进行财政预算，地方账户以20%的替代率（基础养老金15%、个人账户5%）为补贴目标，建立资金预算账户。依据农民收入水平提高状况，个人账户以25%的替代率为给付水平目标，从1%起步逐渐量力提高农民缴费水平。其次，应明确"三账户"模式分阶段完善路径。在三阶段完善过程中，中央账户负责的基础养老金替代率由目前的6%起步，逐步提高到目标期的10%，以后维持不变；地方账户负责的基础养老金替代率由目前的2%起步，逐步提高到目标期的20%；地方账户负责的个人账户养老金替代率由目前的0.35%，逐步提高到目标期的5%；个人账户由农民个人负责的养老金替代率将按农民的缴费率逐步提高到20%。最后，地方账户加强了筹资责任并提高了筹资水平，未来地方账户可能会出现缺口。为减轻地方财政负担，在二元福利差接近消失时增加农民个人对基础养老金的缴费。

第四，实施农村养老保险体系三阶段发展策略。完善农村养老保险体系是一个涉及政治、经济、人口等因素的系统工程，应坚持"低水平、广覆盖、有弹性、可持续"的发展原则，实施三阶段发展策略。根据社会养老保险、家庭保障及社会救助的替代作用，将完善农村养老保险体系大体上划分为初始期、过渡期和目标期三个阶段。应根据三阶段划分及特征，实施分阶段、按序列、有重点的完善策略。初始期（2012～2020年）是农村养老保险体系的起步阶段。社会养老保险水平较低，家庭养老（土地养老、子女养老）作用较大，家庭养老对社会养老保险起到较大的替代作用。这一阶段的重点就是完善基础养老金和个人账户制度模式及扩大覆盖面。发展策略就是尽快实现基础养老金"一元化"，构建中央、地方和个人"三账户"模式，完善制度总体设计。过渡期（2021～2030年）是完善农村养老保险体系的过渡阶段。社会保险水平有所提高，社会养老保险与家庭养老将并重发展。这一阶段的发展策略就是在基础养老金"一元化"和实施"三账户"模式的基础上，逐步提高基础养老金和个人账户筹资和给付水平。目标期（2031～2050年）是完善农村养老保险体系的目标阶段。社会养老保险将基本完善，水平也得到较大提高，家庭养老功能将逐步弱化，主要发挥社会养老保险的作用。这一阶段的发展策略就是进一步优化财政支出结构，提高地方账户（省市县）的筹资能力，完善个人账户筹资模式和提高农民参保缴费水平，逐步实现社会养老保险50%的目标替代率水平。

第五，完善农村社会养老保险管理运行体系。完善农村养老保险体系既要完善"一元化、二序列、三账户、五支柱"的核心制度体系，也要完善农村社会养老保险管理运行体系。在试点过程中，农村社会养老保险在管理运行中暴露出管理体制不统一、管理服务不完善、基金统筹层次较低、难以实现保值增值等诸多问题，在一定程度上影响了制度的有效运行和健康稳定发展。为此，应从以下几个方面入手，加快完善农村社会养老保险管理运行体系。第一，应建立城乡一体化的社会养老保险管理体制，实行中央到地方（省市县）的垂直管理，并将城乡养老保险进行归并，形成一个统一管理架构，既规范管理体制，提高运行效率，又实现并行发展，为全国统筹及城乡一体化创造条件。第二，提高统筹层次，加强基金安全管理和有效运营，实现基金保值增值。目前，农村社会养老保险实行的是县（市）级统筹层次，基金安全和保值增值难以得到有效保证。因此，在初始期应尽快实现省级统筹，提高基金管理和运营效率。在一体化管理体制中，实现城乡养老保险个人账户基金的统一并行管理，一方面，对基金进行统一管理和监管，规避制度内风险，确保基金安全；另一方面，在政府机构（人力资源和社会保障厅、财政厅等）监管下，委托专门机构对基金进行投资运营以实现保值增值。第三，加强经办机构建设并提高管理服务水平。通过实地调查我们发现，农村社会养老保险经办管理与服务尚处在起步阶段，亟待规范和提高。为此，首先，应建立县-乡-村三位一体的经办机构，规范管理流程；其次，应加强农村养老保险专门人才队伍建设，提高经办管理与服务水平；再次，应尽快实现"一卡通"缴费和给付服务，为农民建立以身份证号识别的"社会保险卡"，通过该卡可以实现缴费、给付及关系转移接续服务；最后，应加快网络信息化平台建设，开设网络服务窗口，对政策咨询、个人信息查询、"社会保险卡"缴费记录和养老金领取等实行"一站式"服务。

  本书作为我主持的国家社科基金重大招标项目的研究成果，是我和课题组成员集体智慧的结晶。沈毅博士以此为博士论文选题进行了深入的研究。柳清瑞教授、王国辉教授、边恕教授、武萍研究员、秦岭教授、金刚副研究员、宋丽敏副研究员、王玥副研究员、贾洪波副研究员、陈曦博士、闫琳琳博士围绕本项目研究内容进行了相关探索，同时完成了大量的调查问卷统计、数据查询整理、文献资料收集、数量统计分析、书稿排版校对等工作。在此向为本项目付出辛勤劳动和智慧的所有研究者表示诚挚的感谢!

感谢妻子和女儿对我的理解与奉献!

最后还要感谢我的同行们对我的长期支持与鼓励。本书恳请各位学术同人和读者赐教。

穆怀中

2014年12月于沈阳

目 录

第一章 完善农村养老保险体系基本理论 …………………… 1
 一 养老保险生存公平与劳动公平理论 ………………………… 1
 二 城乡二元工农劳动福利差理论 ……………………………… 7
 三 农民养老保险生命周期补偿理论 …………………………… 20
 四 农村养老保险适度水平理论 ………………………………… 32

第二章 农村养老保险体系总体框架及适度水平 …………… 48
 一 完善农村养老保险体系的总体框架 ………………………… 48
 二 农村养老保险体系适度水平 ………………………………… 58
 三 农村养老保险水平对提高全国养老保险水平的作用 ……… 69
 四 农村养老保险水平对提高全国社会保障水平的作用 ……… 75

第三章 农村社会养老保险基础养老金 ……………………… 82
 一 农村社会养老保险基础养老金功能定位与目标模式 ……… 82
 二 农村社会养老保险基础养老金筹资与给付的国际经验 …… 85
 三 农村社会养老保险基础养老金给付 ………………………… 90
 四 农村社会养老保险基础养老金筹资 ………………………… 94

第四章 农村社会养老保险个人账户 ………………………… 103
 一 农村社会养老保险个人账户功能定位与目标模式 ………… 103

二　农村社会养老保险个人账户给付 …………………………………… 107

　　三　农村社会养老保险个人账户缴费 …………………………………… 112

　　四　基于目标替代率的个人账户缴费水平分析 ………………………… 119

第五章　农村土地养老、子女养老及社会救助辅助养老保障 ………… 125

　　一　农村土地养老、子女养老及社会救助养老的基本框架及功能

　　　　分析 ……………………………………………………………………… 125

　　二　农村土地养老保障 …………………………………………………… 129

　　三　农村子女养老保障 …………………………………………………… 136

　　四　农村社会救助养老保障 ……………………………………………… 142

第六章　农村养老保险体系的协调对接 ……………………………………… 145

　　一　农村养老保险体系内部协调对接 …………………………………… 145

　　二　农村社会养老保险与城镇养老保险协调对接 ……………………… 159

　　三　城乡养老保险未来的统筹对接 ……………………………………… 171

第七章　农村社会养老保险财政支付水平 …………………………………… 180

　　一　农村养老保险财政支出适度水平 …………………………………… 180

　　二　农民基础养老金财政支出水平 ……………………………………… 189

　　三　农民个人账户财政支出水平 ………………………………………… 197

　　四　农村社会养老保险与社会救助联合给付财政支出总水平 ………… 201

第八章　农村社会养老保险制度运行效应 …………………………………… 214

　　一　农村社会养老保险的农民养老效应 ………………………………… 214

　　二　农村社会养老保险的收入再分配效应 ……………………………… 220

　　三　农村社会养老保险拉动农村居民消费的效应 ……………………… 226

　　四　农村社会养老保险的劳动力市场整合与就业效应 ………………… 231

第九章　完善农村养老保险体系及提高水平的对策建议 ………… 235
一　完善农村养老保险体系以提高社会保障水平 ………… 235
二　不断优化基础养老金筹集与给付模式并提高水平 ………… 237
三　建立个人账户参保缴费与给付的长效机制 ………… 240
四　发挥土地养老、子女养老和社会救助的辅助养老作用 ………… 241
五　实现农村养老保险体系的协调对接 ………… 243
六　加大政府财政投入并建立合理的分担机制 ………… 246
七　加快农村养老保险管理运行体系建设 ………… 247

主要参考文献 ………………………………………………… 251

Contents

Chapter I Basic Theory of Improving Rural Social Pension / 1

1 Theory of Pension's Survival Fair and Labor Fair / 1

2 Theory of Urban – Rural Dual Agricultural Welfare Difference / 7

3 Theory of Peasants' Life Cycle Pension Compensation / 20

4 Theory of Rural Pension's Moderate Level / 32

Chapter II General Framework and Moderate Level of Rural Pension System / 48

1 General Framework of Improving Rural Pension System / 48

2 Moderate Level of Rural Pension System / 58

3 Effect of Rural Pension Improving Level of National pension / 69

4 Effect of Rural Pension Improving Level of National Social Security / 75

Chapter III Rural Basic Pension / 82

1 Functional Position and Target Model of Rural Basic Pension / 82

2 International Experience of Financing and Payment Model of Basic Pension / 85

3 Payment of Rural Basic Pension / 90

4 Financing of Rural Basic Pension / 94

Chapter Ⅳ Individual Account of Rural Basic Pension / 103

1 Functional Position and Target Model of Rural Pension Individual Account / 103

2 Payment of Rural Pension Individual Account / 107

3 Contribution of Rural Pension Individual Account / 112

4 Level of Individual Account Contribution Based on Target Substitution Rate / 119

Chapter Ⅴ Supplementary Old – Age Security of Rural Land Old – Age Security, Family Supporting and Social Assistance / 125

1 Basic Framework and Function of Rural Land Old – Age Security, Family Supporting, Social Assistance / 125

2 Rural Land Old – Age Security / 129

3 Rural Family Supporting / 136

4 Rural Social Assistance Old – Age Security / 142

Chapter Ⅵ Coordination of Rural Pension System / 145

1 Internal Coordination of Rural Pension System / 145

2 Coordination of Rural Social Pension and Urban Social Pension / 159

3 Overall Urban – Rural Pension Development in the Future / 171

Chapter Ⅶ Finance Expenditure of Rural Social Pension / 180

1 Moderate Finance Expenditure of Rural Social Pension / 180

2 Finance Expenditure of Rural Basic Pension / 189

3 Finance Expenditure of Rural Individual Account / 197

4 Total Finance Expenditure of Rural Social Pension and Social Assistance Joint Payment / 201

Chapter Ⅷ Operation Effect of Rural Social Pension System / 214

1 Peasants' Old - Age Effect of Rural Social Pension / 214

2 Income Redistribution Effect of Rural Social Pension / 220

3 Stimulation Rural Consume Effect of Rural Social Pension / 226

4 Labour Market's Integration and Employment Effect of Rural Social Pension / 231

Chapter Ⅸ Countermeasures and Suggestions for Improving Rural Social Pension System and Raising Level / 235

1 Improving Rural Social Pension System to Raise Social Security Level / 235

2 Optimizing Model and Level of Basic Pension Financing and Payment Constantly / 237

3 Establishing Long - Effect Mechanism of Individual Account Contribution and Payment / 240

4 Play Rural Land Old - Age Security, Family Supporting and Social Assistance a Role in Supplementary Old - Age Security / 241

5 Realizing Coordination and Combination of Rural Pension System / 243

6 Increasing Government Financial Input and Establishing Reasonable Sharing Mechanism / 246

7 Accelerating the Construction of Rural Pension Management Operation System / 247

The Main References / 251

第一章 完善农村养老保险体系基本理论

完善农村养老保险体系的基本理论主要包括养老保险生存公平与劳动公平理论、城乡二元工农劳动福利差理论、农民养老保险生命周期补偿理论和农村养老保险适度水平理论。养老保险生存公平与劳动公平理论是整个理论体系的基石，是建立农村养老保险给付适度下限和适度上限标准的理论依据。城乡二元工农劳动福利差理论是说明在二元经济结构下，为什么要给农民养老补偿的理论依据。农民养老保险生命周期补偿理论是在城乡农村社会养老保险实施条件下，政府财政要对哪些人进行补偿、补偿水平多高、补偿多长时间、以何种方式进行补偿的理论依据。农村养老保险适度水平理论是完善农村养老保险体系的理论主线，是从整体上说明农村养老保险给付多少为适度的理论依据。

一 养老保险生存公平与劳动公平理论

从城乡经济资源分配公平的角度出发，分配标准可以分为两个维度，一是城乡居民生存公平，二是城乡居民劳动公平。养老保险生存公平与劳动公平理论不仅是国民财富分配的公平性法则，同时也是完善农村养老保险体系的基本指导思想与实施理念。

（一）养老保险生存公平与劳动公平理论内涵

1. 概念界定

生存公平是指任何社会成员都应该享有基本的生存条件，并与其他人的生存权利平等，这是社会成员应该享有的基本权利。在养老保险领域，生存公平是指社会个体遭遇年老、疾病、贫困等社会风险时，政府为其基本生活提供必要的社会救助和生存安排[1]，保证每一个社会成员都能够获得以恩格尔系数为标准的生存安全保障的收入再分配。

劳动公平是指任何社会成员有参加生产劳动和获得劳动报酬（包括薪酬、福利和社会保障）的基本权利。劳动公平包括两个方面的内容，一是劳动者享有平等的劳动机会；二是按多劳多得、少劳少得的原则进行收入分配。在养老保险领域，劳动公平建立在基于工作业绩给予资格权利的基础上[2]，是指多劳多缴（费或税），多缴多得，使劳动者的养老金享有量与劳动贡献相联系。劳动公平体现为劳动者个人责任，其保障水平高于生存水平[3]。

生存公平是劳动公平的基础，劳动公平是生存公平更高层次的发展。二者统一协调是社会财富收入分配的基本问题和内容。生存公平和劳动公平是社会公平的前提，只有在满足全体社会成员生存公平和劳动公平的基础上，才能使他们享有更广泛的社会公平。养老保险生存公平与劳动公平的理论价值及应用是由其丰富的理论内涵决定的。

2. 理论要素

（1）生存公平是立足于"公民生存权利"的低梯度收入分配标准

保障人的正常生存水平，消除贫困的低梯度本质指标，是划分生存公平的基准，也是建立社会保障的起点。生存公平是社会公平保障系统中的底线，是国民财富分配正义的低梯度指标。在满足了生存公平的财富分配基础上，再通过劳动公平的分配制度来满足人的其他需求或更高层次的需求。按照财富分配满足生存公平的要求，国家财政有责任和义务通过实施再分配制度安排，为全体国民提供基本生存安全的保障网。建立城乡社会

---

[1] 穆怀中：《社保体系建设应遵循"生存公平"原则》，《中国改革报》2007年9月28日，第4版。

[2] 考斯塔·艾斯平－安德森：《福利资本主义的三个世界》，郑秉文译，法律出版社，2003，第52~54页。

[3] 穆怀中：《城乡社会保障体系建设中的"生存公平"问题》，中国社会保障网，http://www.cnss.cn，2007年9月22日。

保障体系应该以"生存公平"准则为切入点和基点。在农村养老保险体系建设中，生存公平是设立养老保险适度水平下限的标准。

（2）劳动公平是立足于"差别原则"的高梯度收入分配标准

劳动公平是尊重人的多层次需求，强调权利与义务相对等，鼓励多劳多得的利益分配机制。人的工作积极性不仅与个人实际报酬多少有关，更与人们对报酬的分配是否感到公平密切相关。人们总会自觉或不自觉地将自己付出的劳动代价及其所得到的报酬与他人进行比较，并对公平与否做出判断。[①] 反映经济增长尺度的高梯度本质指标，是测定劳动公平的基准。社会成员在解除生存危机、实现低梯度经济公平分配标准之后，有追求更高层次、多样性需求的期望，这些期望凝聚成对私有产权的保护和多劳多得分配机制的拥护。在社会保障领域，劳动公平是指多劳多缴，多缴多得，使劳动者的社会保障享有量与劳动贡献相联系。[②] 在农村养老保险体系建设中，劳动公平是设立养老保险适度水平上限的标准。

3. 理论价值

生存公平与劳动公平理论以人的生存权利为出发点，提供了一个国民财富公平分配的基本机制。第一，它有利于收入分配理论的深化，提出了收入分配中两个梯度上的分配格局。第二，它为度量城乡二元经济条件下劳动不公平的程度，以及测算工农劳动福利差距提供了理论基础。第三，它为国家财政实施收入再分配目的、手段及方向提供了指导，国家财政转移支付应以解决社会成员的生存公平问题为重点，并以不损害劳动公平为准则来实施。第四，它为城乡社会保障体系建设指明了方向，中国在经济不发达、城乡二元经济结构差异明显的条件下，只能构建以生存公平为保障下限、以劳动公平为保障上限、以解决民众最基本生存需求为主要目标、保障项目比较齐全且内容比较完备的社会保障体系。[③]

[①] 徐向艺：《管理学》（第2版），山东人民出版社，2009。
[②] 穆怀中：《城乡社会保障体系建设中的"生存公平"问题》，中国社会保障网，http://www.cnss.cn，2007年9月22日。
[③] 穆怀中：《城乡社会保障体系建设中的"生存公平"问题》，中国社会保障网，http://www.cnss.cn，2007年9月22日。

(二) 养老保险生存公平与劳动公平理论框架及分析

养老保险生存公平与劳动公平理论为完善农村养老保险体系提供了理论支撑和路径指导。首先,农村养老保险体系的完善要集中体现"生存公平"的准则,使农村老年人口能够获得免除贫困危机、享有生存基本权利的制度保障;其次,农村养老保险体系的完善在保障"生存公平"的基础上,还要集中体现"劳动公平"的准则,使养老金享有量与劳动贡献相联系,满足农村老年人不同消费层次的需要。养老保险生存公平与劳动公平理论对完善农村养老保险体系过程中的制度设计、覆盖范围、给付水平及责任主体等方面都具有重要的指导意义。养老保险生存公平与劳动公平的理论框架见表1-1。

表1-1 养老保险生存公平与劳动公平理论框架

基本理念	制度设计	覆盖范围	给付水平	责任主体
生存公平	基础养老金	全覆盖、结果公平	与公民权利相联系,满足生存需要,不低于恩格尔系数水平	国家
劳动公平	个人账户	全覆盖、机会公平	与劳动贡献相联系,多缴费多享受,满足多层次需求	个人、地方

1. 完善农村养老保险体系满足生存公平

依据生存公平的理论内涵,农村养老保险制度设计要集中体现对人的基本生存权利的项目安排。农村社会养老保险实行的是基础养老金与个人账户相结合的模式,其中基础养老金由财政全额负担,个人账户由农民个人缴费。基础养老金由于其"普惠"性质、待遇维持生存水平、给付时间持续终身等特点,更多地体现生存公平的功能。完善农村养老保险体系要继续坚持和提升基础养老金的生存公平功能,为农村老年人口提供最基本的生存保障安全网。

生存公平提出农村老年人享有平等的生存保障权利,这就要求农村养老保险制度的覆盖范围要做到人人享有的全覆盖层次,并且这种覆盖范围是沿着"结果公平"为导向的路径来实施的,意味着农村老年人享受到的生存保障待遇(如基础养老金)是与其国民身份相联系的,具有非排他性。

农村社会养老保险基于生存公平标准的给付集中体现在承载生存公平功能的基础养老金账户上。基础养老金水平的确定要与农村老年人的生存需要相联系,满足其最低生存要求,并且随着经济发展和农村居民消费水平的提升而进行动态调整。一般情况下,基础养老金的替代率下限应依据农村恩格尔系数水平设定。

维护社会成员基本生存公平的责任主要在于政府。政府是为了满足社会的某种集体需求而从原始无政府状态中产生出来的,政府起源的背后掩藏着一种分配上的动机。[①] 对生存权的保护是全体社会成员对政府的共同愿望,政府通过再分配机制承担提供养老生存保护的责任是政府职能的体现。同时,农民养老的生存需求具有类公共物品的性质,而政府是公共物品的最佳供给者。

2. 完善农村养老保险体系满足劳动公平

依据劳动公平的理论内涵,农村社会养老保险制度应设计满足不同养老消费需要、使养老金的享有量与缴费贡献相联系的项目安排。农村社会养老保险实行的是基础养老金与个人账户相结合的模式,其中基础养老金由财政全额负担,个人账户由农民个人缴费。个人账户养老金由于其属权清晰、多缴多得等特点,更多地体现出劳动公平的功能。完善农村养老保险体系要继续坚持和提升个人账户养老金的劳动公平功能,更好地保护个人账户养老金的安全性和收益性,更多地体现多贡献多享受的激励机制。

劳动公平是对人的劳动权利及分配正义的保护,每一个老年人都曾经是劳动者或者以其他方式对经济发展做出贡献,每一个农民都享有老年生存保障的权利,也享有按劳动贡献分享经济发展成果的权利。农村社会养老保险要为农民提供公平的缴费机会与选择自由,这就要求它的覆盖范围要做到全覆盖的层次,并且这种覆盖范围是沿着"机会公平"为导向的路径来实施的,意味着农民人人享有参保的机会和选择缴费档次的自由。

农村社会养老保险基于劳动公平标准的给付集中体现在承载劳动公平

[①] 顾平安:《政府起源的经济学解释》,《国家行政学院学报》2003年第4期。

功能的个人账户养老金上。个人账户养老金水平的确定要与农民的参保缴费贡献相联系,充分体现多缴费多享受的原则,在农村老年人以基础养老金账户满足生存需求的基础上,利用个人账户养老金提高农民的养老保障水平。同时,个人账户养老金在长期的基金管理运营中还应该获得分享经济发展成果的机会,例如通过资本市场运营或集体经济补贴等方式在保值的基础上实现增值。另外,农村养老保险基于劳动公平标准还体现在依据农村人均收入水平来划定养老保险适度水平上限。一般将农村居民劳动收入的50%设为社会养老保险适度上限。

维护社会成员劳动公平的责任主要在于个人、政府和集体。个人根据养老需求和缴费能力自由选择缴费档次,并根据缴费贡献获取对应的保障待遇;政府作为规则的制定者,保证农民参加养老保险制度的机会公平和程序公正,同时给予农民参保缴费激励性质的补贴;集体经济组织以分享经济发展成果为准则对参保人缴费给予补助。

3. 城乡养老保险对接过程中满足生存公平与劳动公平

在城乡养老保险关系转移接续过程中如何实现平滑对接是一个亟待解决的现实问题,这其中涉及三个理论与实践上的操作难点:一是城乡养老保险的保障项目和水平如何对接;二是城乡养老保险的缴费年限如何折算;三是转移接续后养老保险待遇如何确定等。养老保险生存公平与劳动公平理论对农村人口乡城迁移及跨区域流动过程中的城乡养老保险制度对接具有重要的指导意义。

按照城乡养老保险对接过程中满足生存公平的要求,在养老保险关系城乡转换过程中应保证城乡老年人口基本生存需要的权利,自然享受流入地养老保险制度中具有生存公平功能的基础养老金待遇(转移接续后享受的基础养老金应按照老年人口的生存需求以及缴费年限的折算而定)。养老保险关系城乡转移接续后,所得基础养老金的水平应不低于流入地的恩格尔系数水平。

按照城乡养老保险对接过程中满足劳动公平的要求,城乡养老保险制度中具有劳动公平功能的个人账户可以直接转移接续,这是因为具有劳动公平功能的个人账户是属权清晰的个人资产,它可以由劳动者随身携带,随着劳动者的流动而流动。此外，在折算城乡养老保险待遇转换过程中的缴费年限时也要遵循劳动公平原则，按照城乡劳动者参保缴费与所得的相对贡献进行换算。

二 城乡二元工农劳动福利差理论

二元经济差异影响工农业部门之间的国民收入分配格局，导致城乡劳动力配置及收入与GDP分配不对称，并显现出农业劳动收入低于非农业劳动收入的长期特征。为了能够度量城乡二元经济结构的异质化程度以及揭示农村养老保险财政补偿的合理要求，引入"福利差"概念并提出城乡二元工农劳动福利差理论。

（一）城乡二元工农劳动福利差理论内涵

1. 概念界定

城乡二元福利差是在二元经济结构条件下，初次分配存在的经济福利差异。它是一种主体性经济福利差，是衡量工农业劳动者的经济福利异质化程度的最简单、最直接的核心指标。为理解二元福利差的概念，首先需要介绍两个概念：现实状态和均衡状态。

现实状态与均衡状态是代表工农业部门产业结构与就业结构的不同协调程度的状态。现实状态指农业和工业增加值比重、劳动力数量比重、劳动报酬分配系数的实际发展状态。一般情况下，在一个国家或地区从低水平均衡向高水平均衡[①]过渡的过程中，其工农业经济分配的现实状态是工农业劳动贡献与分配不对称的状态。均衡状态是指工农业部门二元经济结构消失时的状态，是一种城乡劳动力配置及收入与GDP分配相对称、产业结构与就业结构相协调的状态。当农业增加值比重（农业增加值占GDP的

---

① 低水平均衡与高水平均衡是发展经济学中的概念。低水平均衡是人均国民收入稳定在一个仅能维持生存水平情况下的人口增长与国民收入均衡状态；高水平均衡是人均国民收入稳定在一个高水平情况下的人口增长与国民收入均衡状态。参见 Richard R. Nelson, "A Theory of the Low-Level Equilibrium Trap in Underdeveloped Economies," *American Economic Review*, Vol. 46, 1956, pp. 894–908。

比重）与劳动力就业比重（农业劳动力占全部劳动力的比重）相一致、农业劳动报酬分配指向合理目标的时候，就意味着农业经济分配进入了均衡状态；当工业增加值比重与劳动力就业比重相一致、工业劳动报酬分配指向合理目标的时候就意味着工业经济分配进入了均衡状态。

二元福利差是指劳动主体在工农产业经济分配现实状态和均衡状态下的人均劳动收入差距，并在消减掉城乡居民消费价格差异后的福利差距，它是一个从生产领域出发，在生活领域显化的过程。

依据不同参照对象，二元福利差分为二元工农福利差、二元农业福利差和二元工业福利差。其中，二元工农福利差是指现实状态下农业和工业的福利差距；二元农业福利差是指农业在现实状态和均衡状态下的福利差距；二元工业福利差是指工业在现实状态和均衡状态下的福利差距。

2. 理论要素

（1）城乡二元福利差是从"福利"角度衡量二元经济差距的核心指标

二元福利差是从产业分工层次的角度出发，衡量工农业经济在偏斜运行过程中，劳动主体从事第一产业和第二、第三产业活动福利差距的核心指标。工农二元经济差别体现在3个维度上，一是工农劳动生产率存在差异；二是在同样劳动生产率条件下，工农劳动报酬分配系数存在差异；三是在劳动生产率和劳动报酬分配系数相同的条件下，城乡消费价格存在差异。为了能够全面评价工农综合利益关系，将劳动生产率、劳动报酬分配系数和城乡消费价格进一步综合成"福利"指标，组成以"二元福利差"为代表的福利层次数量表达形式。

（2）二元福利差是以劳动公平[①]为原则，以均衡状态为福利分配标准的工农产业福利差距

二元福利差具有两个属性层次，表现为第一层次福利差和第二层次福利差。第一层次福利差是工农产业之间的全距福利差，是对二元经济福利

[①] 收入分配公平分为两个标准：一个是劳动标准，一个是生存标准。劳动标准主要体现劳动对等原则，多劳多得，同等劳动力数量获得同等财富份额是市场经济发展的内在要求；生存标准体现的是人生存的基本权利，人作为社会存在应该享受平等的基本生存条件，这是人类发展的基本目标。参见穆怀中《城乡社会保障体系建设中的"生存公平"问题》，中国社会保障论坛中国社会保障网，http://www.cnss.cn，2007年9月22日。

差距的直接观察和简单理解；第二层次福利差是农业福利在现实状态与均衡状态之间的福利差距和工业福利在现实状态与均衡状态之间的福利差距，是对二元经济福利差距的深层次观察和深化理解。第一层次福利差遵循传统上度量二元经济差距的全距视角，在反映二元经济差距的集中趋势上具有一定的代表性，但是无法判断产业内部的福利分配状况以及合理的工农经济福利分配标准。同时，缩小工农差距也不能简单地把农业福利按工业福利标准衡量和提高。第二层次福利差采用度量二元经济差距的新视角，按照劳动公平的分配原则，将"同等劳动力数量获得同等财富份额，劳动报酬分配系数指向合理目标"作为经济福利分配的均衡状态，并将均衡状态作为农业和工业经济福利合理分配标准，进而用来度量农业和工业自身的经济福利分配差距。

（3）二元福利差中的福利均衡具有二重性

工农业福利均衡的二重性体现在两个方面，一是工农劳动生产率趋同、劳动报酬分配系数合理化的劳动公平福利均衡；二是在劳动公平福利均衡基础上，工农产业劳动报酬分配系数差异与城乡消费价格差异相抵消的生存公平福利均衡。劳动公平福利均衡是产业分工深化的必然结果，劳动公平福利均衡是二元经济结构消失的重要标志。生存公平福利均衡是城乡高度协调的理想状态，是指工农劳动者在城乡分布中享受无差异的基本生活条件。二元福利差的运行原理就是工农产业经济分配从追求劳动公平福利均衡延展到生存公平福利均衡的过程。

（4）二元福利差将随经济发展在波动中逐渐缩小

在一个国家或地区的经济发展从低水平均衡向高水平均衡过渡期间，随着农业现代化的逐步实现、工农产业分工的深化以及农村剩余劳动力向非农产业的转移对农村劳动生产率的影响，工农劳动生产率将逐步趋同，工农劳动报酬分配系数将趋向合理。在这一过程中，二元福利差将不断缩小直至消失，工农产业劳动主体的福利将逐步接近均衡状态。当工农产业福利均衡发展时，二元经济结构将基本消失，而城乡地理分布和产业分工将持续存在，但城乡之间和工农产业之间的经济分配差别将基本消失。

3. 理论价值

二元福利差以度量城乡居民劳动和社会保障福利差距为出发点，提供了一个分析二元经济和城乡协调发展的新视角。第一，二元福利差有利于二元经济理论的深化，揭示了劳动福利差异是工农二元分割与制约城乡劳动力流动的核心因素。第二，二元福利差为产业结构与就业结构的协调发展建立理论依据，为产业升级改造和劳动力转移的内涵与质量提供参考依据。产业升级改造与劳动力"乡—城"迁移应以二元福利差距不断缩小为目标。第三，二元福利差可以作为检测城乡二元经济结构大小和有无的核心指标。二元福利差距越大，二元经济异质化程度越高，反之亦然。第四，二元福利差有利于测定国民财富初次分配与再分配的"适度"标准，二元福利差逻辑结构中的均衡状态福利可以作为国民财富初次分配的适度标准，二元福利差的规模则可以作为国民财富再分配的限度。第五，二元福利差可以被用来衡量发展中国家或地区在产业结构升级与跨越式发展阶段对农民造成的福利损失大小，进而为"工业反哺农业"阶段农村养老保险的财政补偿提供理论依据。

（二）二元工农劳动福利差模型及分析

1. 指标选取

二元福利差是工农二元差内在逻辑的展开与深化，依据理论内涵构建的指标体系见表1-2。同时对指标体系做以下几点说明。

表1-2 二元福利差测定的指标体系

类 别	第一层次福利差	第二层次福利差	
	二元工农福利差	二元农业福利差	二元工业福利差
一级指标	均衡与偏斜农业务农收入差异、均衡与偏斜工业工资收入差异、城乡消费价格差异		
二级指标	均衡状态工农劳动生产率、现实状态工农劳动生产率、均衡状态工农劳动报酬分配系数、现实状态工农劳动报酬分配系数、城乡比较价格指数		

第一，关于二元福利差的两个层次。第一层次福利差是指二元工农福利差，它是工农产业之间的全距福利差；第二层次福利差是指二元农业福利差和二元工业福利差，它是农业福利和工业福利在现实状态与均衡状态之间的福利差距。二元福利差具有两个层次属性表明工农福利的发展方向

不是追求简单的工农福利均等化，而是应该按照劳动公平原则追求农业的均衡状态分配标准和工业的均衡状态分配标准。

第二，关于均衡与偏斜收入差异。在工农二元经济条件下，现实状态的产业收入分配是偏斜循环的，这主要表现为劳动力数量与财富分配份额不对称以及产业劳动报酬分配系数不合理。

第三，关于工农产业劳动报酬分配系数。它不同于以往的按三次产业划分的农民和工人劳动报酬分配系数，因为本节的农业劳动报酬是计算农民的务农收入，工业劳动报酬是计算职工的工资收入。考虑到农民家庭经营收入是劳动、土地及资本收益的混合，在参考 Johnson（1954）[1]、张车伟等（2010）[2] 及穆怀中等（2011）[3] 相关研究的基础上，将农民家庭经营收入的70%作为务农劳动贡献所得分配标准。同时，我们还将人均农民家庭经营收入根据农村人口数及农村劳动力数量转化为劳均农民家庭经营收入。

第四，关于城乡比较价格指数。它是用城市的消费价格定基指数除以农村的消费价格定基指数来计算的。一般认为，城市的消费价格要略高于农村的消费价格（当然有些年份或月份会有例外），这主要是由于农村家庭生活中包含了部分农产品的自给自足因素，以及农产品输往城市过程中所增添的物流成本因素等。因此，综合城乡的物价差异后，农民的生活福利要比农民收入略高，工人的生活福利要比工人收入略低。

2. 模型构建

（1）二元工农福利差系数模型

二元工农福利差是在产业分工水平差和产业收入水平差的基础上逐步扩展而成的。在以工农分工水平差距度量二元经济差异时，可以选用工农劳动生产率指标，建立工农分工水平差系数模型，见公式（1-1）。

---

[1] D. W. Johnson, "The Functional Distribution of Income in the United States, 1850 – 1952," *The Review of Economics and Statistics*, 36（2），1954, pp. 175 – 182.

[2] 张车伟、张士斌：《中国初次收入分配格局的变动与问题——以劳动报酬占 GDP 份额为视角》，《中国人口科学》2010年第5期。

[3] 穆怀中、丁梓楠：《产业层次的初次分配福利系数研究》，《中国人口科学》2011年第3期。

$$E = \frac{V_I}{V_R} \quad (1-1)$$

其中，E 表示工农分工水平差系数，V_I 代表工业部门劳动生产率，V_R 代表农业部门劳动生产率。其中，工业部门劳动生产率是指非农产业增加值除以非农产业从业人员数，农业部门劳动生产率是指农林牧渔业增加值除以农林牧渔业从业人员数。

为了获得工农产业劳动报酬分配系数对二元经济异质化的影响，我们将工农分工水平差系数模型（1-1）扩展成工农产业收入差系数模型，见公式（1-2）。

$$Y = \frac{V_I \times H_I}{V_R \times H_R} = \frac{S_I}{S_R} \quad (1-2)$$

其中，Y 表示工农产业收入差系数，H_I 代表工业部门的劳动报酬分配系数，H_R 代表农业部门的劳动报酬分配系数，S_I 代表人均工业劳动收入，S_R 代表人均农业劳动收入。

收入是福利的物质基础，但是仅以收入作为指标来衡量福利存在一定的局限性。[①] 为了进一步获得城乡之间工农劳动者生活消费购买力的差异对工农二元经济福利差距的影响，我们将工农产业收入差系数模型（1-2）进一步扩展成二元工农福利差系数模型，见公式（1-3）。

$$CIA = \frac{V_I \times H_I}{V_R \times H_R \times \sigma} = \frac{IW}{AW} \times \sigma \quad (1-3)$$

其中，CIA 代表二元工农福利差系数，σ 代表城乡比较价格指数（$\sigma =$ 城市 CPI/农村 CPI）。IW 代表人均二元工业福利 $[IW = (V_I \times H_I)/\sigma]$，$AW$ 代表人均二元农业福利（$AW = V_R \times H_R \times \sigma$）。

（2）二元农业福利差系数和二元工业福利差系数模型

二元农业福利差系数和二元工业福利差系数是通过构建均衡状态下的二元农业福利和二元工业福利数值序列，并通过比较工农产业福利在现实

[①] 阿玛蒂亚·森：《以自由看待发展》，任赜、于真译，中国人民大学出版社，2002，第 59~60 页。

状态与均衡状态下的差距来实现的。依据二元福利差的逻辑关系和指标体系，现实状态下的二元农业福利模型和二元工业福利模型分别见公式（1-4）和公式（1-5）。

$$AW = V_R \times H_R \times \sigma \qquad (1-4)$$

其中，AW 表示现实状态下的人均二元农业福利，V_R 代表现实状态下的农业劳动生产率，H_R 代表农业劳动报酬分配系数，σ 代表城乡比较价格指数。AW 是在农业劳动收入的基础上通过 σ 延伸到福利层次。

$$IW = \frac{V_I \times H_I}{\sigma} \qquad (1-5)$$

其中，IW 表示现实状态下的人均二元工业福利，V_I 代表现实状态下的现代工业劳动生产率，H_I 代表现代工业劳动报酬分配系数，σ 代表城乡比较价格指数。IW 是在工业劳动收入的基础上通过 σ 延伸到福利层次。

同时提炼出均衡状态下的二元农业福利和二元工业福利的数理模型，分别见公式（1-6）和公式（1-7）。

$$\overline{AW} = \overline{V_R} \times \overline{H_R} \times \sigma \qquad (1-6)$$

其中，$\overline{AW}$ 表示均衡状态下的人均二元农业福利，$\overline{V_R}$ 代表均衡状态下的农业劳动生产率。其中均衡状态下的农业劳动生产率是按照同等劳动力数量分配同等份额 GDP 的劳动公平原则计算的，即 $\overline{V_R} = [GDP \times (L_R/L)]/L_R$，$L_R$ 代表农业劳动力，L 代表全部劳动力。$\overline{H_R}$ 代表农业部门的劳动报酬分配系数的合理目标（65%）。

$$\overline{IW} = \frac{\overline{V_I} \times \overline{H_I}}{\sigma} \qquad (1-7)$$

其中，$\overline{IW}$ 表示均衡状态下的人均二元工业福利，$\overline{V_I}$ 代表均衡状态下的工业劳动生产率。其中均衡状态下的工业劳动生产率是按照同等劳动力数量分配同等份额 GDP 的劳动公平原则计算的，即 $\overline{V_I} = [GDP \times (L_I/L)]/L_I$，$L_I$ 代表工业劳动力，L 代表全部劳动力。$\overline{H_I}$ 代表工业部门的劳动报酬分配系数的合理目标（75%）。

根据现实状态与均衡状态下的二元工农福利数理模型，建立二元农业福利差系数和二元工业福利差系数模型，见公式（1-8）和（1-9）。

$$CA = \frac{AW}{\overline{AW}} = \frac{V_R \times H_R \times \sigma}{\overline{V_R} \times \overline{H_R} \times \sigma} \quad (1-8)$$

其中，CA 表示二元农业福利差系数，是现实状态下的农业福利除以均衡状态下的农业福利，用来反映现实状态下的农业福利与均衡状态下的农业福利之间的差距。随着经济发展，CA 的波动向 1 收敛，CA 越趋近于 1，代表农业福利的发展越接近于均衡状态。

$$CI = \frac{IW}{\overline{IW}} = \frac{V_I \times H_I \div \sigma}{\overline{V_I} \times \overline{H_I} \div \sigma} \quad (1-9)$$

其中，CI 表示二元工业福利差系数，是现实状态下的工业福利除以均衡状态下的工业福利，用来反映现实状态下的工业福利与均衡状态下的工业福利之间的差距。随着经济发展，CI 的波动向 1 收敛，CI 越趋近于 1，代表工业福利的发展越接近于均衡状态。

3. 实证分析

（1）二元工农福利差系数测算及分析

工农分工水平差系数是度量工农产业分工水平差距的指标，它是根据社会生产过程的起点即生产环节的状况来判断工农二元经济异质化程度的。工农分工水平差系数的波动幅度相对平缓，工农产业收入差系数和二元工农福利差系数的波动幅度相对较大，表明我国社会生产过程中分配环节的工农经济异质化程度要比生产环节的工农经济异质化程度高（见表1-3）。

1952~1977 年是二元工农福利差系数不断上升的阶段，这与计划经济时期实施的城市工业倾向的经济政策有关。在这期间我国对农产品实行统购统销政策，通过工农业产品价格"剪刀差"的"暗税"方式为工业发展汲取大量剩余，在促进工业快速增长的同时，客观上阻碍了农村经济的发展，表现为工业劳动生产率增长快于农业劳动生产率增长，工业劳动收入增长快于农业劳动收入增长。值得指出的是，1958 年"大跃进"前后二元工农福利差系数突然提高，人均工业福利超过人均农业福利15 倍左右。"大跃进"运动追求高速度、大规模的工业冒进发展，导致国民经济比例

表 1-3　工农二元经济差异各模型统计结果（1952~2011 年）

年份	农业劳动生产率（元/人）	工业劳动生产率（元/人）	农业劳动收入（元/人）	工业劳动收入（元/人）	二元农业福利（元/人）	二元工业福利（元/人）	工农分工水平差系数	工农产业收入差系数	二元工农福利差系数
1952	205.32	858.65	116.48	445.00	120.33	430.74	4.18	3.82	3.70
1955	234.80	1147.11	74.03	527.00	76.50	509.93	4.89	7.12	6.89
1960	210.51	1166.20	68.28	511.00	69.52	501.88	5.54	7.48	7.35
1965	291.96	1718.70	62.59	590.00	64.63	571.32	5.89	9.43	9.13
1970	295.77	1982.20	52.96	561.00	55.50	535.35	6.70	10.59	10.11
1975	341.40	2147.55	49.96	580.00	52.77	548.40	6.29	11.63	10.99
1980	460.14	2528.58	116.96	762.00	126.20	706.23	5.50	6.51	6.04
1985	844.90	3304.89	551.30	1148.00	615.58	1028.12	3.91	2.08	1.86
1990	1518.46	4331.33	916.23	2140.00	1025.07	1912.77	2.85	2.34	2.09
1995	3753.21	13618.03	2094.71	5500.00	2569.47	4483.77	3.63	2.63	2.14
2000	4556.67	21449.53	2462.54	9371.00	3109.94	7420.22	4.71	3.81	3.01
2005	7479.44	35445.83	3210.87	18200.00	3918.57	14913.04	4.74	5.67	4.64
2009	12814.91	60443.62	4587.06	32244.00	5471.64	27031.24	4.72	7.03	5.89
2010	14960.87	73587.88	4912.05	36539.00	5859.29	30631.89	4.92	7.44	6.24
2011	18495.65	83726.00	5740.34	41799.00	6888.40	34832.50	4.53	7.28	6.07

资料来源：《中国国内生产总值核算历史资料》（1952~2005 年）、《中国统计年鉴》（历年）、《中国农村经济统计大全》（1949~1986 年）、《中国农村统计年鉴》（历年）、《新中国农业 60 年统计资料》、《新中国 55 年统计资料汇编》（1949~2004 年）。

大失调，并造成严重的经济困难。

1978~1983 年是二元工农福利差系数快速下降的阶段，这与我国实施农村经济体制改革，实行农村家庭联产承包责任制度有关。随着承包责任制的推行，农民个人付出与收入挂钩，提高了农民的生产积极性，进而提高了粮食产量，促进了农业的发展。在这期间农业劳动生产率增长快于工业劳动生产率增长，并且农业劳动报酬分配系数快速上升，不断超越工业劳动报酬分配系数，表现为农业劳动收入增长快于工业劳动收入增长。

1984~1997 年是二元工农福利差系数平稳发展的阶段，这与工农业部门的劳动生产率和劳动收入的同步稳定增长有关。工业部门在 1984 年开始改革国有企业的经营机制，逐步扩大企业自主权，并通过"价格双轨制"逐步从以计划经济指令配置资源的方式过渡到以社会主义市场经济价格配置资源的方式，提高了资本、劳动和技术的配置效率，工业部门劳动生产率和劳动报酬分配系数逐年提高。与此同时，农业部门的劳动生产率和劳动收入也同步逐年提高。在这期间农业部门劳动生产率的增长与承包责任制的深化以及劳动力的非农转移有关。1984~1997年正是农村地区乡镇企业高速发展的时期，乡镇企业从1984年的607.34万家增加到1997年的2008.86万家，乡镇企业从业人数从1984年的5028.1万人增长到1997年的13050.42万人。[①] 1984~1997年乡镇企业成为吸纳农村剩余劳动力的主要渠道，农村劳动力的非农转移有利于提高农业生产的劳动效率。

1998~2011年是二元工农福利差系数不断回升的阶段，这与工业部门保持增长而农业部门发展滞后有关。在这期间工业部门的劳动生产率增长快于农业部门的劳动生产率增长，与此同时，工业的劳动报酬分配系数逐年提高，而农业的劳动报酬分配系数却逐年下降，并最终反映为农业劳动收入增长率小于工业劳动收入增长率。工业部门的稳定增长与城市化过程刺激工业品和服务需求增长有关。农业部门的增长滞后与承包责任制所释放积极性的饱和以及城乡分割的体制有关。在人口城市化过程中，工农劳动者发展机会的不平等和社会保障权利的分割等因素限制了农村劳动力向城市工业部门的转移，在客观上阻碍了农业劳动生产率的提高。但一个值得注意的现象是，2011年的二元工农福利差系数（6.07）与2010年的二元工农福利差系数（6.24）相比出现了微幅度回落，这说明自2008年以来二元工农福利差系数不断上升的趋势得到了抑制。

（2）二元农业福利差系数和二元工业福利差系数测算及分析

现实状态下的农业福利要小于均衡状态下的农业福利，二者之间的差距变动呈现与二元工农福利差系数变动相类似的阶段性特征（见表1-4）。二元农业福利差系数的波动主要受农业劳动生产率和农业劳动报酬分配系数波动的影响。二元农业福利差系数在波动的同时还存在移动，主要表现

[①] 引证数据来自《新中国农业60年统计资料》表2-6-1和表2-6-2。1997年是乡镇企业发展的一个高峰，之后乡镇企业数量和从业人员数量出现了下降。

为国家财政转移支付对二元农业福利差系数的影响。一是财政支农支出对二元农业福利差系数起到提升作用。包含财政支农支出的二元农业福利差系数曲线要比未包含财富再分配的二元农业福利差系数曲线更接近劳动公平福利均衡线，1952~2011年财政支农支出年均提高二元农业福利差系数0.02个点。二是农村普惠养老金转移支付对二元农业福利差系数起到提升作用。2011年包含财政支农以及农村普惠养老金的二元农业福利差系数（0.22）比未包含财富再分配的二元农业福利差系数（0.14）高0.08个点，比包含财政支农的二元农业福利差系数（0.19）高0.03个点。为了检测农村普惠养老金的再分配效果，我们按照现行农村社会养老保险55元/（人·月）的基础养老金水平模拟了1992~2011年包含财政支农和农村普惠养老金的二元农业福利差系数。模拟结果表明，1992~2011年农村普惠养老金对二元农业福利差系数的边际贡献为年均提高约0.08个点。

表1-4 二元农业福利差系数和二元工业福利差系数（1952~2011年）

年 份	现实状态农业福利（元/人）	均衡状态农业福利（元/人）	现实状态工业福利（元/人）	均衡状态工业福利（元/人）	二元农业福利差系数	二元工业福利差系数
1952	120.33	219.96	430.74	237.80	0.55	1.81
1955	76.50	274.02	509.93	296.02	0.28	1.72
1960	69.52	372.71	501.88	414.83	0.19	1.21
1965	64.63	402.05	571.32	435.00	0.16	1.31
1970	55.50	447.34	535.35	470.04	0.12	1.14
1975	52.77	542.70	548.40	559.82	0.10	0.98
1980	126.20	752.57	706.58	745.90	0.17	0.95
1985	615.58	1312.08	1028.12	1214.27	0.47	0.85
1990	1025.07	2096.64	1912.77	1932.73	0.49	0.99
1995	2569.47	7121.44	4483.77	5461.05	0.36	0.82
2000	3109.94	11298.30	7420.22	8173.77	0.28	0.91
2005	3918.57	19347.76	14913.04	14988.85	0.20	0.91
2009	5471.64	33849.74	27031.24	27449.69	0.16	0.98
2010	5859.29	40873.91	30631.89	33145.78	0.14	0.92
2011	6888.40	48131.34	34832.50	38566.78	0.14	0.90

资料来源：根据表1-3及公式（1-8）和（1-9）的相关计算而得。

现实状态下的工业福利在1952~1974年要大于均衡状态下的工业福利，表现为二元工业福利差系数大于1，在这期间两种状态下的工业福利差距不断缩小；1975年之后现实状态下的工业福利略低于均衡状态下的工业福利，表现为二元工农福利差系数略低于1并向1收敛，这期间两种状态下的工业福利差距波动式缩小（见表1-4）。二元工业福利差系数的波动主要受工业劳动生产率和工业劳动报酬分配系数波动的影响。从二元农业福利差系数、二元工业福利差系数与劳动公平福利均衡线的比较来看，2011年我国的工业经济基本趋近劳动公平的福利分配状态，而农业经济则仍然继续偏斜运行（见图1-1）。中国目前工农之间的福利差距过大主要是由农业福利偏离均衡状态较远造成的。因此，缩小工农福利差距的努力应从缩小农业自身的经济分配福利差距入手。

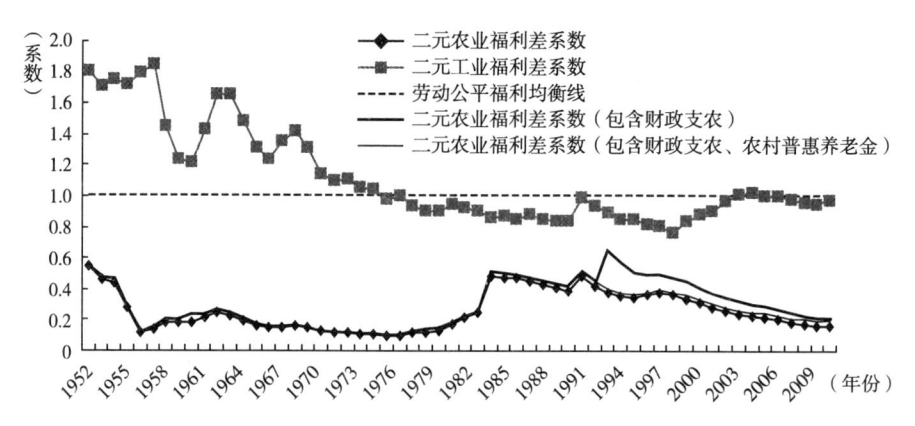

图1-1 二元农业福利差系数和二元工业福利差系数（1952~2011年）

资料来源：同表1-4。

（3）国际经验及中国二元福利差预测

随着人类社会的发展，世界各国经济将经历从低水平均衡发展阶段向高水平均衡发展阶段的过渡。当人均收入处于低水平时，初级产业（农业）产出在国内生产总值中的比重大；随着人均收入的增加，初级产业产出份额持续下降，工业和服务业的产出份额持续上升。[①] 在此期间，各国

---

① 钱纳里、塞尔昆：《发展的型式：1950~1970》，李新华等译，经济科学出版社，1988，第31~32页。

的产业结构、就业形态以及与之相随的二元福利差不断发生变化。

根据测算可以发现,世界典型发达国家存在以下主要特征。

第一,1960~2009年,世界发达国家的工农经济同样存在偏斜运行,但是中国的工农经济产业之间的差距要比发达国家大,表现为中国的二元工农福利差系数大于典型发达国家的二元工农福利差系数。

第二,在工农经济产业内部的异质化运行中,农业经济的偏斜程度要高于工业经济的偏斜程度,表现为世界典型发达国家和中国的二元农业福利差系数偏离福利均衡线1的距离均大于二元工业福利差系数偏离福利均衡线1的距离。

第三,工农二元福利差距并不会永远存在下去,随着经济迈向高水平均衡,工农二元经济差距将逐步缩小,工农产业福利将收敛于均衡状态的福利水平,表现为世界典型发达国家的二元工农福利差系数呈下降趋势。

为了把握中国二元经济工农产业之间和产业内部的福利差距发展趋势,我们在借鉴世界典型发达国家和中国经济发展过程中二元福利差变化特征及规律的基础上,依据二元福利差数理模型及相关参数对2012~2050年中国二元工农福利差系数、二元农业福利差系数和二元工业福利差系数进行中长期预测(见表1-5)。

二元工农福利差系数的变动除了受模型相关参数约束外,还受到农村剩余劳动力向非农产业转移速度的影响。2011年中国农业劳动力占全国劳动力的比重约为34.8%,远高于目前OECD国家3%左右的水平。2011年中国农业增加值占GDP的比重约为10.1%,远低于农业劳动力占全国劳动力的比重,农业产值结构与就业结构极不协调。根据发达国家的经验,在经济发展过程中存在两个规律性的转变:经济结构由以第一产业为主向以第二、第三产业为主转变;产值结构与就业结构由不协调向协调发展转变。未来中国农业劳动力占全国劳动力的比重将持续快速下降,并越来越与农业增加值占GDP的比重相协调。根据表1-5的预测结果,如果农业劳动力持续顺利地向非农产业转移,则二元工农福利差系数将从2012年的6.13下降到2050年的1.01左右,这意味着中国将于2050年基本实现现代化和城乡经济发展的一体化目标。

表1-5　二元工农福利差系数发展趋势（2012~2050年）

年　份	二元工农福利差系数	二元农业福利差系数	二元工业福利差系数
2012	6.13	0.14	0.91
2015	5.14	0.17	0.90
2020	3.79	0.23	0.90
2025	3.06	0.28	0.90
2030	2.07	0.41	0.89
2035	1.99	0.45	0.93
2040	1.50	0.61	0.94
2045	1.22	0.77	0.97
2050	1.01	0.97	1.00

注：①人口数据是根据"六普"资料，利用People软件采取生命表技术进行年龄移算而得；②2012~2050年农业劳动力占全国劳动力比重采用趋势目标法预测：从2012年开始按平均变动率下降，到2020年下降为25%，2030年下降为15%，2040年下降为10%，2050年下降为7%；③2012~2050年农业增加值占GDP比重采用趋势目标法预测：2012~2020年平均为9.5%，2021~2030年平均为8.5%，2031~2050年平均为7%；④GDP年均增长率按趋势目标法预测：2012~2020年平均为7%，2021~2030年平均为5%，2031~2050年平均为3%；⑤城乡比较价格指数保持1.2不变。

资料来源：根据公式（1-3）、（1-8）、（1-9）及相关参数假设以2011年为基期预测而得。

根据二元农业福利差系数和二元工业福利差系数模型及相关参数假设，二元农业福利差系数将从2012年的0.14波动发展到2050年的0.97，不断向劳动公平均衡福利标准收敛；二元工业福利差系数将从2012年的0.91开始一直波动收敛于劳动公平福利均衡线。综合二元农业福利差系数和二元工业福利差系数1952~2050年的变动趋势，可以看出我国工业福利自1975年开始就一直围绕劳动公平福利均衡线波动收敛，农业福利偏离劳动公平福利均衡线的距离相对较远，但从2008年开始出现了止降企稳回升的趋势。

三　农民养老保险生命周期补偿理论

农村、农业、农民问题和二元经济问题的聚焦点之一是农业福利的滞后。工业反哺农业或对农业福利进行补偿的直观方法是按工业水平补偿农业至工农福利相等或者提出更加合理的方法。由于工农产业之间存在投入要素禀赋及组合差异，并且城乡生活中的实际消费购买力不同，因此，工农业福利的发展目标不应该是工农福利的相等或均等化，而是应该以工农产业自身发展规律以及劳动公平分配原则和农业福利的均衡状态为标准和界限。

（一）农民养老保险生命周期补偿理论内涵

1. 概念界定

中国农民养老保险生命周期补偿理论的提出是源于二元工农劳动福利差理论中的二元农业福利差概念及应用。二元农业福利差是以劳动公平为原则，以均衡状态为经济分配标准的农业福利差距，它是立足于"福利"核心的农业综合利益关系的数量表达。二元农业福利差是一个随着经济发展而在波动中逐渐缩小的动态过程。中国农民养老保险生命周期补偿是指依据不同生命周期类型、模式和阶段的特征，将农民工作期的二元农业福利差按农民用于养老生存消费的需要补偿到农民老年期的消费中的跨期分配过程。计划经济时期处于劳动年龄的农业劳动人口的收入福利存在亏欠，多数农民无力进行自我养老储蓄，现在这些农业劳动人口逐步进入退休年龄，国家财政应该给予养老补偿。

2. 理论要素

（1）农民养老保险生命周期补偿是基于二元农业福利差建立农村普惠基础养老金的理论依据

二元农业福利差是在二元经济中以劳动公平为原则，以均衡状态为经济分配标准的农业经济福利差距。中国的二元经济结构受经济发展阶段的约束，同时又受计划经济时期城市倾向的经济政策影响。农民务农劳动收入的一部分被以工农产品价格"剪刀差"的形式转移到城镇工业，导致二元经济发展中农业经济福利的滞后。计划经济时期处于劳动年龄的农业劳动人口的收入福利存在亏欠，多数农民无力进行自我养老储蓄，现在这些农业劳动人口逐步进入退休年龄，国家财政应该给予养老补偿。依据生命周期理论将二元农业福利差补偿到农民老年消费中，是农村建立"普惠制"基础养老金的理论依据。

（2）农民养老保险生命周期补偿是以劳动公平为准则对农民养老的合理补偿

根据生命周期理论，为了平滑典型农民消费者生命周期的代内消费，其工作期的福利损失可以由老年期的消费增加来补偿。依据不同生命周期的特点，将农民工作期的二元农业福利差补偿到老年期的消费中，能够实现科学化补偿的目标。中国农民在"农业支持工业"阶段处于劳动期（16~59岁）时所积累的二元农业福利差，应该在"工业反哺农业"阶段处于退休期（60岁以后）时所消费的养老金中予以补偿。二元农业福利差的补偿对象是在计划经济和二元经济结构运行时期，农业福利未达到均衡状态标准的农业劳动者，养老补偿金标准的设定要综合考虑二元农业福利差的数量及农民的养老消费需求。

（3）农民养老保险生命周期补偿是在二元农业福利差变动条件下的养老动态补偿机制

农民养老保险生命周期补偿是与二元农业福利差变化相联动的动态过程。由于二元农业福利差并不会永远存在下去，对农民进行养老补偿同样不会永远存在下去。二元农业福利差是在二元经济偏斜运行中产生的，它将在二元经济收敛过程中不断消减。当二元农业福利差不断缩减时，对农民养老补偿的数量也会随之减少。农民基础养老金是一项满足农民生存公平的社会养老保险制度，当农民养老补偿金随二元农业福利差的消减而不断减少时，农民基础养老金并不会减少，只是农民基础养老金的筹资来源将发生变化，农民基础养老金的筹资主体将由以国家财政为主向以个人和集体缴费为主转变。

3. 理论价值

农民养老保险生命周期补偿是依据生命周期理论将二元农业福利差补偿到农民的基础养老金中的动态过程，它是中国建立农村"普惠制"基础养老金制度模式的合理依据。第一，它可以被用来衡量发展中国家或地区在产业结构升级与跨越式发展阶段对农民造成的福利差距，进而为"工业反哺农业"阶段对农民的养老财政补偿提供理论依据。第二，它可以作为在农民养老补偿周期内实施农民基础养老金制度的给付水平参照标准，农民基础养老金的发放标准要参照农民养老补偿金的数量及生存需求水平。第三，它为合理划分农村养老保险制度中农民基础养老金的财政负担责任提供理论依据，中国农民养老补偿金是基于计划经济体制与二元经济结构中农业福利差的生命周期补偿，以养老补偿金为参照标准的农民基础养老金主要体现为国家宏观政策的责任，理应由中央财政全额负担。第四，它为中国未来农村养老保险模式的走向提供发展思路，目前实行的由国家财政全额负担基础养老金的政策是对农村老年人的养老补偿，不作为长期支付的制度安排，当对农民的养老补偿结束时，农民基础养老金给付水平不会降低，但农民基础养老金的筹资主体将由以财政为主向以个人与集体为主转变。

（二）农民养老保险生命周期补偿模型及分析

1. 指标选取

根据计划经济时期粮食收购的价格管制特征，我们将中国农民在劳动期积累的二元农业福利差分为两个口径：二元农业总福利差和二元农业收购福利差。其中，二元农业总福利差是指在工农二元经济条件下农民生产所有农副产品时所失去的福利；二元农业收购福利差是指在工农二元经济条件下农民生产被征购农副产品时所失去的福利。根据二元农业福利差的内涵以及统计口径的特征，我们建立二元农业福利差的指标体系（见表1-6）。

表1-6 二元农业福利差的指标体系

口径	二元农业总福利差 （1953年至二元结构消失年份）	二元农业收购福利差 （1953~1997年）
一级指标	均衡与偏斜务农收入差异、城乡消费价格差异	均衡与偏斜务农收入差异、城乡消费价格差异
二级指标	均衡状态农业劳动生产率、现实状态农业劳动生产率、农业劳动报酬分配系数、城乡比较价格指数	均衡状态农业劳动生产率、现实状态农业劳动生产率、农业劳动报酬分配系数、农副产品收购总额、农业GDP、城乡比较价格指数

对表1-6中的口径和指标做以下几点说明。第一，关于二元农业总福利差和二元农业收购福利差。两者都是度量农业福利差距的指标，其中二元农业总福利差是测定农业福利差距的大口径，从1953年延续到二元经济消失；二元农业收购福利差是测定农业福利差距的小口径，时间为1953~1997年。二元农业收购福利差是度量农业福利差距的下限，二元农业总福利差是度量农业福利差距的上限。第二，关于均衡与偏斜务农收入差异。在工农二元经济条件下，现实状态下的务农收入分配是偏斜循环的，这主要表现为农业GDP的份额与农业劳动力的比重不对称以及农业生产劳动报酬分配系数不合理。现实状态下的务农收入要小于均衡状态下的务农收入。

2. 模型构建

依据二元农业福利差的相关指标和逻辑关系，我们首先提炼出现实状态与均衡状态下的二元农业福利数理模型，然后在此基础上提炼出二元农业福利差系数和二元农业福利差数理模型。

现实状态下二元农业福利是由农业劳动生产率、农业生产劳动报酬分配系数及城乡比较价格指数构成的，见公式（1-10）。

$$AW = V_R \times H_R \times \sigma \qquad (1-10)$$

其中，AW表示现实状态下的人均二元农业福利，V_R代表现实状态下的农业劳动生产率，H_R代表农业生产劳动报酬分配系数，σ代表城乡比较价格指数。AW在农业劳动收入的基础上通过σ延伸到福利层次。现实状态下的农业劳动生产率$V_R = GDP_R/L_R$，GDP_R代表现实状态下的农业GDP，即可观察到的农林牧渔业增加值；L_R代表农业劳动力人数。

同时提炼出均衡状态下的二元农业福利数理模型，见公式（1-11）。考虑到在工农二元经济偏斜运行的条件下，农业生产劳动报酬分配系数较难达到合意值，并且劳动报酬分配系数的发展状况受劳动分工水平的制约，因此本节仅考虑农业生产环节的劳动公平状态，即农业GDP份额与农业劳动力比重相一致。

$$\overline{AW} = \overline{V_R} \times H_R \times \sigma \qquad (1-11)$$

其中，$\overline{AW}$表示均衡状态下的人均二元农业福利，$\overline{V_R}$代表均衡状态下的农业劳动生产率。其中均衡状态下的农业劳动生产率$\overline{V_R} = \overline{GDP_R}/L_R$，$\overline{GDP_R}$代表"均衡状态"下的农业GDP。均衡状态下的农业GDP是现实的农业劳动力占全部劳动力的比重乘以现实的全部GDP，它代表按照产业结构与就业结构相协调的原则，重新分配给农业劳动者的GDP份额。具体计算公式为$\overline{GDP_R} = (L_R/L) \times GDP$。

在公式（1-10）和（1-11）的基础上，我们提炼出二元农业福利差系数和二元农业福利差模型。其中，二元农业福利差系数（CA）是现实状态下的人均农业福利除以均衡状态下的人均农业福利，见公式（1-12）。二元农业福利差系数的波动区间为[0，1]，CA越趋近于1代表农业福利越接近均衡状态；CA越趋近于0代表农业福利越偏离均衡状态。

$$CA = \frac{AW}{\overline{AW}} \qquad (1-12)$$

二元农业福利差分为二元农业总福利差和二元农业收购福利差。其中，二元农业总福利差（SAW）是现实状态下的人均农业福利减去均衡状态下的人均农业福利的绝对值。见公式（1-13）。

$$SAW = |AW - \overline{AW}| \qquad (1-13)$$

二元农业总福利差（SAW）是在二元经济结构条件下，农民生产所有农副产品时失去的福利。二元农业收购福利差（SAW_P）是农民生产被征购农副产品时失去的福利，它是二元农业总福利差的一部分。二元农业收购福利差是一种隐性福利差，这种福利差暗含在计划经济时期农副产品统派购指令价格低于流通价值的过程中。二元农业收购福利差和二元农业总福利差的关系见公式（1-14）。

$$SAW_P = SAW \times \frac{P}{\overline{GDP_R}} = |AW - \overline{AW}| \times \frac{P}{\overline{GDP_R}} \qquad (1-14)$$

其中，SAW_P代表人均二元农业收购福利差，P代表农副产品收购总额。

3. 实证分析

（1）二元农业福利差测算及分析

二元农业福利差系数是代表现实状态下的农业福利趋近均衡状态下的

农业福利程度的指标。1952年以来，我国二元农业福利差系数总体上在0.33~0.63的区间内波动发展（见表1-7和图1-2）。这表明我国农业总体上处于稳定的发展状态，同时也说明农业福利向均衡状态趋近不明显，农业经济在国民收入分配中的格局没有发生根本性的改变。

表1-7 二元农业总福利差和二元农业收购福利差（1953~2011年）

年 份	二元农业福利差系数	二元农业总福利差（元/人）	二元农业总福利差总量（亿元）	二元农业收购福利差（元/人）	二元农业收购福利差总量（亿元）
1953	0.63	90.25	155.84	39.47	68.16
1955	0.57	56.41	102.04	25.92	46.89
1960	0.44	116.47	190.19	74.54	121.72
1965	0.48	67.96	152.92	31.77	71.49
1970	0.48	67.74	183.30	29.43	79.65
1975	0.45	69.25	198.74	33.82	97.08
1980	0.44	168.11	501.10	103.22	307.69
1985	0.49	701.56	2129.33	459.61	1394.98
1990	0.43	921.24	3071.07	675.37	2251.43
1995	0.41	3545.24	11463.35	847.32	2739.78
1996	0.42	4281.77	13813.17	905.98	2922.71
1997	0.42	5151.53	16834.11	472.67	1544.60
1998	0.39	5327.64	17382.17	—	—
1999	0.38	5690.35	18727.97	—	—
2000	0.36	6283.73	20609.07	—	—
2005	0.33	8859.67	26557.30	—	—
2009	0.39*	13168.99	36199.31	—	—
2010	0.38*	14786.82	40062.03	—	—
2011	0.40*	16093.30	41514.82	—	—

注：*我国于2009年开始实施新型农村社会养老保险制度，同时坚持实施财政支持农业生产建设政策。2009年之后二元农业福利差系数是包含农村社会养老保险基础养老金和财政支农的值。
资料来源：财政支农数据来自《中国财政统计年鉴》（历年）；表中数据按当年价格计算。

目前世界典型发达国家同样存在二元农业福利差，但发达国家二元经济偏斜的程度相对较低，二元农业福利差系数比中国要高，在0.4~0.9的

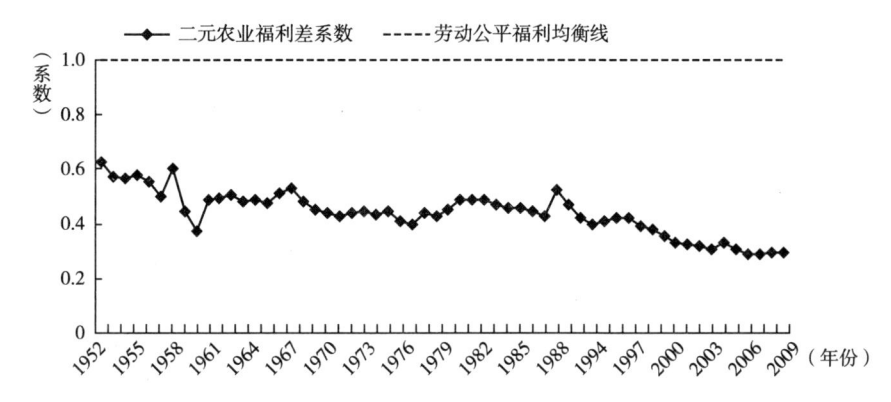

图 1-2 中国二元农业总福利差系数发展状况（1952~2009 年）

资料来源：《中国国内生产总值核算历史资料》（1952~2005 年）、《中国统计年鉴》（历年）、《中国农村经济统计大全》（1949~1986 年）、《中国农村统计年鉴》（历年）、《新中国农业 60 年统计资料》、《新中国 55 年统计资料汇编》（1949~2004 年）。

区间波动，并且从时间序列角度看，部分发达国家（例如美国和日本）的二元农业福利差系数出现了先下降后上升的趋势。发达国家的二元农业福利差系数比中国更接近劳动公平福利均衡线，主要是因为发达国家农业部门增加值占 GDP 比重与农业部门劳动力数量占全部劳动力数量比重的协调度在逐步提高。例如日本的农业增加值比重从 1960 年的 13% 下降到 2009 年的 1.47%，农业劳动力比重从 1960 年的 34.75% 下降到 2009 年的 2.80%；美国的农业增加值比重从 1960 年的 4% 下降到 2009 年的 1.23%，农业劳动力比重从 1960 年的 8.19% 下降到 2009 年的 1.4%。[1] 根据国际经验，如果中国的农业剩余劳动力进一步向非农产业转移，农业劳动力占全部劳动力的比重就会进一步下降，农业部门的产值结构与就业结构的协调度将会提高，中国的二元农业福利差系数也将逐步趋近劳动公平福利均衡线。

二元农业总福利差是与二元经济结构相关联的农民务农劳动收入福利损失，它的持续时间为 1953 年至二元经济结构消失为止。二元农业收购福

---

[1] 本节所测算的典型发达国家有美国、日本、德国、英国和法国。我们利用《国际经济和社会统计资料》（1950~1982 年）、世界银行 WDI 数据库、国际劳工组织 ILO 数据库的相关数据和二元农业福利差数理模型测算了 1960~2009 年典型发达国家的二元农业福利差和二元农业福利差系数，结果表明，日本从 1995 年前后，美国从 2000 年前后二元农业福利差系数均出现了上升趋势；其他发达国家则处于波动发展之中。

利差是与统购统销和价格双轨制即价格干预制度相关联的农民务农劳动收入福利损失，它的持续时间为1953~1997年。

截至2011年，二元农业总福利差的变动呈现两个阶段：低水平稳定发展阶段（1953~1978年）和翘尾上升阶段（1979~2011年）。二元农业收购福利差的变动呈现三个阶段：低水平稳定阶段（1953~1978年）、快速上升阶段（1979~1992年）和波动性下降阶段（1993~1997年）。二元农业收购福利差的规模受经济发展水平、经济体制类型、工农业关系、农副产品收购规模、农业劳动生产率等多种因素影响。

(2) 农民养老生命周期补偿路径及补偿水平

中国农民养老生命周期分为三种类型：自然生命周期、政策生命周期和体制生命周期。

自然生命周期是指农民在16~59周岁的工作期内进行储蓄，在60周岁及以后的老年期进行消费的生命两期过程。政策生命周期是指在计划经济向社会主义市场经济转变过程中的农副产品统购统销和价格双轨制时期，农业劳动人口及其60岁以后的养老补偿。体制生命周期是指在二元经济结构存在直至消失的时期，农业劳动人口及其60岁以后的养老补偿。自然生命周期是政策生命周期和体制生命周期的微观基础，体制生命周期包含政策生命周期。

自然生命周期的补偿对象是16~59岁的劳动者，补偿时段是劳动者进入老年期（60岁及以上）以后直到终老。政策生命周期的补偿对象是1953~1997年的农业劳动者，政策生命周期的补偿时段是1997~2041年。体制生命周期的补偿对象是从1953年开始一直延续到二元经济结构消失时为止的农业劳动者，体制生命周期的补偿时段从1997年开始一直延续到二元经济消失时为止。政策生命周期补偿对象的福利分配同时受二元经济结构和计划经济政策的双重影响，体制生命周期补偿对象的福利分配主要受二元经济结构影响。

由国家财政对农民养老进行补偿主要是因为国民收入分配过程要遵循生存公平和劳动公平的原则。工农二元经济结构扭曲了国民收入分配格局，使城乡劳动力配置与GDP分配不对称，农民通过务农获得的劳动报酬要少于工农业部门均衡状态下的务农劳动报酬。农民收入与劳动贡献的不对称性，不符合按照社会贡献取得对等收入的劳动公平原则。在二元农业福利差累积期间，农民的代际人力储蓄养老周期计划受人口老龄化和空巢化的挑战，其保障功能正逐步弱化，农民的养老权益得不到可持续的保障，这不符合人作为社会存在应该享受基本生存条件的生存公平原则。我国在"农业支持工业"阶段所积累的二元农业福利差，应在"工业反哺农业"阶段进行补偿。

依据不同生命周期的特点，将农民工作期的二元农业福利差补偿到老年期的消费中，能够实现科学化补偿的目标。莫迪利安尼的生命周期假说（LCH）认为，典型消费者工作期收入的变动将直接影响其退休期的消费变动，为了平滑生命周期的消费，典型消费者工作期的福利损失可以在其老年期的消费中进行补偿。农民在二元经济发展过程中，由于劳动机会的不均等导致劳动收入福利存在差距，同时农民的收入福利又受到计划经济时期农副产品价格"剪刀差"的影响而进一步损失。当时农业劳动人口的收入福利存在亏欠，现在这些农业劳动人口逐步进入退休年龄，国家财政应该予以养老补偿。

国家财政对农民补偿的时间点受国家经济发展水平和发展阶段的影响。二元农业福利差的数量和时间存在一定的限度，在工业化过程中，农业为工业提供资本积累的期限是客观存在的，美国农业提供剩余持续时间是 80 年左右，日本是 40 年左右，中国台湾地区是 13 年左右。在农业为工业提供剩余的期限之后，各国根据经济规律的需要采取"工业反哺农业、城市反哺农村"的发展战略。一个国家或地区在进行"工业反哺农业"、建立农村社会保障体系时，除了受一定社会背景和政治决策驱动外，至少还要满足基本的经济条件。根据国际比较经验以及我国国情和经济发展现实，中国在 2008 年年底已初步具备了工业反哺农业、建立农村养老保障体系的基本条件。[①] 因此，从 2009 年开始，国家财政要适时按贡献补偿农民的二元农业福利差。

依据自然生命周期特点，福利补偿的时点应满足 $N_1 = N_0 + (Y - P)$，其中 N_1 代表补偿的时点，N_0 代表二元农业福利差存在的起点年份，Y 代表农民的退休年龄（60 岁），P 代表农民的劳动起始年龄（16 岁）。依据政策

---

① 2008 年中国人均 GDP 为 3281 美元左右，三次产业比重为 11.3∶48.6∶40.1，人口城市化率为 48.6%。

和体制生命周期特点，二元农业福利差的起点年份是1953年，那么，二元农业福利差的补偿时点应为1997年。但是，按照"工业反哺农业"的阶段性要求，二元农业福利差的补偿时点应在2009年。可见，生命周期补偿时点与反哺农业补偿时点存在一个时滞。2009年中国建立了由国家财政补贴与个人缴费相结合的农村社会养老保险制度，二元农业福利差补偿的时点定在2009年是符合现实情况的。那么，对于1997年进入老年期的生命队列，可以在2009年开始增发金额相当于1997~2009年二元农业福利差养老补偿金的高龄津贴，高龄津贴的给付起始年龄宜定为70周岁。

依据生命周期理论，对二元农业福利差进行补偿的方式有两种：一种是对农民工作期收入进行补偿；另一种是对农民老年期消费进行补偿。补偿的目标是保证农民依靠自身代内储蓄消费平衡来平滑工作期和老年期消费，并保证生命两期各自的生存消费需要。考虑到农民可能缺乏长期消费理性和存在代际抚养负担，直接补偿农民的工作期收入难以保证老年期的消费需要，而且还可能对工作期的储蓄和消费产生挤出效应。因此，改变农民的养老周期决策的最优方式是直接补偿农民的老年消费。如果由国家财政进行转移补偿，那么可以将补偿资金与建立农村养老保障制度结合起来，最终形成农村可持续的养老保障体系。

在具体的补偿方式上，依据自然生命周期，可以农民工作期（16~59岁）的人均二元农业福利差为标准，补偿到该农民退休（60岁）之后的养老金中。二元农业福利差是农民在政策生命周期和体制生命周期中的收入减损，从收入用于满足日常消费的层次上看，农民养老补偿金应是农业福利差的一部分，因此应将二元农业福利差按农民用于养老生存消费需求（衣食行）占总消费支出的比例[1]，划拨养老补偿金到农民基础养老金中。

---

[1] 农民日常消费包括衣食住行医等层次。其中，代表农民养老生存需要的消费层次为衣食行消费。农民衣食行消费占日常消费的比例根据统计资料剥离而得。统计资料显示1953~2009年农民衣食行消费占日常消费的比例是逐年下降的，其中1953~1977年衣食行消费占日常消费的比例基本为90%；1978~1992年这一比例为70%~80%；1993~2005年这一比例为60%~70%；2006~2011年这一比例为55%~60%。参见《中国农村经济统计大全》（1949~1986年）、《中国统计年鉴》（历年）中的"农村居民家庭平均每人生活消费支出构成"数据。

依据上述逻辑关系，我们首先提炼出农民自然生命周期和政策生命周期相结合情况下的养老补偿标准数理模型，从补偿时点开始，每年新增退休人口的人均二元农业收购福利差养老补偿金水平见公式（1-15）。

$$FC_{PN} = SAW_{P(N-44)} \times (1+i)^{44} \times \frac{C_X}{C} \quad (1-15)$$

其中，FC_{PN}表示在政策生命周期中，按二元农业收购福利差补偿农民的第N年基础养老金（$2009 \leq N \leq 2041$），$SAW_{P(N-44)}$代表第（$N-44$）年的二元农业收购福利差，i代表平均利率水平。C_X代表第（$N-44$）年农民的衣食行消费，C代表第（$N-44$）年农民的日常消费。农民在工作期积累的福利差可看成一种收入减损，依据生命周期理论，这种收入减损相当于存入国家城镇工业的储蓄，并将这种储蓄的年收益率视为银行基准年利率。公式（1-15）和（1-16）中的利率表述为简化形式。实际上，每年的利率水平可从中国人民银行网站上获取到，我们是根据每年的实际利率情况逐年求得本金利息和而计算的。

同时，我们提炼出农民自然生命周期和体制生命周期相结合情况下的养老补偿标准数理模型，从补偿时点开始，每年新增退休人口的人均二元农业总福利差养老补偿金水平见公式（1-16）。

$$FC_N = SAW_{(N-44)} \times (1+i)^{44} \times \frac{C_X}{C} \quad (1-16)$$

FC_N代表在体制生命周期中，按二元农业总福利差补偿的第N年基础养老金（$2009 \leq N \leq M$），$SAW_{(N-44)}$代表第（$N-44$）年的二元农业总福利差，（$M-44$）为二元农业总福利差消失时的年份。

根据公式（1-15）和（1-16）以及二元农业收购福利差和二元农业总福利差的数据，我们可以统计出自补偿时点开始，按不同生命周期类型，每年新增退休人口的人均养老补偿金数额。二元农业收购福利差养老补偿金从2009年延续到2041年；二元农业总福利差养老补偿金从2009年开始模拟到2055年。值得指出的是，二元农业总福利差养老补偿金并不是在2055年就结束，它将一直延续到二元农业福利差消失时所对应的体制生命周期补偿年份。2009年农村新增60岁人口的二元农业收购福利差养老补偿金为 20.75 元/(人·月),二元农业总福利差养老补偿金为 44.38 元/(人·月)① (见表 1-8)。

表 1-8 农民养老生命周期补偿金初始给付水平

年 份	二元农业收购福利差养老补偿金 [元/(人·年)]	二元农业总福利差养老补偿金 [元/(人·年)]	二元农业收购福利差养老补偿金 [元/(人·月)]	二元农业总福利差养老补偿金 [元/(人·月)]
2009	249.00	532.56	20.75	44.38
2010	255.36	522.95	21.28	43.58
2015	230.26	520.42	19.19	43.37
2020	230.56	478.89	19.21	39.91
2025	800.49	1307.13	66.71	108.93
2030	2849.82	3993.68	237.49	332.81
2035	3887.30	4989.75	323.94	415.81
2040	2183.77	10320.63	181.98	860.05
2041	1077.52	11744.85	89.79	978.74
2042	—	11641.42	—	970.12
2043	—	12394.87	—	1032.91
2044	—	13283.01	—	1106.92
2045	—	13875.22	—	1156.27
2050	—	22091.07	—	1840.92
2055	—	33151.21	—	2762.60

注:1952~2011 年积累的二元农业福利差的补偿时段为 1997~2055 年;表中数据从补偿时段的 2009 年开始截取。表中数据以当年价格衡量,这里假设利率长期保持在年平均 3% 的水平上。

资料来源:《中国国内生产总值核算历史资料》(1952~2005 年)、《中国统计年鉴》(历年)、《中国农村经济统计大全》(1949~1986 年)、《中国农村统计年鉴》(历年)、《新中国农业 60 年统计资料》、《新中国 55 年统计资料汇编》(1949~2004 年)。

四 农村养老保险适度水平理论

农村养老保险适度水平是农村养老保险体系运行的重要指标,它主要

---

① 根据政策和体制生命周期的特点,二元农业收购福利差养老补偿金应作为农民基础养老金水平的辅助参考依据;二元农业总福利差养老补偿金应作为农民基础养老金水平的主要参考依据。

是由农村养老保险的需求和供给决定的。农村养老保险适度水平直接关系着农村老年人口养老保障程度的高低，也直接关系着农村养老保险体系运行目标能否实现。

(一) 农村养老保险适度水平理论内涵

1. 概念界定

农村养老保险适度水平一般用两个指标来衡量，一个是农村养老保险适度水平系数，用农村养老保险总支出占GDP的比重来表示，用于度量国民财富用于农村养老保险支出的适度水平；另一个是农村养老保险给付适度水平，是指农民养老金给付或替代率（养老金占农村人均劳动收入的比重）的适度水平。

宏观农村养老保险适度水平是指在宏观经济运行条件下，依据国内生产总值的劳动要素分配总额及养老保障支出总额等指标，合理确定的农村养老保险给付水平。它可以用两个指标来衡量，一个是宏观农村养老保险适度水平系数，另一个是宏观农村养老保险给付适度水平。

微观农村养老保险给付适度水平是指按照养老保险给付满足生存公平和劳动公平的原则，从农民的生存需求出发，根据满足日常生活消费层次的程度，合理确定的农村养老保险给付水平。微观农村养老保险给付适度水平用农村恩格尔系数和农民养老金合意替代率来度量，用于确定微观农村养老保险给付适度水平的下限和上限。

2. 理论要素

（1）农村养老保险适度水平是生存公平与劳动公平的统一

根据生存公平和劳动公平理论，农村养老保险水平的确定要有两个维度的标准，一是达到保障农民基本生存需要的生存公平标准；二是达到养老金给付与贡献相对应的劳动公平标准。农村养老保险适度水平中的宏观与微观两个层次是与上述两个维度的标准相统一的。微观农村养老保险给付适度水平的下限根据恩格尔系数确定，体现农民养老金给付实现了满足基本生存需要的生存公平；微观适度上限依据养老金合意替代率确定，体现农民养老金给付实现了满足高层次消费需求的劳动公平。宏观农村养老保险给付适度水平立足于国民财富及劳动要素分配，既体现了满足农民养老金基本需求的生存公平，也体现了农民养老金与财富分配及劳动要素贡献相对应的劳动公平。

（2）农村养老保险适度水平是农民劳动财富支配养老的合意份额

农村养老保险适度水平的确定涉及国民收入初次分配和再分配的基本问题，即在国内生产总值中，劳动生产要素获得多少份额比较合理；在劳动生产要素所应得的份额中，养老保险支出获得多少份额比较适度。宏观农村养老保险适度水平指出了农民劳动财富支付养老的合意份额，首先按照农民的劳动贡献在国内生产总值中分配劳动财富，然后依据农村老年人口的比例划分农民劳动财富中支付养老保障的份额。同时考虑到养老保险应坚持"激励与保护相统一"的原则，老年人所获得的养老金不应与在职劳动者相等，一般应按照一定的合意份额替代农民劳动收入的比例来作为养老金给付标准。

（3）农村养老保险适度水平是保证农民基本养老需求的给付标准

农村养老保险适度水平是农村养老保险功能的核心体现。农村养老保险的主体功能就是为参保人提供基本的养老保障制度安排，满足农村老年人的基本养老需求。微观农村养老保险适度水平是从农民的生存需求延伸到基本生活需求的养老金给付标准。首先，农民的生存需求体现为恩格尔系数水平，即在日常生活消费层次中对食品消费的需求，它是人维持生命的最低要求。其次，农民的基本养老需求体现在合意养老金替代劳动收入水平，即在日常生活消费层次中对衣、食、住、行等消费的需求，它是生存需求的较高层次。

3. 理论价值

农村养老保险适度水平是农村养老保险体系的核心指标，农村养老保险保持适度水平发展是促进农村养老保险体系有效运行及可持续发展的根本保证。第一，农村养老保险适度水平是农民养老金给付标准的理论依据；第二，农村养老保险适度水平是农村养老保险危机预警体系的核心参照指标，农村养老保险水平高于或低于适度水平都意味着农村养老保险体系运行存在问题或者危险；第三，农村养老保险适度水平是完善农村养老保险体系的主线,农村养老保险体系的结构安排、调整机制、管理体制、协调对接等内容,都要以农村养老保险适度水平为主要依据和发展目标。

(二)农村养老保险适度水平模型及分析

1. 指标选取

根据农村养老保险适度水平的概念及理论内涵,农村养老保险适度水平分为宏观层次和微观层次;相应的,农村养老保险适度水平在具体指标选取上也分为宏观和微观两个层次(见表1-9)。

表1-9 农村养老保险适度水平指标体系

指标分类	宏观农村养老保险适度水平	微观农村养老保险适度水平
一级指标	GDP、农村养老保险支出总额、工资收入总额	恩格尔系数、养老金替代率
二级指标	老年人口比重、养老金替代率、工资收入分配系数	农民日常生活消费支出、农村居民人均家庭经营收入、农村居民人均工资收入、农村家庭每一劳动力负担人数

对表1-9中的指标,给出以下几点说明。

第一,老年人口比重。根据人口结构和社会保障理论,工资收入总额中分配给养老保险支出的份额不应超过老年人口占总人口的比重[1],这体现了人的公平生存权及创造与获得的统一。同时依据国际惯例,老年人所获得的养老金不应与在职劳动者相等,一般应在以老年人口比重分配工资收入份额的基础上,再以替代率为标准发放养老金。

第二,工资收入分配系数。工资收入分配系数是指城乡劳动者的工资收入总额占国内生产总值的比重,表示劳动生产要素分配占国民财富的份额。依据柯布-道格拉斯生产函数原理和实际研究结果,劳动生产要素分配占国民财富的相对份额不超过75%。[2] 但是,在以从事农业生产为主的农民劳动收入中,有一部分收入的获得是源自土地要素的贡献,土地贡献

---

[1] 穆怀中:《中国社会保障适度水平研究》,辽宁大学出版社,1998,第145页。
[2] 萨缪尔森:《经济学》(第12版)上册,中国发展出版社,1990,第176页。

占农民劳均收入的比重约为10%。基于此种考虑，农业劳动者的工资收入总额占国内生产总值的比重应不超过65%。

第三，养老金替代率。这里的养老金替代率是指平均替代率，是人均养老金占农民劳均收入的比例。1997年我国建立职工养老保险制度时，预期的社会养老金目标平均替代率是社会平均工资的58.5%[1]，这一目标替代率相对于"保基本"的目标而言大体是合理的[2]。农民养老金目标替代率的设定要考虑到农民基本消费需求、农民收入来源的特点及与城镇职工养老保险替代率的对接。农民养老金目标替代率设为农村劳均收入的50%是合理的，这一替代率水平不仅能够实现"保基本"的目标，而且在引入农民土地收益约10%的替代率时，基本能够达到与城镇职工同等的60%的替代率水平。

2. 模型构建

（1）宏观农村养老保险适度水平模型

第一，宏观农村养老保险适度水平系数模型。

为建立宏观农村养老保险适度水平系数模型，首先要建立宏观养老保险水平系数模型。宏观养老保险水平系数是指养老保险支出总额占国内生产总值的比重。养老保险支出总额分为城镇养老保险支出总额和农村养老保险支出总额。在宏观养老保险水平系数中，引入"工资收入总额"作为中间变量，并提炼出"养老负担保障系数"和"工资收入分配系数"。这样，宏观养老保险水平系数模型可用下式表示：

$$S = \frac{S_n}{G} = \frac{S_n}{W} \times \frac{W}{G} = Q_n \times H \qquad (1-17)$$

其中，S代表养老保险水平系数；S_n代表养老保险支出总额；G代表国内生产总值；W代表城乡职工工资收入总额；Q_n代表养老保障负担系数，它是养老保险费用占工资收入总额的比重，体现在职人员负担老年人口的水平；H为工资收入分配系数。

养老保险支出总额主要分解为城镇和农村两部分，S_{nc}代表城镇养老保

---

[1] 《养老金"双轨制"两端渐行渐远》，《新京报》2012年9月14日。
[2] 李珍、王海东：《基本养老保险目标替代率研究》，《保险研究》2010年第1期。

险支出总额，S_{nr}代表农村养老保险支出总额，且$S_n = S_{nc} + S_{nr}$。在公式（1-17）基础上，提炼出如下宏观农村养老保险水平系数模型：

$$S_r = \frac{S_{nr}}{G} = \frac{S_{nr}}{W} \times \frac{W}{G} = Q_{nr} \times H \qquad (1-18)$$

其中，S_r代表宏观农村养老保险水平系数；S_{nr}代表农村养老保险支出总额；Q_{nr}代表农村养老保障负担系数，它是农村养老保险费用占城乡工资收入总额的比重，体现在职人员负担农村老年人口的水平；H为工资收入分配系数。

农村养老保障负担系数（Q_{nr}）是由农村60岁及以上老年人口占总人口的比重和农村养老金替代率共同决定的。依据人口结构和经济分配公平理论，农村60岁及以上老年人口获得的国民财富份额不应超出老年人口占总人口的比重。同时，60岁及以上老年人口获得的国民财富份额按照养老金替代率的比例划为养老保障费用，其余部分划为医疗保障等其他生活费用。因此，农村养老保障负担系数（Q_{nr}）用下式表示：

$$Q_{nr} = O_{nr}^a \times C_{nr} \qquad (1-19)$$

其中，O_{nr}^a代表农村60岁及以上老年人口占城乡总人口的比重，C_{nr}代表农村老年人口养老金目标平均替代率（50%）。

综合公式（1-18）和（1-19），农村养老保险适度水平系数（S_r）模型可以变换为如下形式：

$$S_r = O_{nr}^a \times C_{nr} \times H \qquad (1-20)$$

根据公式（1-20），对应于某一时刻，O_{nr}^a和C_{nr}是恒定的，S_r的适度下限和适度上限值取决于H值的设定。某一时刻的现实H值[①]对应得出的S_{rL}值为适度下限；合意的H值[②]（65%）对应得出的S_{rH}值为适度上限。

[①] 现实的H值 = 城乡居民平均每人年收入/人均GDP。
[②] 关于劳动要素分配系数的研究，柯布-道格拉斯、萨缪尔森、卡尔多等做了有意义的工作。他们的研究表明，在发达经济体中劳动要素分配系数是稳定的，并且基本保持在75%的合意水平。在此基础上，我们考虑到农业生产要素中土地贡献相对于工业较大，这里将农民工资收入分配系数的合意水平界定为65%。

第二，宏观农民养老金给付适度水平模型。

宏观农民养老金给付适度水平是由宏观农村养老保险适度水平确定的人均养老金给付水平。宏观农民养老金给付水平由下式表示：

$$P_r = \frac{S_r \times G}{O_r} \quad (1-21)$$

其中，P_r 为农民养老金给付水平，O_r 为农村老年人口数。

宏观农民养老金给付水平（P_r）的适度下限和适度上限，可以根据 S_r 的适度下限 S_{rL} 和适度上限 S_{rH} 来确定。分别由公式（1-22）和（1-23）表示。

$$P_{rL} = \frac{S_{rL} \times G}{O_r} \quad (1-22)$$

其中，P_{rL} 为宏观农民养老金给付水平的适度下限。

$$P_{rH} = \frac{S_{rH} \times G}{O_r} \quad (1-23)$$

其中，P_{rH} 为宏观农民养老金给付水平的适度上限。

第三，宏观农民养老金替代率适度水平模型。

在实证分析中，通常用农民养老金替代率（养老金占人均劳动收入的比率）来衡量养老保障水平。为此，需要建立农民养老金替代率适度水平模型。根据农民养老金给付水平模型，很容易建立农民养老金替代率适度水平模型。农民养老金适度水平的下限和上限，分别由公式（1-24）和（1-25）表示。

$$\rho_{rL} = \frac{P_{rL}}{(I_{rc} + I_{rw}) \times M_r} \quad (1-24)$$

其中，ρ_{rL} 为宏观农民养老金替代率的适度下限，I_{rc} 代表农村人均家庭经营纯收入，I_{rw} 代表农村家庭人均工资性收入，M_r 代表农村居民家庭每一劳动力负担人数。

$$\rho_{rH} = \frac{P_{rH}}{(I_{rc} + I_{rw}) \times M_r} \quad (1-25)$$

其中，ρ_{rH} 为宏观农民养老金替代率的适度上限。

宏观农民养老金替代率适度水平是依据国民财富、劳动生产要素分配系数等指标确定的农民养老金替代率的适度区间。对于农村社会养老保险制度来说，宏观农民养老金替代率适度水平是基础养老金替代率和个人账户养老金替代率之和所应达到的合理目标。

（2）微观农村养老保险适度水平模型

第一，微观农民养老金给付适度水平模型。

农民养老金给付适度水平的适度下限是在农村恩格尔系数水平基础上建立的，具体由公式（1-26）表示。

$$B_{rL} = C_r \times E_r \quad (1-26)$$

其中，B_{rL}代表农民养老金给付适度水平的适度下限，C_r代表农村日常生活消费支出金额，E_r代表农村恩格尔系数。

农民养老金给付适度水平的上限是建立在保证农民基本生活消费支出基础上的，替代农民劳均收入的限度标准，由式（1-27）表示：

$$B_{rH} = (I_{rc} + I_{rw}) \times M_r \times TR \quad (1-27)$$

其中，B_{rH}代表农民养老金给付适度水平的上限，I_{rc}代表农村人均家庭经营纯收入，I_{rw}代表农村家庭人均工资性收入，M_r代表农村居民家庭每一劳动力负担人数，TR代表农民养老金目标替代率。

在公式（1-27）中，$(I_{rc} + I_{rw}) \times M_r$代表农民的劳均收入，是农民养老金目标替代率的基数。在计算微观农民养老金给付的适度上限时，对农民养老金目标平均替代率基数的重新界定是有意义的。农民养老金给付适度上限也可看作农民养老金目标替代率的标准。关于农民养老金目标替代率的确定涉及三个重要理论问题，一是替代率的含义，二是替代率的基数，三是替代率的取值。

一般理论界倾向于将养老金的目标替代率遵循平均替代率的概念来研究，如1997年我国建立职工养老保险制度时就采用了平均替代率的概念，将城镇职工养老金替代率的目标值定位于社会平均工资的58.5%。相应的，农民养老金替代率也表示为人均养老金与农民人均劳动收入的比率。农民劳均收入是指农民在从事劳动生产活动时所取得的全部收入，它包括从事务农劳动的家庭经营收入和外出打工的工资收入，其中农民务农的家庭经营收入包括劳动和土地的贡献。

农民养老金目标替代率设计为50%的合理性依据是：将农民根据养老金目标替代率所获得的养老金收入，与农村居民基本生活消费支出相比较发现，养老金收入能够满足农村老年人口的基本生活需求，从实证检验来看，农民养老金替代率设计为50%基本上是合理的。一些学者认为将农民养老金目标平均替代率设为50%是合适的。[1] 按照国际经验，养老金替代率高于70%，即可维持退休前现有的生活水平；如果达到60%~70%，即可维持基本生活水平；如果低于50%，则生活水平较退休前会有大幅下降。[2] 养老金替代率的取值应以保障农民基本生活需求为标准，并综合考虑农民收入结构与水平的特点。农民养老金目标替代率在以农民劳均收入为基数且取值50%的情况下正好能够满足农民的基本生活需求。[3] 实际上，农民除了养老金收入外，还可以从土地收益中获取相当于农民劳均收入10%的替代率水平，这样加总后的农民养老替代率基本达到合意的目标替代率水平60%。

第二，微观农民养老金替代率适度水平模型。

根据微观农民养老金给付适度水平模型，可以很容易计算农民养老金替代率适度水平的下限和上限，分别由公式（1-28）和（1-29）表示：

$$\rho_{rL} = \frac{B_{rL}}{(I_{rc} + I_{rw}) \times M_r} \quad (1-28)$$

其中，ρ_{rL}为农民养老金替代率的适度下限。

$$\rho_{rH} = \frac{B_{rH}}{(I_{rc} + I_{rw}) \times M_r} \quad (1-29)$$

---

[1] 郑功成：《中国社会保障改革与发展战略——理念、目标与行动方案》，人民出版社，2008，第159页。
[2] 《养老金"双轨制"两端渐行渐远》，《新京报》2012年9月14日。
[3] 农民的生活需求可以分为基本需求和发展需求，前者指食品、衣服、住房、交通通信、家庭设备、医疗等需求，后者指教育、培训、文化、娱乐等内容（李珍、王海东，2012）。在农民的基本生活需求中，食品、衣服、住房、交通通信、家庭设备等内容属于养老保障的需求，医疗属于医疗保障的需求。参见李珍、王海东《基本养老保险目标替代率研究》，《保险研究》2012年第1期。

其中，ρ_{rH}为农民养老金替代率的适度上限。

3. 实证分析

（1）宏观农村养老保险适度水平

根据宏观农村养老保险适度水平模型，测定2000~2011年农村养老保险适度水平（见表1-10）。

根据宏观农民养老金替代率适度水平模型，可以测算农民养老金适度水平的下限和上限。如果假设基础养老金和个人账户替代率各占50%，那么，可以测定基础养老金适度水平（见表1-11）。

表1-10 宏观农村养老保险适度水平及与现实水平的比较

单位：%

年份	农村60岁及以上人口占总人口比重	养老金目标替代率	劳动要素分配系数 H 现实值	劳动要素分配系数 H 合意值	养老保险适度水平 适度下限	养老保险适度水平 适度上限	养老保险现实水平
2000	6.67	50	0.60	0.65	2.00	2.17	0.007
2001	6.96	50	0.59	0.65	2.05	2.26	0.009
2002	7.03	50	0.62	0.65	2.18	2.28	0.011
2003	7.11	50	0.60	0.65	2.13	2.31	0.011
2004	7.21	50	0.57	0.65	2.05	2.34	0.012
2005	7.40	50	0.56	0.65	2.07	2.40	0.011
2006	7.34	50	0.54	0.65	1.98	2.38	0.014
2007	7.38	50	0.51	0.65	1.88	2.40	0.015
2008	7.43	50	0.50	0.65	1.86	2.41	0.018
2009	7.49	50	0.51	0.65	1.91	2.43	0.022
2010	7.45	50	0.49	0.65	1.81	2.42	0.050
2011	7.59	50	0.48	0.65	1.83	2.47	0.125

注：农村60岁及以上老年人口占全国人口比重由"农村人口占总人口的比重"乘以"全国总人口中60岁及以上人口的比重"得出。现实的 H 值由城乡居民平均每人年收入除以人均 GDP 得出。

资料来源：根据《中国人口统计年鉴》《中国劳动统计年鉴》《中国农村统计年鉴》《人力资源和社会保障事业发展统计公报》中相关数据及公式（1-20）计算而得。

表1-11 宏观农村养老保险给付适度水平

年份	养老金给付（元/月）适度下限	养老金给付（元/月）适度上限	替代率（%）适度下限	替代率（%）适度上限	基础养老金给付（元/月）适度下限	基础养老金给付（元/月）适度上限	替代率（%）适度下限	替代率（%）适度上限
2000	195.74	212.38	72.56	78.73	97.87	106.19	36.28	39.37
2001	210.98	232.58	74.64	82.28	105.49	116.29	37.32	41.14
2002	242.12	253.22	83.25	87.06	121.06	126.61	41.62	43.53
2003	262.30	284.46	87.05	94.41	131.15	142.23	43.53	47.20
2004	291.42	332.64	87.88	100.31	145.71	166.32	43.94	50.16
2005	329.70	382.26	91.01	105.51	164.85	191.13	45.50	52.76
2006	370.16	444.92	93.96	112.94	185.08	222.46	46.98	56.47
2007	427.02	545.14	95.22	121.56	213.51	272.57	47.61	60.78
2008	493.54	639.48	97.93	126.88	246.77	319.74	48.96	63.44
2009	543.20	691.08	101.48	129.11	271.60	345.54	50.74	64.55
2010	609.58	815.26	99.98	133.71	304.79	407.63	49.99	66.85
2011	708.42	955.56	98.04	132.24	354.21	477.78	49.02	66.12

注：农民养老金适度水平分为基础养老金适度水平和个人账户养老金两部分。这里假定基础养老金和个人账户养老金替代率所占的份额相等，即各占农民养老金替代率的50%。

资料来源：根据表1-17及公式（1-24）、（1-25）计算而得。

（2）微观农村养老保险适度水平

根据农民养老金替代率适度水平模型及相关数据，可以测定农民养老金替代率适度水平。农民养老金替代率适度下限计算结果见表1-12。

表1-12 农民养老金替代率适度水平的下限

年份	农村恩格尔系数（%）	农村人均生活消费支出（元/年）	养老金适度下限 给付（元/月）	养老金适度下限 替代率（%）
2000	49.10	1670.13	68.34	25.33
2001	47.70	1741.09	69.21	24.49
2002	46.20	1834.31	70.62	24.28
2003	45.60	1943.30	73.85	24.51
2004	47.20	2184.65	85.93	25.91
2005	45.50	2555.40	96.89	26.74
2006	43.00	2829.02	101.37	25.73
2007	43.10	3223.85	115.79	25.82

续表

年 份	农村恩格尔系数（%）	农村人均生活消费支出（元/年）	养老金适度下限 给付（元/月）	养老金适度下限 替代率（%）
2008	43.70	3660.68	133.31	26.45
2009	41.00	3993.45	136.44	25.49
2010	41.10	4381.82	150.08	24.61
2011	40.40	5221.13	175.78	24.33

资料来源：根据《中国统计年鉴》（历年）、《中国统计摘要》（2012年）中相关数据及公式（1-26）、（1-28）计算而得。

2009年，我国正式启动和实施农村社会养老保险制度，并规定由政府财政全额对符合条件的农民每人每月发放基础养老金55元。基础养老金对满足农村老年人口的养老生存需求发挥了一定的作用，但是这一给付水平要低于微观层次农民养老金适度下限。由此可见，农村社会养老保险基础养老金还没有达到满足生存公平的标准，还需要逐步提高。现阶段农村主要依靠土地养老和家庭保障，同时低保、计生家庭补贴、五保供养等社会救助制度也发挥着养老保障的功能。这样，农民养老可能维持或超过养老金替代率适度水平的下限，能够满足生存需要。但从长期来看，还需要逐步提高基础养老金的给付水平。

根据农民养老金替代率适度水平模型及相关数据，可以测定农民养老金替代率适度上限，计算结果见表1-13。

表1-13 农民养老金替代率适度水平的上限

年 份	农村人均家庭经营纯收入（元/年）	农村人均工资性收入（元/年）	农村家庭人均劳动力负担人数（人）	农民劳均收入（元/年）	养老金适度上限 给付（元/月）	养老金适度上限 替代率（%）
2000	1427.27	702.30	1.52	3236.95	134.87	50
2001	1459.63	771.90	1.52	3391.93	141.33	50
2002	1486.54	840.22	1.50	3490.14	145.42	50
2003	1541.28	918.38	1.47	3615.70	150.65	50
2004	1745.79	998.46	1.45	3979.16	165.80	50
2005	1844.53	1174.53	1.44	4347.45	181.14	50

续表

年份	农村人均家庭经营纯收入（元/年）	农村人均工资性收入（元/年）	农村家庭人均劳动力负担人数（人）	农民劳均收入（元/年）	养老金适度上限 给付（元/月）	养老金适度上限 替代率（%）
2006	1930.96	1374.80	1.43	4727.24	196.97	50
2007	2193.67	1596.22	1.42	5381.64	224.24	50
2008	2435.56	1853.73	1.41	6047.90	252.00	50
2009	2526.78	2061.25	1.40	6423.24	267.64	50
2010	2832.80	2431.05	1.39	7316.75	304.86	50
2011	3222.00	2963.40	1.40	8671.33	361.31	50

资料来源：根据《中国统计年鉴》（历年）中相关数据及公式（1-27）、（1-29）计算而得。

农民养老金适度上限的给付标准应该是基础养老金和个人账户养老金共同达到的水平。按照农村社会养老保险制度的合意结构条件，即基础养老金和个人账户养老金在农民养老金给付中的份额相等，基础养老金对农民劳均收入的目标平均替代率为25%，个人账户养老金对农民劳均收入的目标平均替代率也应该为25%。在统计数据的比较分析中发现，微观农民养老金适度下限（恩格尔系数标准）与微观层次农民养老金适度上限的基础养老金份额（农民劳均收入25%的替代率标准）是基本一致的。这种相互一致的情况是符合逻辑的，这是因为微观农民养老金适度下限水平与微观农民养老金适度上限水平的基础养老金份额，都是测定农民生存公平的标准。为了简化分析以及与宏观农民养老金适度水平进行比较，可以直接将微观农民养老金适度下限作为农村社会养老保险基础养老金的适度给付标准（见表1-14）。

表1-14 农民养老金替代率适度水平

年份	养老金适度下限 给付（元/月）	养老金适度下限 替代率（%）	养老金适度上限 给付（元/月）	养老金适度上限 替代率（%）
2000	68.34	25.33	134.87	50
2001	69.21	24.49	141.33	50

续表

年份	养老金适度下限		养老金适度上限	
	给付（元/月）	替代率（%）	给付（元/月）	替代率（%）
2002	70.62	24.28	145.42	50
2003	73.85	24.51	150.65	50
2004	85.93	25.91	165.80	50
2005	96.89	26.74	181.14	50
2006	101.37	25.73	196.97	50
2007	115.79	25.82	224.24	50
2008	133.31	26.45	252.00	50
2009	136.44	25.49	267.64	50
2010	150.08	24.61	304.86	50
2011	175.78	24.33	361.31	50

资料来源：根据《中国统计年鉴》（历年）的相关数据计算而得。

为考察微观农村养老保险适度水平系数（微观农民养老金适度支出水平占GDP的比重），需测定微观农村养老保险适度水平系数，具体见表1-15。

表1-15 微观农村养老保险适度水平系数

年份	养老金给付水平（元/月）		农村60岁及以上老年人口数（万人）	GDP（亿元）	养老保险适度水平系数（%）	
	适度下限	适度上限			适度下限	适度上限
2000	68.34	134.87	8447.43	99214.6	0.70	1.38
2001	69.21	141.33	8879.19	109655.2	0.67	1.37
2002	70.62	145.42	9029.01	120332.7	0.64	1.31
2003	73.85	150.65	9191.38	135822.8	0.60	1.22
2004	85.93	165.80	9372.28	159878.3	0.60	1.17
2005	96.89	181.14	9675.81	184937.4	0.61	1.14
2006	101.37	196.97	9642.51	216314.4	0.54	1.05
2007	115.79	224.24	9752.10	265810.3	0.51	0.99

续表

年 份	养老金给付水平（元/月）		农村60岁及以上老年人口数（万人）	GDP（亿元）	养老保险适度水平系数（%）	
	适度下限	适度上限			适度下限	适度上限
2008	133.31	252.00	9862.97	314045.4	0.50	0.95
2009	136.44	267.64	9989.06	340902.8	0.48	0.94
2010	150.08	304.86	9930.30	401202.0	0.45	0.91
2011	175.78	361.31	10150.81	471563.7	0.45	0.93

资料来源：根据《中国统计年鉴》（历年）的数据整理。

（3）宏观与微观农村养老保险适度水平比较

宏观农村养老保险适度水平是根据人口年龄结构、合意替代率、劳动要素分配系数及GDP总量等指标测定的。微观农村养老保险适度水平是基于恩格尔系数、农民劳均收入及目标替代率等指标测定的，主要是从需求的角度测定农民养老金给付的适度水平。由于两者的指标有一部分是相同的，例如老年人口比重、养老金目标替代率等，所以两者的适度水平区间在理论上应该是相互印证的。现阶段由于农民劳均收入水平较低，以农民劳均收入为参照的农村养老保险微观适度水平，要低于以国内生产总值为参照的农村养老保险宏观适度水平，表现为微观农民养老金适度水平要低于宏观农民养老金适度水平。

从长期来看，随着工业化与城市化进程加快，国民收入分配对农村劳动收入的合理化，以及农业剩余劳动力向城镇转移带来的农业劳动生产力的提升，农民劳均收入在整个国民收入中的份额将不断提高，进而推动微观农村养老保险的适度水平上升，宏观农村养老保险水平适度下限与微观农村养老保险水平上限之间的差距将不断缩小（见图1-3）。由于微观农村养老保险适度水平下限是基于农村恩格尔系数的生存保障水平，它将随着恩格尔系数稳中下降的动态变化趋势同步发展，并不会与微观农村养老保险上限标准一样不断上升。考虑到农村社会养老保险制度仍处在推广完善阶段，农民养老金给付水平应先着眼于达到微观养老金适度下限水平，并在动态中逐步向微观适度养老金上限发展，然后再依据经济发展程度，适时推动其向宏观农村养老保险适度水平靠近。

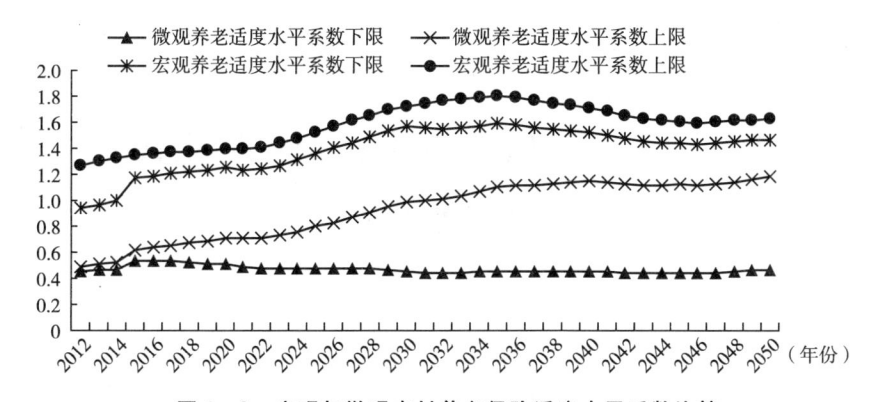

图 1-3　宏观与微观农村养老保险适度水平系数比较

说明：图中数据根据宏观与微观农村养老保险适度水平模型及相关参数预测而得。

第二章　农村养老保险体系总体框架及适度水平

农村养老保险体系的完善与发展是一项长期而艰巨的系统工程，需要立足现实、统筹兼顾、长远规划，对农村养老保险体系进行顶层设计，确立完善农村养老保险体系的总体框架与主线。在农村养老保险体系初步建成的基础上，依据完善农村养老保险体系的基本理论，提出构建以核心制度体系和管理运行体系为支柱的农村养老保险体系目标框架。根据"一元化、二序列、三账户、五支柱"农村养老保险体系和三阶段划分，确定以养老保险适度水平为主线，以社会养老、家庭养老为两翼，以"三账户"资金来源为脉络，以三阶段梯度转换为过程的完善路径，逐步建立适度、协调和可持续的农村养老保险体系。

一　完善农村养老保险体系的总体框架

2009年建立的新型农村社会养老保险制度是对"老农保"的完善，随着覆盖范围的推进正成为农村养老保险体系的核心制度安排。与此同时，农村养老保险体系中的辅助保障项目逐渐完善，家庭养老、土地保障、社会救助等其他保障措施为农村老年人提供了多元化的养老支持体系。

（一）目标框架

农村养老保险体系的目标框架是以完善农村养老保险体系基本理论为指导，以农村养老保险适度水平为主线，以核心制度体系和管理运行体系为支柱,以社会养老、土地养老、家庭养老、社会救助养老为重点的综合制度框架体系。完善农村养老保险体系要从构建和完善核心制度体系及管理运行体系入手,推动农村养老保险体系朝着适度水平的区间发展。

农村养老保险的核心制度体系是农村养老保险体系的物质基础和制度载体,它由"五支柱"构成:基础养老金、个人账户、土地养老、家庭养老、社会救助养老。其中,基础养老金和个人账户是农村社会养老保险制度的两大组成部分,它们是核心制度体系的核心。社会养老是农村养老保险发展的方向,是未来农村养老经济供养的主体。土地养老是农民依靠土地收益进行自我养老的方式,是核心制度体系的基石。家庭养老是核心制度体系的重要支柱,是农民依靠子女供养安享晚年的养老方式。在人口转变和城市化进程中,子女供养老人在物质方面的支持将弱化,但家庭养老给农村老年人提供精神慰藉的作用将逐渐增强。社会救助养老是以农村最低生活保障制度、计生家庭奖励(特别)扶助金制度和"五保户"制度等社会救助项目为主体的农民养老社会安全网。社会救助养老是一种补偿性质的保障项目,为那些在社会化大生产和社会转型过程中无社保、无土地、无子女的农村老年人提供替代生存收入的底线保障。

农村养老保险管理运行体系是农村养老保险体系有效运行的体制和机制,它由维护和促进农村养老保险体系良性运行和可持续发展的关键要素组成,如财政预算平衡机制、协调对接机制以及其他相关配套措施等。其中,财政预算平衡机制是管理运行体系的核心,涉及农村养老保险体系各筹资主体的资金来源是否具有稳定性和可持续性。协调对接机制是管理运行体系的重点,它关系到核心制度体系整体功能的发挥程度。管理运行体系还需建立和完善其他相关配套措施来保证核心制度体系的良性运转,如管理服务体系、户籍制度、土地政策、劳动力市场政策等。

(二)总体思路

坚持正确理念,分阶段推进农村养老保险体系建设,通过制度整合优化,发展社会保险、社会救助、子女和土地养老等多层次的制度体系,不断扩大养老保险的覆盖范围,提高社会保障水平。

1. 坚持"普惠、公平、参与、共享"理念

加强农村社会养老保险基础养老金制度和社会救助制度建设，从形式普惠走向实质公平，更好地发挥其为农村居民提供平等收入保障的生存公平功能。完善农村社会养老保险个人账户制度，采取科学的财政补贴激励模式，鼓励参保人主动参与缴费。建立农村社会养老保险基础养老金随物价波动和农村人均纯收入增长的动态调整机制，让农村老年人共享经济社会发展成果。

2. 建立多层次农村养老保险体系

各国的经验表明，多层次养老保险制度的设计有助于实现养老保险制度的多重目标。[①] 根据我国农村地区已有养老功能的社会保障项目及家庭子女养老和土地养老的优良传统，应建立社会保险养老、社会救助养老、家庭子女养老、土地养老的多层次养老保险体系，通过建立合理的不同养老保障项目之间的联动和对接机制，充分发挥不同保障项目的养老支持作用。

3. 分阶段推进农村养老保险体系建设

根据现实需要与发展可能将完善农村养老保险体系的实施步骤分为三个阶段：初始期（2012～2020年）、过渡期（2021～2030年）、目标期（2031～2050年）。在初始期，主要是构建农村养老保险体系总体框架，积极推进社会养老保险制度全覆盖，增强社会养老保险的公平性与普惠性，提高农村社会养老保险的参保补贴效率，妥善解决社会养老、土地养老、家庭养老的相互配套问题，为建立健全、完备的农村养老保险体系奠定坚实的基础。在过渡期，主要是以社会养老金待遇给付调整为主线，积极推进城乡养老保险制度的整合，促进农村社会养老保险制度和城镇居民养老保险制度整合为统一的城乡居民养老保险制度，健全土地及家庭养老支持政策，稳步推进户籍、劳动力市场、法律等配套制度和管理服务体系的建设。在目标期，主要是进一步推进城乡养老保险制度的整合，形成全国统一的国民基本养老保险制度，积极推动老年服务产业发展，逐步提高社会

---

① 罗伯特·霍尔茨曼、理查德·汉兹：《21世纪养老保险改革展望》，《经济社会体制比较》2006年第3期。

保障水平和老年人生活质量，实现人人享有体面的老年生活的目标。

4. 逐步提高农村社会养老保险水平

稳步提高农村社会的养老保险水平，一是要确保国家财政对农村社会养老保险制度的投入，继续坚持政府引导和个人负担并重的原则，鼓励和支持农民多缴费、早缴费、长消费，增加个人账户积累；二是要建立基础养老金随经济发展、财政收入、物价变动的动态调整机制；三是要坚持多层次、多渠道地解决农村养老问题，加强社会救助养老安全网的作用，鼓励和引导农民坚持子女和土地养老，有条件的制度个人储蓄养老计划和购买商业养老保险。农村社会养老保险水平的提升不仅能为农村老年人提供更好的养老保障，同时还能促进全社会保障水平的提升，进而推动我国经济增长与社会保障事业良性协调发展。

（三）主要内容

完善我国农村养老保险体系的主要内容，是以农村养老保险适度水平为主线，以优化农村养老保险制度为重点，建立农村养老保险长效运行机制，按照"初始期、过渡期、目标期"三阶段，构建"一元化、二序列、三账户、五支柱"的农村养老保险体系。

1. 完善农村养老保险体系以适度水平为主线

农村养老保险体系的给付标准、筹资方式、协调对接等内容都要围绕农村养老保险的适度水平来设计和完善。根据理论模型及实证检验，农村养老保险的合意替代率如图2-1所示。农村养老保险体系的完善及保障水平的提高，应以这一合意替代率水平为理论依据。

农村养老保险体系的合意替代率应以60%为宜，其中农村土地养老、子女养老保障的替代率约为10%，农村社会养老保险的替代率约为50%。在农村社会养老保险给付结构中，基础养老金合意替代率约为25%，个人账户合意替代率约为25%。在基础养老金发放中，实行基础养老金二账户模式，其中基础养老金第一账户为中央账户，由中央财政全额承担，在全国范围统一发放，中央账户合意替代率约为10%；基础养老金第二账户为地方账户，由地方财政全额承担，省级统筹发放，地方账户合意替代率约

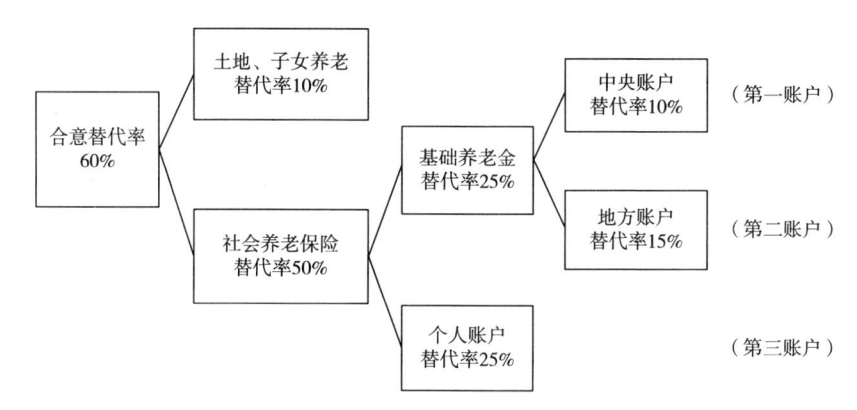

图 2-1 农村养老保险体系的合意替代率

为15%。农村社会养老保险基础养老金和个人账户在全国统筹发放过程中，形成中央账户、地方账户和个人账户的"三账户"模式。目前由中央确定的农村社会养老保险基础养老金替代率约为8%（按每人每月55元标准），要低于合意的基础养老金替代率标准，未来要建立基础养老金动态调整机制，逐步使基础养老金给付水平达到合意替代率水平。

2. 构建"一元化、二序列、三账户、五支柱"农村养老保险体系

"一元化、二序列、三账户、五支柱"的农村养老保险体系是基于养老保障满足生存公平与劳动公平原则，以及结合中国养老保障体系建设实践和居家养老文化传统而提出的农村养老保险体系建设的基本框架（见图2-2）。

"一元化"是指农村社会养老保险基础养老金全国统筹一元化。在合意条件下，基础养老金按合意替代率25%的水平发放，实行基础养老金二账户给付模式。其中，基础养老金第一账户全部由中央财政筹资，按10%的替代率水平，实行全国统筹一元化发放；基础养老金第二账户由地方财政筹资，按15%的替代率水平，实行省级统筹发放。

"二序列"是指农村养老保障体系按照"有土地"和"无土地"两类农民做出不同的养老联动制度安排。在人口城市化过程中，农民分化成"有土地"和"无土地"的二序列。"无土地"农民无法获取与"有土地"农民同样的土地保障或家庭子女供养保障。农村低保和计生家庭扶助金等农村社会救助项目为"无土地"和"无子女"农民提供养老经济的替代

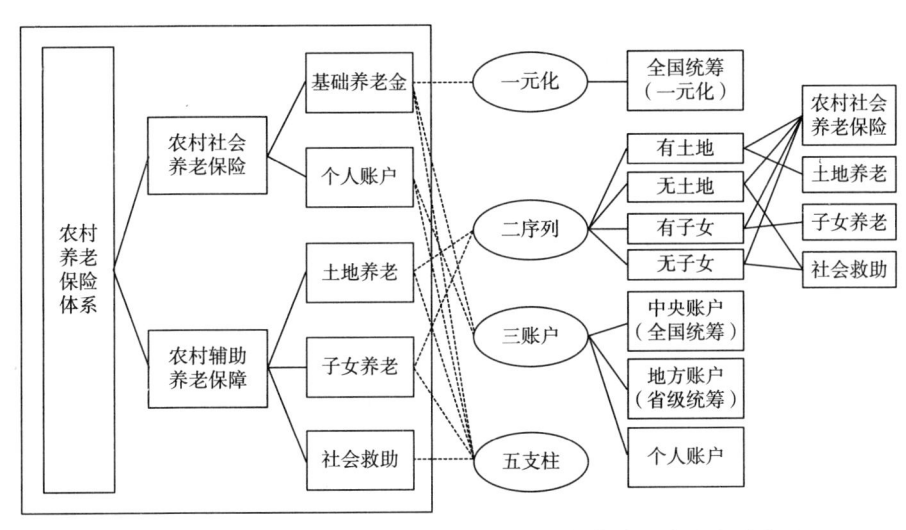

图2-2 "一元化、二序列、三账户、五支柱"农村养老保险体系

补偿。

"三账户"是在农村社会养老保险基础养老金和个人账户基础上，按照资金来源的不同划分的三个养老金账户。基础养老金按中央和地方财政分担机制分为基础养老金第一账户和基础养老金第二账户。其中，基础养老金第一账户为全国统筹中央账户，由中央财政全额补贴一元化发放；基础养老金第二账户为省级统筹地方账户，由地方财政全额补贴发放。基础养老金的二账户与个人账户共同构成农村社会养老保险三账户给付模式。

"五支柱"是指农村老年人口享有基础养老金、个人账户、土地养老、子女养老和社会救助五个支柱的养老保障体系。

3. 按"初始期、过渡期、目标期"三阶段完善农村养老保险体系

如前所述，根据农村养老保险体系的发展现状及趋势，结合农村养老保险体系的目标框架，将农村养老保险体系的完善和实施大体上划分为三个阶段：第一个阶段是初始期（2012~2020年），是完善农村养老保险体系的起步阶段；第二个阶段是过渡期（2021~2030年），是完善农村养老保险体系的过渡阶段；第三个阶段是目标期（2031~2050年），是完善农村养老保险体系的目标阶段。

在初始期，农村养老保险体系以农村土地、子女养老等家庭养老为主，以农村社会养老保险为补充。在过渡期，农村土地养老、子女养老等家庭养老与农村社会养老保险并重发展。在目标期，农村养老保险体系以农村社会养老保险为主，以农村土地养老、子女养老等家庭养老为辅（见图2-3）。

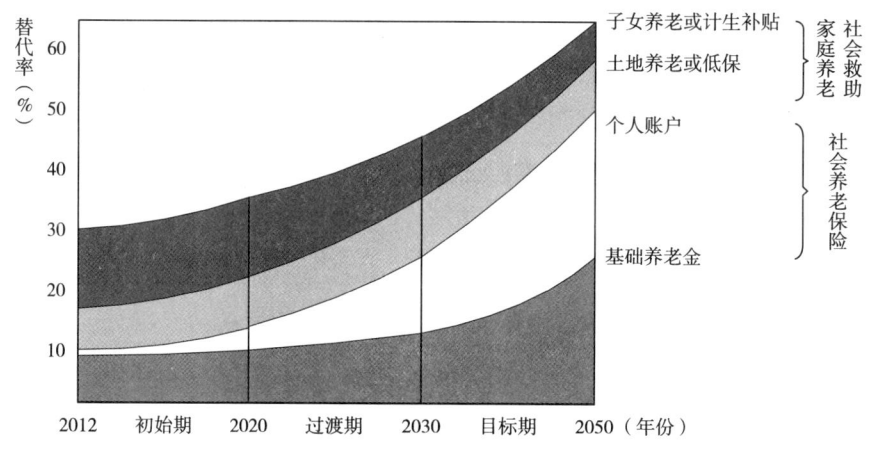

图2-3 完善农村养老保险的体系结构及三阶段划分

在初始期、过渡期和目标期，农村养老保险体系的"五支柱"养老模式依据替代率水平的不同，完成不同的养老保障职能（见图2-4）。

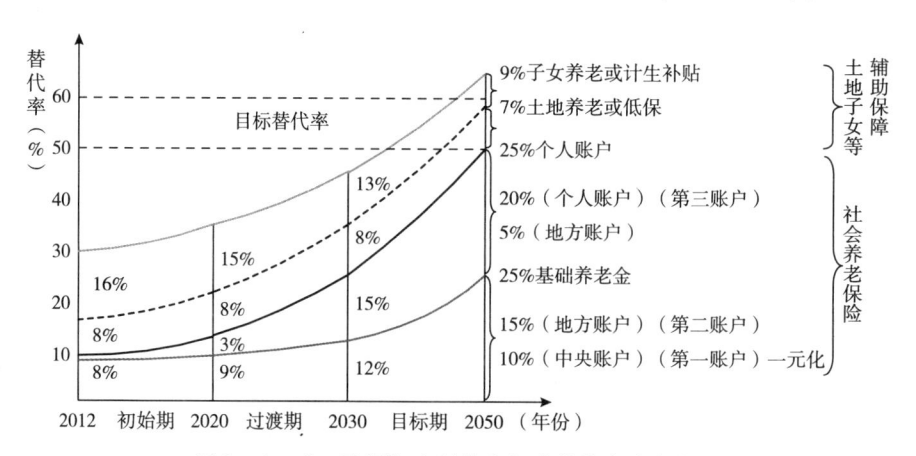

图2-4 "三阶段"农村养老保险替代率动态变化

目前由中央确定的农村社会养老保险基础养老金替代率约为8%（按

每人每月 55 元标准），要低于合意的基础养老金替代率。未来农村社会养老保险基础养老金以二元农业福利差养老补偿金为参照依据，以农民适度养老金水平为目标，按照 CPI 和农村人均纯收入增长率之和为调整指数进行动态调整，实际基础养老金替代率将从初始期的 8% 起步不断提升，在过渡期达到微观基础养老金下限替代率 12% 的水平，在目标期达到微观基础养老金上限替代率 25% 的水平。

在初始期，农村养老保险体系是以土地、子女养老为主，以农村社会养老保险为辅。动态调整后的基础养老金替代率从 2012 年的 8% 提高到 2020 年的 9%；个人账户处在不断积累时期；土地养老替代率保持 8%；子女养老替代率从 2012 年的 16% 下降到 2020 年的 15%。在过渡期，农村养老保险体系是土地、子女养老与农村社会养老保险并重发展。动态调整后的基础养老金替代率从 2020 年的 9% 提高到 2030 年的 12%；个人账户替代率从 2020 年的 3% 上升到 2030 年的 15%；土地养老替代率保持 8%；子女养老替代率从 2020 年的 15% 下降到 2030 年的 13%。在目标期，农村养老保险体系以农村社会养老保险为主，以土地、子女养老为辅。动态调整后的基础养老金替代率从 2030 年的 12% 提高到 2050 年的 25%；个人账户替代率从 2030 年的 15% 上升到 2050 年的 25%；土地养老替代率下降到 2050 年的 7%；子女养老替代率从 2030 年的 13% 下降到 2050 年的 9%。

中央确定的每人每月 55 元基础养老金的替代率约为 8%，按照社会养老保险试点中央和地方财政分担机制，相当于中央财政承担了基础养老金 6% 替代率的补贴水平，地方财政承担了基础养老金 2% 替代率的补贴水平，这便是基础养老金账户分为中央账户和地方账户的"二账户"模式的雏形。为了更好地体现基础养老金中央账户的生存公平功能，未来随着基础养老金的动态调整要逐步完善基础养老金中央统筹账户，提高中央统筹账户一元化发放的财政补贴水平。基础养老金中央统筹账户从初始期 6% 替代率的补贴水平起步，逐步提高到目标期 10% 替代率的补贴水平。同时，基础养老金地方账户从初始期 2% 替代率的补贴水平起步，逐步提高到目标期 15% 替代率的补贴水平。第三账户的个人账户筹资由个人缴费、集体补助和地方政府补贴构成。个人账户缴费所能实现的替代率水平随着个人账户积累增加和回报率的上升而逐步提高，到2050年目标期个人账户缴费积累目标是达到20%的替代率。在农村社会养老保险试点中，由地方财政对参保缴费人员每人每年补贴30元，相当于地方财政补贴了0.35%的替代率。个人账户地方财政补贴和集体补助从初始期0.35%替代率的补贴水平起步，逐步提高到目标期5%替代率的补贴水平。

在辅助养老保障项目中，农村低保、计生补贴等社会救助是替代子女养老、土地养老的制度安排。对于无子女养老的农村老年人，可以通过享受计生补贴来代替子女养老；对于无土地养老的农村老年人，可以通过享受农村低保来代替土地养老，最终使有土地和无土地的农民享受无差异的养老水平。

根据"一元化、二序列、三账户、五支柱"目标框架和三阶段划分，确定农村养老保险体系的完善路径为：以养老保险适度水平为主线，以社会养老和家庭养老为两翼，以三账户为资金来源脉络，以三阶段梯度转换对接为过程，逐步向适度、协调、可持续的农村养老保险体系目标迈进。我们将之概括为：一主线、两翼、三账户、三梯度、一目标（见图2-5）。

以养老保险适度水平为主线。在农村养老保险体系建设过程中，基础养老金、个人账户、土地养老、子女养老和社会救助五层次要素体系如何构建及未来的趋势目标如何设定，主要依据适度水平并从现实出发逐渐实现适度水平的发展路径。我们测定微观和宏观适度水平的上下限，在初始期，社会养老保险替代率水平低于微观适度下限，在过渡期接近微观适度下限，在目标期达到微观适度上限。社会养老保险与家庭养老、社会救助联动，在初始期超过微观适度下限，进入微观适度区间；在过渡期达到微观适度上限；在目标期超过微观适度上限，向宏观适度下限靠近，并进入宏观适度区间（见图2-5）。

以社会养老和家庭养老为两翼。以基础养老金与个人账户为主体的社会养老，以土地养老、子女养老为主体的家庭养老，构成了农村养老保险体系的两翼。在初始期，以基础养老金与个人账户为主体的社会养老替代率为8%，以土地养老、子女养老为主体的家庭养老替代率为24%，这一时期社会养老与家庭养老的比例为1:3；在过渡期，以基础养老金与个人

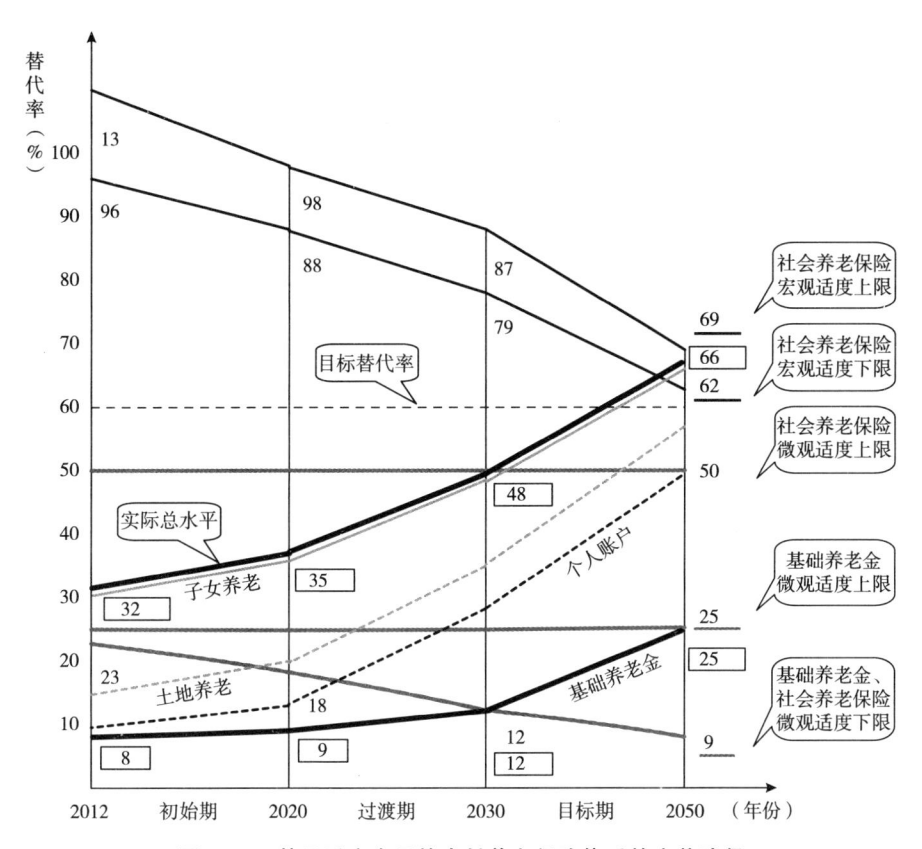

图 2-5 基于适度水平的农村养老保险体系的完善路径

说明：初始期社会养老保险宏观适度上限和下限的替代率水平较高，这主要是由于在初始期国民财富劳动报酬分配不合理，农民劳动收入水平过低造成的。未来随着国民收入分配的优化，农民劳动收入水平逐步提高，社会养老保险宏观适度上限和下限的替代率水平将有所降低。

账户为主体的社会养老替代率为27%，以土地养老、子女养老为主体的家庭养老替代率为21%，这一时期社会养老与家庭养老的比例接近1:1；在目标期，以基础养老金与个人账户为主体的社会养老替代率为50%，以土地养老、子女养老为主体的家庭养老替代率为16%，这一时期社会养老与家庭养老的比例超过3:1。社会养老与家庭养老这两翼在初始期以家庭养老为主，在过渡期社会养老与家庭养老并重，在目标期以社会养老为主（见图2-4）。

以三个账户为资金来源脉络。中央、地方、个人三个账户构成了农村养老保险体系的资金三个来源。在初始期，中央账户的替代率为6%，地方账户的替代率为2%，个人账户处于起步积累阶段，三个账户总和以8%的替代率起步向12%的替代率发展。在过渡期，中央账户的替代率为7%，地方账户的替代率为2%，个人账户的替代率为3%，三个账户总和向27%的目标替代率过渡。在目标期，中央账户的替代率为8%，地方账户的替代率为4%，个人账户的替代率为15%，三个账户总和将逐步实现50%的替代率目标。

这样，三个账户从总量的8%，到12%，再到27%，最后达到50%的目标替代率，体现了农村养老保险体系逐步完善的过程（见图2-5）。

以三个阶段梯度转换对接为过程。农村养老保险体系在完善过程中，伴随着社会养老和家庭养老转换以及保障水平逐步提高的梯度对接，在初始期，以土地、子女养老为主体的家庭养老替代率为24%和社会养老替代率8%对接，总和梯度为32%；在过渡期，以土地、子女养老为主体的家庭养老替代率为21%和社会养老替代率27%对接，总和梯度为48%，并与初始期32%的总水平对接；在目标期，以土地、子女养老为主体的家庭养老替代率为16%与社会养老50%的目标替代率对接，总和梯度为66%，并与过渡期48%的总水平对接。

这样，农村养老保险体系社会养老和家庭养老梯度转换对接，农村养老保险总水平从低水平起步向目标水平梯度转换对接两种形式，实现了农村养老保险三阶段梯度转换对接过程。

按照适度水平主线，以农民承受力和财政承受力等适度性检验为基础，逐步实现三阶段梯度转换对接，构成适度、协调、可持续的农村养老保险体系目标。

二 农村养老保险体系适度水平

农村养老保险体系的完善和发展，要以农村养老保险适度水平为主线，重点对基础养老金和个人账户的筹资和给付模式及水平加以完善和适度调整，以建立农村养老保障的长效机制，实现制度的长期和可持续发展。

(一) 宏观层次农村养老保险适度水平

1. 测定方法

养老保险适度水平的基本模型遵循社会保障适度水平模型的内在逻辑。

首先，养老保险适度水平存在的两个要素是"养老保险支出总额"和"国内生产总值"。其次，把"工资收入总额"作为"养老保险支出"和"国内生产总值"的中间变量。最后，将合理的"养老保险支出总额"占"工资收入总额"的比重系数与合理的"工资收入总额"占"国内生产总值"的比重系数相乘，就得出了适度养老保险水平的比重系数。养老保险适度水平是农村养老保险适度水平和城镇养老保险适度水平之和。其中，农村养老保险适度水平是由农村60岁及以上老年人口比重、农民养老金替代率和劳动要素分配系数共同决定的。根据第一章建立的模型，农村养老保险适度水平区间的上下限是由劳动要素分配系数的目标值和现实值的选取决定的。

2. 测算结果

根据宏观层次农村养老保险适度水平模型及相关数据，可以测定宏观层次农村养老保险现期和中远期的适度水平（见表2-1至表2-4）。

表2-1 宏观层次农村养老保险适度水平系数（2001~2011年）

年份	农村老年人口比重（%）	养老金目标替代率	劳动生产要素分配系数 H 现实值	劳动生产要素分配系数 H 合意值	养老保险适度水平系数（%）适度下限	养老保险适度水平系数（%）适度上限
2001	6.96	0.5	0.59	0.65	2.05	2.26
2002	7.03	0.5	0.62	0.65	2.18	2.28
2003	7.11	0.5	0.60	0.65	2.13	2.31
2004	7.21	0.5	0.57	0.65	2.05	2.34
2005	7.40	0.5	0.56	0.65	2.07	2.40
2006	7.34	0.5	0.54	0.65	1.98	2.38
2007	7.38	0.5	0.51	0.65	1.88	2.40
2008	7.43	0.5	0.50	0.65	1.86	2.41
2009	7.49	0.5	0.51	0.65	1.91	2.43
2010	7.45	0.5	0.49	0.65	1.81	2.42
2011	7.59	0.5	0.48	0.65	1.83	2.47

资料来源：《中国统计年鉴》（历年），中国统计出版社；《中国劳动统计年鉴》（历年），中国统计出版社；《人力资源和社会保障事业发展统计公报》（历年），人力资源和社会保障部网站；《第六次人口普查数据》、《中国人口统计年鉴》（历年）、《中国人口和就业统计年鉴》（历年）。

表2-2 宏观层次农民养老金适度给付水平（2001~2011年）

单位：元/月

年 份	养老金总水平		基础养老金		个人账户	
	适度下限	适度上限	适度下限	适度上限	适度下限	适度上限
2001	210.98	232.58	105.49	116.29	105.49	116.29
2002	242.12	253.22	121.06	126.61	121.06	126.61
2003	262.30	284.46	131.15	142.23	131.15	142.23
2004	291.42	332.64	145.71	166.32	145.71	166.32
2005	329.70	382.26	164.85	191.13	164.85	191.13
2006	370.16	444.92	185.08	222.46	185.08	222.46
2007	427.02	545.14	213.51	272.57	213.51	272.57
2008	493.54	639.48	246.77	319.74	246.77	319.74
2009	543.20	691.08	271.60	345.54	271.60	345.54
2010	609.58	815.26	304.79	407.63	304.79	407.63
2011	708.42	955.56	354.21	477.78	354.21	477.78

注：养老金总适度水平是农村养老保险适度水平系数相对应的农民养老金给付总额，它是基础养老金和个人账户养老金所应达到的总适度给付水平。按照农民养老金的合意结构，基础养老金和个人账户养老金各占养老金总水平的50%。

资料来源：根据表2-1及相关数据计算而得。

表2-3 宏观层次农村养老保险适度水平系数（2012~2050年）

年 份	农村老年人口占全国人口比重（%）	养老金目标替代率	劳动生产要素分配系数H		养老保险适度水平系数（%）	
			现实值	合意值	适度下限	适度上限
2012	7.78	0.5	0.48	0.65	1.88	2.53
2013	7.98	0.5	0.49	0.65	1.94	2.59
2014	8.15	0.5	0.49	0.65	2.00	2.65
2015	8.27	0.5	0.57	0.65	2.34	2.69
2020	8.58	0.5	0.59	0.65	2.51	2.79
2025	9.41	0.5	0.58	0.65	2.72	3.06
2030	10.63	0.5	0.59	0.65	3.13	3.45
2035	11.08	0.5	0.57	0.65	3.18	3.60
2040	10.54	0.5	0.58	0.65	3.05	3.43
2045	9.88	0.5	0.58	0.65	2.89	3.21
2050	9.98	0.5	0.59	0.65	2.93	3.24

资料来源：根据PEOPLE软件人口预测数据及相关参数假设计算而得。

表 2-4　宏观层次农民养老金适度给付水平（2012~2050 年）

单位：元/月

年　份	养老金总水平 适度下限	养老金总水平 适度上限	基础养老金 适度下限	基础养老金 适度上限	个人账户 适度下限	个人账户 适度上限
2012	755.78	1018.87	377.89	509.44	377.89	509.44
2013	810.90	1085.36	405.45	542.68	405.45	542.68
2014	870.05	1154.82	435.03	577.41	435.03	577.41
2015	933.53	1073.36	466.77	536.68	466.77	536.68
2020	1327.94	1474.65	663.97	737.32	663.97	737.32
2025	1720.19	1930.32	860.10	965.16	860.10	965.16
2030	2229.40	2458.16	1114.70	1229.08	1114.70	1229.08
2035	2626.56	2973.83	1313.28	1486.92	1313.28	1486.92
2040	3096.10	3474.20	1548.05	1737.10	1548.05	1737.10
2045	3651.52	4062.25	1825.76	2031.13	1825.76	2031.13
2050	4308.90	4770.92	2154.45	2385.46	2154.45	2385.46

注：中国 GDP 年均增长率在 2012~2020 年为 7%，在 2021~2030 年为 5%，在 2031~2050 年为 3%；GDP 预测数据采用一次平均数法进行平滑处理，$n=3$。

资料来源：根据表 2-3 及相关数据计算而得。

（二）微观层次农村养老保险适度水平

1. 测定方法

微观层次农村养老保险适度水平是从农村老年人口的生存需求角度出发，考察个体的农民养老金在食品、衣服、交通通信、住房、文化教育等消费层次上的满足程度。农民的生存消费需求水平体现在两个维度上，一是恩格尔系数水平；二是合意替代劳动收入水平。由恩格尔系数水平和农民日常生活消费支出确定农民基础养老金适度下限标准；由农村居民人均纯收入、家庭每一劳动力负担人数和养老金替代率确定农民基础养老金适度上限标准。农民基本养老金的总和替代率应控制在 50% 左右，其中基础养老金和个人账户养老金的替代率各为 25%。

2. 测算结果

根据微观层次农村养老保险适度水平模型及相关数据，可以测定微观层次农村养老保险现期和中远期的适度水平（见表2-5至表2-8）。

表2-5　微观层次农民养老金适度给付水平（2001~2011年）

单位：元/月

年　份	养老金总水平		基础养老金		个人账户适度水平
	适度下限	适度上限	适度下限	适度上限	
2001	69.21	141.33	69.21	70.67	70.67
2002	70.62	145.42	70.62	72.71	72.71
2003	73.85	150.65	73.85	75.33	75.33
2004	85.93	165.80	85.93	82.90	82.90
2005	96.89	181.14	96.89	90.57	90.57
2006	101.37	196.97	101.37	98.49	98.49
2007	115.79	224.24	115.79	112.12	112.12
2008	133.22	252.00	133.22	126.00	126.00
2009	136.34	267.64	136.34	133.82	133.82
2010	150.08	304.86	150.08	152.43	152.43
2011	175.78	361.31	175.78	180.66	180.66

注：①农民总养老金适度下限是农民的平均恩格尔系数消费标准，因为恩格尔系数水平代表生存公平的最低标准，基础养老金账户的功能定位是保障生存公平，所以，农民基础养老金适度下限与农民总养老金适度下限相同；②农民基础养老金和个人账户养老金适度上限是根据"新农保"合意结构划分的，即基础养老金和个人账户养老金分别占总适度养老金上限的一半。

资料来源：根据《中国统计年鉴》（历年）及相关数据计算而得。

表2-6　微观层次农村养老保险适度水平系数（2001~2011年）

年　份	农村60岁以上人口数（万人）	GDP（亿元）	养老金给付（元/月）		养老保险水平系数（%）	
			适度下限	适度上限	适度下限	适度上限
2001	8879.19	109655.2	69.21	141.33	0.67	1.37
2002	9029.01	120332.7	70.62	145.42	0.64	1.31
2003	9191.38	135822.8	73.85	150.65	0.60	1.22
2004	9372.28	159878.3	85.93	165.80	0.60	1.17
2005	9675.81	184937.4	96.89	181.14	0.61	1.14
2006	9642.51	216314.4	101.37	196.97	0.54	1.05

续表

年 份	农村60岁以上人口数（万人）	GDP（亿元）	养老金给付（元/月） 适度下限	养老金给付（元/月） 适度上限	养老保险水平系数（%） 适度下限	养老保险水平系数（%） 适度上限
2007	9752.10	265810.3	115.79	224.24	0.51	0.99
2008	9862.97	314045.4	133.31	252.00	0.50	0.95
2009	9989.06	340902.8	136.44	267.64	0.48	0.94
2010	9930.30	401202.0	150.08	304.86	0.45	0.91
2011	10150.81	471563.7	175.78	361.31	0.45	0.93

资料来源：根据表2-5及相关数据计算而得。

表2-7 微观层次农民养老金适度给付水平（2012~2050年）

单位：元/月

年 份	养老金总水平 适度下限	养老金总水平 适度上限	基础养老金 适度下限	基础养老金 适度上限	个人账户适度水平
2012	185.00	393.02	185.00	196.51	196.51
2013	194.57	424.35	194.57	212.17	212.17
2014	204.49	458.59	204.49	229.30	229.30
2015	214.76	496.39	214.76	248.19	248.19
2020	270.75	752.56	270.75	376.28	376.28
2025	302.39	1006.37	302.39	503.18	503.18
2030	324.45	1404.16	324.45	702.08	702.08
2035	379.01	1822.11	379.01	911.06	911.06
2040	461.13	2325.58	461.13	1162.79	1162.79
2045	561.03	2841.92	561.03	1420.96	1420.96
2050	682.58	3479.93	682.58	1739.97	1739.97

注：①中国GDP年均增长率在2012~2020年为7%，在2021~2030年为5%，在2031~2050年为3%；GDP数据采用一次平均数法平滑处理，n=3。②农村恩格尔系数采用趋势预测法按照平均变动率预测，当恩格尔系数下降到20%时保持不变。③农村居民人均纯收入和农民日常消费支出按照同样的目标增长率法预测，2012~2020年为8%，2021~2030年为6%，2031~2050年为4%。④农村家庭每一劳动力负担人数采用PEOPLE软件人口预测数据中的农村15~65岁人口总抚养比数据预测。

资料来源：根据模型及相关参数假设计算而得。

表 2-8 微观层次农村养老保险适度水平系数（2012~2050 年）

年份	农村60岁以上人口数（万人）	GDP（亿元）	养老金给付（元/月）适度下限	养老金给付（元/月）适度上限	养老保险水平系数（%）适度下限	养老保险水平系数（%）适度上限
2012	10435.85	504573.15	185.00	393.02	0.46	0.98
2013	10750.22	539893.27	194.57	424.35	0.46	1.01
2014	11043.42	577685.80	204.49	458.59	0.47	1.05
2015	11287.37	540717.41	214.76	496.39	0.54	1.24
2020	11948.23	758384.14	270.75	752.56	0.51	1.42
2025	13258.18	1004400.22	302.39	1006.37	0.48	1.59
2030	15007.27	1281897.48	324.45	1404.16	0.46	1.97
2035	15579.82	1543567.05	379.01	1822.11	0.46	2.21
2040	14700.86	1789417.26	461.13	2325.58	0.45	2.29
2045	13662.29	2074425.04	561.03	2841.92	0.44	2.25
2050	13629.69	2404827.17	682.58	3479.93	0.46	2.37

资料来源：根据模型及相关参数假设计算而得。

（三）基于二元福利差的农村养老保险适度水平

1. 测定方法

二元经济结构下积累的二元福利差，体现为农业劳动人口在不平等的商品交换过程中的福利亏欠。当这些存在福利亏欠的农业劳动者进入退休年龄时，应该由国家财政以二元福利差的形式对其养老金进行补偿。从收入用于满足日常消费的层次看，养老消费需求的层次以衣、食、行为主，用于养老的费用支出只是收入的一部分。因此，二元福利差的数量不应全部补偿到农民的养老金账户中，而应将二元福利差的数量按农民用于养老生存消费需求占总消费支出的比例，划入农村养老保险的基础养老金中。

2. 测算结果

根据二元福利差及养老补偿模型和相关数据，可以测算出基于二元福利差的基础养老金补偿适度水平（见表 2-9 和表 2-10）。

表2-9 基于二元福利差的基础养老金补偿适度水平（2009~2011年）

年份	农村60岁及以上人口数（万人）	GDP（亿元）	农业收购福利差养老补偿金（元/月）	农业总福利差养老补偿金（元/月）	基础养老金补偿水平系数（%）适度下限	基础养老金补偿水平系数（%）适度上限
2009	9989.06	340902.8	20.75	44.38	0.07	0.16
2010	9930.30	401202.0	21.28	43.58	0.06	0.13
2011	10150.81	471563.7	17.57	36.73	0.05	0.09

注：表中数据按当年价格衡量。

表2-10 基于二元福利差的基础养老金补偿适度水平（2012~2050年）

年份	农村60岁及以上人口数（万人）	GDP（亿元）	农业收购福利差养老补偿金（元/月）	农业总福利差养老补偿金（元/月）	基础养老金补偿水平系数（%）适度下限	基础养老金补偿水平系数（%）适度上限
2012	10435.85	504573.15	14.94	32.37	0.04	0.08
2013	10750.22	539893.27	17.10	39.20	0.04	0.09
2014	11043.42	577685.80	18.35	42.23	0.04	0.10
2015	11287.37	540717.41	19.19	43.37	0.05	0.11
2020	11948.23	758384.14	19.21	39.91	0.04	0.08
2025	13258.18	1004400.22	66.71	108.93	0.11	0.17
2030	15007.27	1281897.48	237.49	332.81	0.33	0.47
2035	15579.82	1543567.05	323.94	415.81	0.39	0.50
2040	14700.86	1789417.26	181.98	860.05	0.18	0.85
2045	13662.29	2074425.04	—	1156.27	—	0.91
2050	13629.69	2404827.17	—	1840.92	—	1.25

资料来源：根据表2-8及相关数据计算而得。

（四）三种农村养老保险适度水平比较及应用

如图2-6所示，二元福利差养老补偿金与宏、微观适度养老金的变化在时间序列上划分出了三个基础养老金调整区间。在初始期（2012~2020年），农村社会养老保险制度刚刚起步，处在试点推进和制度定型的过程中，这一阶段二元农业福利差养老补偿金的变化较为平稳。在过渡期（2021~2030年），二元农业福利差养老补偿金的增长较为明显，并在

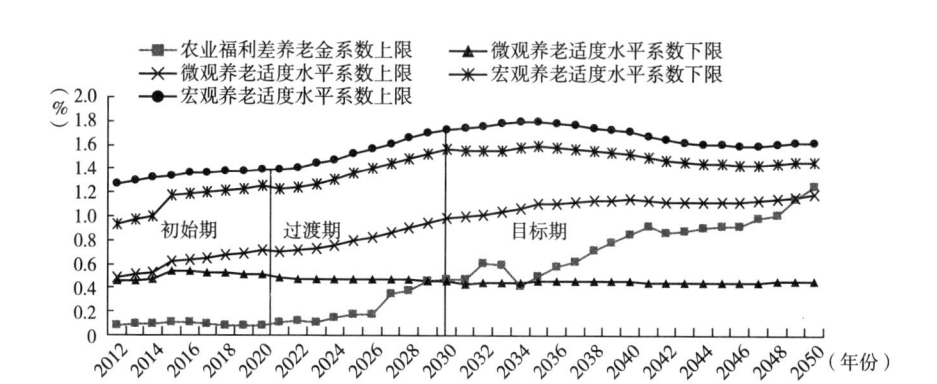

图 2-6 三种农村养老保险适度水平系数比较

说明：根据 CPI 增长率和农村人均纯收入相关参数计算而得，初始期基础养老金调整指数为 11%，过渡期基础养老金调整指数为 9%，目标期基础养老金调整指数为 8.6%。

2030 年前后达到微观适度养老金下限。在目标期（2031~2050 年），二元福利差养老补偿金继续保持增长，并在 2050 年前后达到微观适度养老金上限，接近宏观适度养老金下限。

二元农业福利差养老补偿金是农村社会养老保险基础养老金的理论依据，农村养老保险适度水平是基础养老金给付的合理目标。根据二元农业福利差养老补偿金和农村养老保险适度养老金的阶段性变化趋势，农村社会养老保险基础养老金的动态调整应该参照二元福利差养老补偿金的增长，以 CPI 增长率与农村人均纯收入增长率之和为调整指数，使其在 2030 年达到微观基础养老金适度下限，在 2050 年达到微观基础养老金适度上限。

根据上述的农村社会养老保险基础养老金动态调整方式，以及对子女养老、土地养老的未来预测，可以测算农村养老保险体系的动态替代率变化情况（见表 2-11）。基础养老金和个人账户替代率随着农村社会养老保险制度的不断完善而逐步提高，分别从 8% 和 1% 左右的水平起步，逐步提高到合意替代率 25% 的水平。土地和子女养老替代率随着家庭养老功能的逐步弱化而不断下降，其中土地养老替代率从 8% 下降到 7%，子女养老替代率从 16% 下降到 9%。社会救助是对农村土地、子女养老的替代性补偿保障，社会救助替代率水平与土地、子女养老替代率水平基本保持一致。

表 2-11　农村养老保险体系替代率及适度水平（2012~2050 年）

单位：%

年份	社会养老保险替代率		辅助养老项目替代率				微观养老金替代率		宏观养老金替代率	
	基础养老金	个人账户	土地养老	子女养老	低保人均给付	计生特扶金	适度下限	适度上限	适度下限	适度上限
2012	8	1	8	16	15	17	24	50	96	130
2015	8	1	8	16	13	14	22	50	94	108
2020	9	3	8	15	10	16	18	50	88	98
2025	11	9	8	14	11	15	15	50	85	96
2030	12	15	8	13	9	14	12	50	79	88
2035	14	18	7	11	10	11	10	50	72	82
2040	16	20	7	11	9	11	10	50	67	75
2045	20	23	7	10	8	9	10	50	64	71
2050	25	25	7	9	8	10	10	50	62	69

注：基础养老金以二元农业福利差养老补偿金为依据，以农村养老适度水平为目标，按农村 CPI 增长率和农村人均纯收入增长率之和为指数进行动态调整。其他数据来自相关指标预测结果。

（五）农村养老保险现行水平适度性分析

农村社会养老保险确立的每人每月 55 元基础养老金水平基本与二元福利差养老补偿金的上限相吻合，但要低于微观基础养老金的下限，更低于宏观基础养老金的下限（见表 2-12）。在起步期农村社会养老保险基础养老金水平保持在 55 元/月的标准是符合二元福利差补偿要求的，但是农村社会养老保险基础养老金水平有进一步提升的空间，未来随着制度的全面推广，应适时通过动态调整方式将基础养老金水平逐步提高到微观和宏观适度区间。

为了进一步判断 2001~2011 年农村养老保险整体水平的适度性，我们将核算农村养老保险水平系数，并将其与三种测算方法下的农村养老保险适度水平系数进行比较（见表 2-13）。

表2-12 农村社会养老保险基础养老金现行水平适度性状况

单位：元/月

年份	宏观基础养老金 适度下限	宏观基础养老金 适度上限	微观基础养老金 适度下限	微观基础养老金 适度上限	二元福利差养老补偿金 适度下限	二元福利差养老补偿金 适度上限	基础养老金现行水平
2009	271.60	345.54	136.44	150.30	20.75	44.38	55
2010	306.19	405.75	150.08	171.40	21.28	43.58	55
2011	354.21	477.78	175.78	180.66	17.57	36.73	55

资料来源：根据表2-4、表2-5和表2-9相关数据计算。

表2-13 现行农村养老保险水平适度性状况（2001~2011年）

单位：%

年份	宏观养老保险水平系数 适度下限	宏观养老保险水平系数 适度上限	微观养老保险水平系数 适度下限	微观养老保险水平系数 适度上限	现行农村养老保险水平系数
2001	2.05	2.26	0.67	1.37	0.009
2002	2.18	2.28	0.64	1.31	0.011
2003	2.13	2.31	0.60	1.22	0.011
2004	2.05	2.34	0.60	1.17	0.012
2005	2.07	2.40	0.61	1.14	0.011
2006	1.98	2.38	0.54	1.05	0.014
2007	1.88	2.40	0.51	0.99	0.015
2008	1.86	2.41	0.50	0.95	0.018
2009	1.91	2.43	0.48	0.94	0.022
2010	1.63	2.16	0.45	0.91	0.050
2011	1.83	2.47	0.45	0.93	0.125

资料来源：《人力资源和社会保障事业发展统计公报》（历年），人力资源和社会保障部网站；《全国财政决算》（历年），财政部网站。

尽管现行农村社会养老保险给付水平未达到适度养老金标准，但是农民可以依靠农村土地养老、子女养老及社会救助等辅助养老保障项目来提高养老保障水平（见表2-14）。同时考虑到农村老年人存在有无土地两序列的分化现象，那些无土地、无子女的农民无法获得土地和子女养老保障。对于这部分群体可以给予农村低保和计生家庭扶助等社会救助项目的补偿保障，使基础养老金与农村低保金、计生家庭扶助金待遇兼得给付。

表 2-14 农村社会养老保险体系适度性分析

单位：元/月

年份 保障项目	2009	2010	2011	年份 保障项目	2009	2010	2011
基础养老金	55.00	55.00	55.00	基础养老金	55.00	55.00	55.00
土地养老	49.70	55.78	60.24	农村低保月人均给付	68.00	74.00	106.10
子女养老	85.89	98.65	115.75	计生家庭特别扶助金	100.00	100.00	100.00
基础养老金、土地养老	104.70	110.78	115.24	基础养老金、低保月人均给付	123.00	129.00	161.10
基础养老金、土地养老、子女养老	190.59	209.43	230.99	基础养老金、低保月人均给付、计生家庭特别扶助金	223.00	229.00	261.10
微观适度基础养老金下限	136.44	150.08	175.78	微观适度基础养老金下限	136.44	150.08	175.78
微观适度基础养老金上限	133.82	152.43	180.65	微观适度基础养老金上限	133.82	152.43	180.65
宏观适度基础养老金下限	271.62	306.19	354.21	宏观适度基础养老金下限	271.62	306.19	354.21
宏观适度基础养老金上限	345.54	405.75	477.78	宏观适度基础养老金上限	345.54	405.75	477.78

资料来源：相关指标预测结果。

三 农村养老保险水平对提高全国养老保险水平的作用

（一）农村养老保险现行水平的提高作用

2009年9月国务院决定在全国10%的县（市、区、旗）开展农村社会养老保险试点，并在总结试点经验的基础上逐步扩大试点范围。农村养老保险水平从农村社会养老保险实施前的不足0.02%提高到2011年的

0.124%，扩大了约6.2倍。农村社会养老保险使农村养老保险水平提升幅度加大，自农村社会养老保险制度实施后（如2011年），农村养老保险水平增幅相比农村社会养老保险实施前（如2008年）扩大了约25倍（见表2-15）。

表2-15 全国养老保险水平提升幅度（2001~2011年）

年 份	农村养老参保人数（万人）	农村养老领取人数（万人）	农村养老基金支出（亿元）	农村养老保险水平（%）	农村养老保险水平增幅（%）	全国养老保险水平（%）	全国养老保险水平增幅（%）
2001	5995.10	108.10	9.50	0.009	0.001	2.696	0.074
2002	5461.80	123.40	12.80	0.011	0.002	3.029	0.333
2003	5427.70	197.60	15.00	0.011	0.000	2.969	-0.060
2004	5382.40	205.50	19.00	0.012	0.001	2.845	-0.124
2005	5441.90	301.70	21.00	0.011	-0.001	2.826	-0.019
2006	5373.70	355.10	30.00	0.014	0.003	2.892	0.066
2007	5171.50	391.60	40.00	0.015	0.001	2.827	-0.065
2008	5595.00	512.00	56.80	0.018	0.003	2.908	0.081
2009	8691.00	1556.00	76.00	0.022	0.004	3.201	0.293
2010	10277.00	2863.00	200.00	0.050	0.028	3.267	0.066
2011	32643.50	8525.00	588.00	0.124	0.074	3.405	0.138

注：全国养老保险支出包括机关事业单位离休退休费、城镇基本养老保险支出和农村养老保险支出。其中城镇基本养老保险支出包括城镇职工基本养老保险支出和城镇居民养老保险（2011年才实施）支出。

资料来源：《中国统计年鉴》（历年）、《中国劳动统计年鉴》（历年）、《2010年国民经济和社会发展统计公报》、《2011年国民经济和社会发展统计公报》。

农村社会养老保险试点不仅提高了农村养老保险水平，还提高了全国养老保险水平。在未实施农村社会养老保险试点期间，如1999~2008年农村养老保险水平增幅对全国养老保险水平增幅的贡献率除2005~2006年外不足4%，并且2002~2003年还不足1%；在实施农村社会养老保险试点之后，如2010~2011年农村养老保险水平增幅对全国养老保险水平增幅的贡献率提高10倍以上（见表2-16）。

表 2-16 农村社会养老保险试点水平对全国养老保险水平提高的贡献

单位：%

年　份	农村养老保险水平	农村养老保险水平增幅	全国养老保险水平	全国养老保险水平增幅	农村养老占全国养老的份额	农村养老增幅对全国养老提高的贡献率
2001	0.009	0.001	2.696	0.074	0.334	1.351
2002	0.011	0.002	3.029	0.333	0.363	0.601
2003	0.011	0.000	2.969	-0.060	0.370	0.000
2004	0.012	0.001	2.845	-0.124	0.422	-0.806
2005	0.011	-0.001	2.826	-0.019	0.389	5.263
2006	0.014	0.003	2.892	0.066	0.484	4.545
2007	0.015	0.001	2.827	-0.065	0.531	-1.538
2008	0.018	0.003	2.908	0.081	0.619	3.704
2009	0.022	0.004	3.201	0.293	0.687	1.365
2010	0.050	0.028	3.267	0.066	1.530	42.424
2011	0.124	0.074	3.405	0.138	3.642	53.623

资料来源：根据表 2-15 及相关数据计算而得。

（二）农村养老保险适度水平的提高作用

1. 个人账户适度水平的作用

假设从 2012 年开始，农村社会养老保险满足合意条件，在不含农村社会养老保险的全国养老保险水平基础上，引入农村社会养老保险适度个人账户养老金支出后，全国养老保险水平随着农村社会养老保险个人账户的支出增加而大幅上升，并于 2012 年开始接近全国养老保险适度区间的下限。在加入农村社会养老保险适度个人账户养老金之后，全国养老保险水平在 2012~2030 年是贴近适度区间下限发展，并没有真正进入适度区间，而且在 2030 年之后又出现远离适度区间下限的趋势（见表 2-17）。这说明单独加入农村社会养老保险适度个人账户养老金并不能推动全国养老保险水平步入适度区间，农村社会养老保险制度还需要引进新的保障结构来进一步提高全国养老保险水平。

表 2-17　个人账户适度水平对提高全国养老保险水平的作用

单位：%

年　份	全国养老保险水平（不含新农保）	全国养老保险水平（含新农保微观适度个人账户）	全国养老保险水平（含新农保宏观适度个人账户）	全国养老保险适度上限	全国养老保险适度下限
2001	2.696	2.696	2.696	4.15	3.54
2005	2.826	2.826	2.826	4.92	3.95
2010	3.267	3.267	3.267	5.06	3.52
2015	4.010	4.053	4.603	6.12	4.93
2020	3.870	4.852	5.397	6.93	5.74
2025	5.360	6.049	6.614	8.31	6.78
2030	5.270	7.563	8.143	10.03	8.30
2035	5.120	8.948	9.433	11.44	9.18
2040	6.680	9.851	10.231	12.13	9.78
2045	6.700	10.668	10.988	12.75	10.32
2050	6.710	11.811	12.091	13.87	11.25

注：①2001~2010年养老保险水平数据是根据统计年鉴数据进行核算而得。②不含新农保的全国养老保险水平是采用直线趋势法，根据历史数据进行趋势外推预测而得。③含新农保微观适度个人账户的全国养老保险水平是指包含机关事业单位离休退休费、城镇基本养老保险支出和新农保微观适度个人账户养老金的养老保险水平；微观适度个人账户养老金选择微观适度上限标准，即替代农民劳动纯收入的25%。④含新农保宏观适度个人账户的全国养老保险水平是指包含机关事业单位离休退休费、城镇基本养老保险支出和新农保宏观适度个人账户养老金的养老保险水平；宏观适度个人账户养老金选择宏观适度下限标准，即按照现实H值核算的适度水平。

资料来源：根据表2-16及相关数据计算而得。

2. 个人账户和基础养老金适度水平的提高作用

假设从2012年开始，农村社会养老保险制度实现合意条件，在不含农村社会养老保险的全国养老保险水平基础上，同时引入农村社会养老保险适度个人账户养老金和适度基础养老金，全国养老保险水平随着农村社会养老保险总适度水平发展而步入适度区间中线位置（见表2-18）。这意味着，农村社会养老保险制度保持适度水平发展，能够推动全国养老保险水平进入适度区间。

表2-18 个人账户和基础养老金适度水平对提高全国养老保险水平的作用

单位：%

年 份	全国养老保险水平（不含新农保）	全国养老保险水平（含二元福利差养老补偿）	全国养老保险水平（含新农保微观适度个人账户和基础养老金）	全国养老保险水平（含新农保宏观适度个人账户和基础养老金）	全国养老保险适度上限	全国养老保险适度下限
2001	2.696	2.696	2.696	2.696	4.15	3.54
2005	2.826	2.826	2.826	2.826	4.92	3.95
2010	3.267	3.267	3.267	3.267	5.06	3.52
2015	4.010	3.543	4.673	5.773	6.12	4.93
2020	3.870	4.222	5.562	6.652	6.93	5.74
2025	5.360	5.424	6.844	7.974	8.31	6.78
2030	5.270	7.048	8.548	9.708	10.03	8.30
2035	5.120	8.343	10.053	11.023	11.44	9.18
2040	6.680	9.556	10.996	11.756	12.13	9.78
2045	6.700	10.453	11.793	12.433	12.75	10.32
2050	6.710	11.876	12.996	13.556	13.87	11.25

资料来源：根据表2-16及相关数据计算而得。

3. 农村养老保险适度水平及家庭保障的作用

对于中国农村老年人而言，劳动收入和来自家庭成员的支持仍然是最重要的收入保障来源[1]，特别是在农村社会养老保障不健全的情况下，家庭土地收益和子女供养承担了重要的农村养老功能。1999~2010年，中国家庭子女养老占GDP的比重保持在0.26%~0.40%的水平上。我们将采用趋势分析法，判断农民家庭养老保障未来的发展状况，并将家庭养老保障与农村社会养老保险相结合，分析农村养老保障对提高全国养老水平的作用。

根据表2-19，在不考虑农村社会养老保险制度情况下，包含农村家庭养老的全国养老保险水平曲线有所上升，在1999~2015年贴近全国养老

---

[1] 世界银行东亚和太平洋地区人类发展局社会保护部：《中国农村老年人口的养老保障：挑战与前景》，世界银行，2012年4月16日。

保险适度下限发展，但是在 2015 年之后出现远离全国养老保险适度下限的趋势。这意味着从长远来看，农村居民单独依靠家庭养老保障难以实现适度的养老水平。当包含农村社会养老保险适度水平和家庭养老保障时，全国养老保险水平在 2012～2020 年贴近适度上限发展，并在 2020 年之后超越适度上限水平。家庭养老保障在社会养老不足的时候发挥了重要的补充作用。

表 2-19　农村社会养老保险适度水平及家庭养老对提高全国养老保险水平的作用

单位：%

年　份	全国养老水平（不含新农保）	农民家庭土地养老水平	农民家庭子女养老水平	全国养老水平（含农村家庭养老）	全国养老水平（微观适度新农保和家庭养老）	全国养老水平（宏观适度新农保和家庭养老）	全国养老适度上限	全国养老适度下限
2001	2.70	0.21	0.38	3.29	3.63	3.63	4.15	3.54
2005	2.83	0.23	0.34	3.40	3.63	3.63	4.92	3.95
2010	3.27	0.15	0.26	3.68	3.85	3.85	5.06	3.52
2015	4.01	0.18	0.44	4.63	5.11	6.21	6.12	4.93
2020	3.87	0.18	0.54	4.60	6.11	7.20	6.93	5.74
2025	5.36	0.20	0.67	6.23	7.52	8.65	8.31	6.78
2030	5.27	0.22	0.80	6.29	9.35	10.51	10.03	8.30
2035	5.12	0.22	0.80	6.13	10.85	11.82	11.44	9.18
2040	6.68	0.18	0.73	7.59	11.72	12.48	12.13	9.78
2045	6.70	0.15	0.67	7.53	12.47	13.11	12.75	10.32
2050	6.71	0.15	0.66	7.52	13.66	14.22	13.87	11.25

注：GDP 预测采用分段法：2010～2020 年 7%，2021～2030 年 5%，2031～2050 年 3%；农村人均纯收入预测采用分段法：2010～2020 年 8%，2021～2030 年 6%，2030～2050 年 4%。

资料来源：根据表 2-18 及相关数据计算而得。

4. 农村养老保险适度水平及社会救助养老的提高作用

最低生活保障制度为无土地的农民提供了有效补偿保障，计生家庭特别扶助金制度（包括奖励扶助金制度）为无子女和有独生子女的老年人提供了有效补偿保障。根据表 2-20，对于有土地、有子女的农民，因为能够正式获得农村社会养老保险、土地及子女养老，其保障水平较高；对于无土地、无子女（包括独子女）的农民，因为在获得农村社会养老保险的同时能够获得社会补偿保障，其保障水平与有土地、有子女序列的农民的保障水平存在一定程度的收敛，但是要略低于有土地、有子女序列的农民的保障水平。

表2-20 农村社会养老保险适度水平及补充保障对提高全国养老保险水平的作用

单位：%

年份	全国养老保险水平（不含新农保）	全国养老水平（含新农保、土地养老和子女养老）	全国养老水平（含新农保、土地养老和计生奖扶金）	全国养老水平（含新农保、子女养老和低保）	全国养老水平（含新农保、计生奖扶金和低保）	全国养老保险适度上限	全国养老保险适度下限
2001	2.696	3.298	2.915	3.088	2.705	4.15	3.54
2005	2.826	3.408	3.069	3.191	2.852	4.92	3.95
2010	3.267	3.728	3.474	3.691	3.437	5.06	3.52
2015	4.010	6.966	6.531	6.942	6.507	6.12	4.93
2020	3.870	7.109	6.567	7.069	6.527	6.93	5.74
2025	5.360	8.954	8.286	8.883	8.215	8.31	6.78
2030	5.270	9.425	8.627	9.321	8.523	10.03	8.30
2035	5.120	9.312	8.519	9.202	8.410	11.44	9.18
2040	6.680	10.639	9.916	10.551	9.827	12.13	9.78
2045	6.700	10.416	9.748	10.343	9.675	12.75	10.32
2050	6.710	10.448	9.791	10.372	9.715	13.87	11.25

注：计生家庭奖励扶助金按《关于建立全国农村部分计划生育家庭奖励扶助和计划生育家庭特别扶助标准动态调整机制的通知》调整，当农村居民家庭年人均生活消费支出累计增长幅度达到或超过30%时启动调整机制，以两个调整周期之间农村居民家庭年人均生活消费支出累计增长幅度作为计算依据。

资料来源：《中国民政年鉴》；《全国财政决算报告》，财政部网；《民政事业发展统计报告》，民政部财务和机关事务司。

四 农村养老保险水平对提高全国社会保障水平的作用

（一）农村养老保险现行水平的提高作用

根据表2-21，2009年实施农村社会养老保险试点之后，农村养老保险水平增幅于2009年开始扩大。伴随农村社会养老保险试点进程，2009年全国养老保险水平增幅也开始扩大。养老保险水平的变化传导至全国社会保障水平的变化，2009年全国社会保障水平增幅有所扩大。

表2-21 中国社会保障水平提升幅度（2001~2011年）

单位：%

年 份	农村养老保险水平	农村养老保险水平增幅	全国养老保险水平	全国养老保险水平增幅	全国社会保障水平	全国社会保障水平增幅
2001	0.009	0.001	2.696	0.074	4.33	0.390
2002	0.011	0.002	3.029	0.333	5.09	0.760
2003	0.011	0.000	2.969	-0.060	4.92	-0.170
2004	0.012	0.001	2.845	-0.124	4.87	-0.050
2005	0.011	-0.001	2.826	-0.019	4.97	0.100
2006	0.014	0.003	2.892	0.066	5.22	0.250
2007	0.015	0.001	2.827	-0.065	5.16	-0.060
2008	0.018	0.003	2.908	0.081	5.56	0.400
2009	0.022	0.004	3.201	0.293	6.13	0.570
2010	0.050	0.028	3.267	0.066	6.32	0.190
2011	0.124	0.074	3.405	0.138	6.66	0.340

资料来源：《中国统计年鉴》（历年）、《中国劳动统计年鉴》（历年）、《2010年国民经济和社会发展统计公报》。

根据表2-22，2009年实施农村社会养老保险试点之后，农村养老增

表2-22 农村社会养老保险试点水平对全国社会保障水平的贡献率

单位：%

年 份	农村养老保险水平	农村养老保险水平增幅	全国社会保障水平	全国社会保障水平增幅	农村养老占全国社保水平份额	农村养老增幅对全国社会保障增幅贡献
2001	0.009	0.001	4.33	0.390	0.20	0.33
2002	0.011	0.002	5.09	0.760	0.21	0.26
2003	0.011	0.000	4.92	-0.170	0.22	-0.24
2004	0.012	0.001	4.87	-0.050	0.24	-1.68

续表

年 份	农村养老保险水平	农村养老保险水平增幅	全国社会保障水平	全国社会保障水平增幅	农村养老占全国社保水平份额	农村养老增幅对全国社会保障增幅贡献
2005	0.011	-0.001	4.97	0.100	0.23	-0.53
2006	0.014	0.003	5.22	0.250	0.27	1.01
2007	0.015	0.001	5.16	-0.060	0.29	-1.97
2008	0.018	0.003	5.56	0.400	0.33	0.76
2009	0.022	0.004	6.13	0.570	0.36	0.74
2010	0.050	0.028	6.32	0.190	0.79	14.50
2011	0.124	0.074	6.66	0.340	1.86	21.76

资料来源：根据表2-21及相关数据计算而得。

幅占全国社会保障的份额逐年增加，从2008年的0.33%增加到2009年的0.36%，并随着2011年试点范围的扩大而进一步增加到1.86%。农村社会养老保险增幅对全国社保增幅的贡献也随着试点范围扩大而增加，从2008年的0.76%增加到2011年的21.76%。

（二）农村养老保险适度水平的提高作用

1. 个人账户适度水平的提高作用

1999~2011年全国社会保障现行水平较低，体现在低于社会保障适度水平下限标准。不包含农村社会养老保险的社会保障水平在2012年之后仍然要低于全国社会保障水平适度下限标准，并且没有较为明显的水平提升趋势。2001~2050年的相关数据如表2-23所示。

表2-23 个人账户适度水平对全国社会保障水平的作用

单位：%

年 份	社会保障水平（不含新农保）	社会保障水平（含新农保微观适度个人账户）	社会保障水平（含新农保宏观适度个人账户）	全国社会保障水平适度上限	全国社会保障水平适度下限
2001	4.330	4.330	4.330	10.97	9.14
2005	4.970	4.970	4.970	12.30	10.46

续表

年 份	社会保障水平（不含新农保）	社会保障水平（含新农保微观适度个人账户）	社会保障水平（含新农保宏观适度个人账户）	全国社会保障水平适度上限	全国社会保障水平适度下限
2010	6.320	6.320	6.320	12.55	10.71
2015	7.520	8.235	8.465	14.54	12.70
2020	8.720	9.665	9.755	15.92	14.08
2025	9.920	11.140	11.180	18.25	16.41
2030	11.120	12.740	12.680	20.97	19.13
2035	12.320	14.120	14.045	22.85	21.01
2040	13.520	15.285	15.210	23.38	21.54
2045	14.720	16.410	16.405	24.05	22.22
2050	15.920	17.775	17.845	25.35	23.51

注：①表中2001~2010年数据是根据统计资料核算而得。②社会保障水平（不含新农保）是根据历史数据趋势外推预测而得；表中新农保微观适度个人账户选择适度上限标准、新农保宏观适度个人账户选择适度下限标准；全国社会保障适度水平是农村社会保障适度水平和城镇社会保障适度水平之和，其中农村社会保障适度水平逻辑过程中的H值为65%，城镇社会保障适度水平逻辑过程中的H值为75%。

资料来源：《中国统计年鉴》（历年）、《中国劳动统计年鉴》（历年）、《2010年国民经济和社会发展统计公报》。

当引入农村社会养老保险个人账户适度养老金之后，社会保障水平在2012年之后有所提升，但是这个提升的作用相对有限，表现在包含农村社会养老保险适度个人账户的社会保障水平仍未达到社会保障适度区间的下限。

2. 个人账户和基础养老金适度水平的提高作用

当同时引入农村社会养老保险适度个人账户养老金和基础养老金时，社会保障水平的提升比不包含农村社会养老保险时更明显，而且也比只包含农村社会养老保险个人账户的社会保障水平要高一些。在实现制度全覆盖之后，农村社会养老保险如果能保持适度水平发展将对全国社会保障水平的提升贡献近4个百分点（见表2-24）。

值得指出的是，即便农村社会养老保险保持适度水平发展，全国社会保障水平也未能进入适度区间，这意味着全国社会保障水平的提升不能仅靠农村养老保险来拉动，要同时提升医疗保险等其他保障项目的水平。

表2-24 个人账户和基础养老金适度水平对全国社会保障水平的作用

单位：%

年 份	社会保障水平（不含新农保）	社会保障水平（含二元福利差养老补偿金）	社会保障水平（含新农保微观适度个人账户和基础养老金）	社会保障水平（含新农保宏观适度个人账户和基础养老金）	全国社会保障适度上限	全国社会保障适度下限
2001	4.330	4.330	4.330	4.330	10.97	9.14
2005	4.970	4.970	4.970	4.970	12.30	10.46
2010	6.320	6.320	6.320	6.320	12.55	10.71
2015	7.520	7.630	8.950	9.410	14.54	12.70
2020	8.720	8.800	10.610	10.790	15.92	14.08
2025	9.920	10.090	12.360	12.440	18.25	16.41
2030	11.120	11.590	14.360	14.240	20.97	19.13
2035	12.320	12.820	15.920	15.770	22.85	21.01
2040	13.520	14.370	17.050	16.900	23.38	21.54
2045	14.720	15.630	18.100	18.090	24.05	22.22
2050	15.920	17.170	19.630	19.770	25.35	23.51

资料来源：《中国统计年鉴》（历年）、《中国劳动统计年鉴》（历年）、《2010年国民经济和社会发展统计公报》。

3. 农村养老保险适度水平及家庭保障的提高作用

根据表2-25，包含农村社会养老保险和家庭养老的社会保障水平在2011年之后越来越接近适度区间的下限标准。

表2-25 农村社会养老保险适度水平及家庭保障对全国社会保障水平的作用

单位：%

年 份	社会保障水平（不含新农保）	社会保障水平（含新农保）	社会保障水平（含新农保、家庭养老）	全国社会保障适度上限	全国社会保障适度下限
2001	4.330	4.330	4.330	10.97	9.14
2005	4.970	4.970	4.970	12.30	10.46
2010	6.320	6.320	6.320	12.55	10.71
2015	7.520	9.410	10.026	14.54	12.70

续表

年 份	社会保障水平（不含新农保）	社会保障水平（含新农保）	社会保障水平（含新农保、家庭养老）	全国社会保障适度上限	全国社会保障适度下限
2020	8.720	10.790	11.519	15.92	14.08
2025	9.920	12.440	13.314	18.25	16.41
2030	11.120	14.240	15.265	20.97	19.13
2035	12.320	15.770	16.782	22.85	21.01
2040	13.520	16.900	17.809	23.38	21.54
2045	14.720	18.090	18.916	24.05	22.22
2050	15.920	19.770	20.578	25.35	23.51

注：因为微观适度上限和宏观适度下限的水平基本一致，表中新农保适度水平采用宏观适度下限标准。

资料来源：《中国统计年鉴》、《中国劳动统计年鉴》、《2010年国民经济和社会发展统计公报》。

4. 农村养老保险适度水平及社会救助养老的提高作用

根据表2-26，有子女、有土地的农民养老联动后的社会保障水平与无土地、有子女的农民养老联动后的社会保障水平基本一致；有土地、无子女的农民养老联动后的社会保障水平与无土地、无子女的农民养老联动后的社会保障水平基本一致。

表2-26 农村社会养老保险适度水平及补充保障对全国社会保障水平的作用

单位：%

年 份	社保水平（不含新农保）	社保水平（含新农保、土地养老和子女养老）	社保水平（含新农保、土地养老和计生奖扶金）	社保水平（含新农保、子女养老和低保）	社保水平（含新农保、计生奖扶金和低保）	全国社会保障适度上限	全国社会保障适度下限
2001	4.330	4.330	4.330	4.330	4.330	10.97	9.14
2005	4.970	4.970	4.970	4.970	4.970	12.30	10.46
2010	6.320	6.320	6.320	6.320	6.320	12.55	10.71
2015	7.520	10.026	9.591	10.002	9.743	14.54	12.70
2020	8.720	11.519	10.977	11.479	11.119	15.92	14.08
2025	9.920	13.314	12.646	13.243	12.775	18.25	16.41

续表

年 份	社保水平（不含新农保）	社保水平（含新农保、土地养老和子女养老）	社保水平（含新农保、土地养老和计生奖扶金）	社保水平（含新农保、子女养老和低保）	社保水平（含新农保、计生奖扶金和低保）	全国社会保障适度上限	全国社会保障适度下限
2030	11.120	15.265	14.467	15.161	14.583	20.97	19.13
2035	12.320	16.782	15.989	16.672	16.092	22.85	21.01
2040	13.520	17.809	17.086	17.721	17.175	23.38	21.54
2045	14.720	18.916	18.248	18.843	18.325	24.05	22.22
2050	15.920	20.578	19.921	20.502	19.988	25.35	23.51

资料来源：《中国统计年鉴》、《中国劳动统计年鉴》、《2010年国民经济和社会发展统计公报》。

第三章 农村社会养老保险基础养老金

农村社会养老保险基础养老金承担着为农村老年人提供基本生存公平保障和对农民劳动福利亏欠进行养老补偿的历史责任。应对农村社会养老保险基础养老金的试点经验进行总结，并借鉴国际农村社会养老金的发展经验，完善现行农村社会养老保险基础养老金制度。要以基础养老金适度水平为主线，建立随物价和农村人均纯收入上升的自动调整机制。为保证基础养老金筹资的稳定性与可行性，应着眼于未来城乡养老保险基础养老金的对接，在现行基础养老金中央与地方财政分担筹资模式的基础上，逐步实现基础养老金全国统筹一元化。

一 农村社会养老保险基础养老金功能定位与目标模式

中国农村社会养老保险基础养老金作为制度基础和制度核心，其功能定位自然也是多目标的，具体包括：保障农村老年人的最低生活水平，缩小城乡基础养老保险的待遇差距，促进城乡养老保险制度的融合与统一，促进劳动力流动和城市化进程，促进农业现代化等。

(一) 功能定位

1. 保障农村老年人的基本生存公平

农村社会养老保险基础养老金首要的功能就是保障农村老年人的基本生存公平，满足农村老年人口的基本养老需求。我国 2010 年人均 GDP 已突破 4000 美元，进入中高等收入国家的行列。在这一发展阶段，将养老保险扩大到农村老年人,减轻农村老年人的贫困状况,保障农村老年人的基本生活,是党和政府对国民承担的最基本义务,农村社会养老保险基础养老金应该理所当然地承担起这个任务。近年来在世界银行、国际劳工组织、联合国开发计划署等国际机构的推动下,不少国家开始重视推行非缴费、普惠型社会养老金计划。从1998年至2005年,已有21个发展中国家建立普惠制社会养老金制度,社会养老金占人均收入的比例一般维持在20%以下,最低的如阿尔及利亚仅占3%,最高的如科索沃占45%。推行这一计划的直接目的在于在较短时间内迅速扩大养老保障覆盖面,减轻老年人的生活贫困。普遍保障的养老计划获得了国际机构的高度评价,被越来越多的政府、非政府机构和从事社会保障的研究者们所重视。[1]

2. 缩小城乡社会养老保险的待遇差距

基础养老金保障的是国民的最低生活标准,从这个角度看,所有公民,无论身处城市还是农村,都应该享有同等水平的最低保障。当前我国基础养老金城乡差别明显的状况有历史原因,未来必须逐步缩小城乡基础养老金的待遇差距,最终实现统一。

缩小城乡基础养老保险的待遇差距,主要靠逐步提高农村社会养老保险基础养老金的水平来实现。城乡养老保险一元化是中国养老保险制度完善的最终目标,实现城乡养老保险一元化需要统筹规划、循序渐进、先易后难,首先应该从基础养老金入手,实现城乡公共基础养老金的一元化,然后再逐步实现养老保险总体制度的一元化。这就要求农村社会养老保险基础养老金在筹资模式、给付水平、管理层次等方面要立足实现城乡一元化而提前设计,早做准备。

3. 促进农村劳动力合理转移和流动

通过农村养老保险制度,促进劳动力迁移流动,提升农业现代化水平,进而推动城镇化进程,是世界各国的通常做法。鉴于国外的经验和做法,国内许多学者认为,中国应该通过农村社会养老保险制度促进农村劳动力转移就业和有序迁徙。当前,我国处于快速城镇化的进程中。据世界

---

[1] 林义、林熙:《国外农村社会保障制度改革的新探索及其启示》,《国家行政学院学报》2010年第4期。

银行预计，中国2030年城市人口比重将从目前的50%上升到2/3，平均每年增长1300万人。城镇化的主要动力是大规模的农村人口迁移流动。农村社会养老保险基础养老金制度的建立及完善，必然会对农村劳动力迁移流动的成本和收益产生重要影响，进而影响农村劳动力的迁移流动行为，推动城镇化进程。

4. 拉动农村居民的日常生活消费

中国经济30年的高速增长基本上是由投资和工业拉动的，依靠的是高储蓄、廉价的资本以及其他要素的投入，出口导向型政策则起到进一步的刺激作用。但这种增长方式越来越难以为继。为了顺应发展阶段变化的客观要求，也为了应对特殊的国际经济变化趋势，中国经济只有转向由内需特别是由最终消费需求拉动的增长模式，才可能实现再平衡，获得经济增长的可持续性。在消费中，农民的消费水平更低，边际消费倾向更强。因此，增加消费不应该忽视农民的消费。农民消费水平低的主要原因是对缺乏保障的担心，从而不得不通过自我储蓄来养老。农村社会养老保险基础养老金覆盖到所有农村老年人，能够保障老年人的最低生活水平，在一定程度上免除了养老的后顾之忧，具有降低农民储蓄、提振农民消费的作用。

（二）目标模式

1. 基础养老金目标给付模式

农村社会养老保险基础养老金是以农业二元福利差养老补偿金为依据建立的普惠制养老保障制度，现行给付水平与二元福利差养老补偿金相一致。随着经济不断发展以及二元福利差向农村社会养老保险微观适度水平趋近，基础养老金应建立以农业二元福利差养老补偿金为依据、以养老保险适度水平为目标的动态调整机制。现行55元的基础养老金（农村劳均收入8%的替代率水平）给付由中央财政和地方财政共同负担，形成中央统筹账户和地方统筹账户相结合的二账户给付模式。中央财政给付中西部地区基础养老金的全部及东部地区基础养老金的50%，即承担3/4的给付责任；地方财政给付东部地区剩余50%的基础养老金，即承担1/4的给付责任。中央账户和地方账户在初始期分别给付6%和2%的替代率水平。随着基础养老金的阶段性动态调整，中央统筹账户给付水平逐渐调整至10%的替代率水平，实行全国统筹一元化给付；地方统筹账户给付水平逐渐调整至15%，实行省级统筹给付，充分体现地方经济水平、人口结构特点以及"多缴多得"的劳动公平原则。

2. 基础养老金目标筹资模式

为解决现行农村社会养老保险基础养老金筹资模式存在的地方财政负担不均衡、统筹层次低阻碍人口流动等一系列问题，未来基础养老金筹资应以中央统筹账户和地方统筹账户相结合的二账户模式为目标。中央统筹账户由中央财政负责筹资，实行全国一元化发放，筹资水平以基础养老金动态调整为依据分阶段上调，由初始期6%、过渡期8%的替代率水平逐渐调整至目标期10%的替代率水平；地方统筹账户在初始期由地方财政负担，实行省级统筹发放，筹资水平由初始期2%的替代率水平逐渐调整至过渡期末4%的替代率水平，在目标期阶段随着农业二元福利差的下降以及农村居民收入水平的增长，开始探索农民缴费模式，并归入地方统筹账户，不断夯实地方账户，使地方统筹账户在目标期末能够达到15%的目标替代率。

二 农村社会养老保险基础养老金筹资与给付的国际经验

农村社会养老保险基础养老金筹资与给付的模式是基础养老金制度运行的关键，它决定了基础养老金收支的平衡与稳定。世界各国在农村养老保险社会养老金资金筹集与给付的过程中，因地制宜地采用了不同的收支模式，对我国农村社会养老保险基础养老金的筹资与给付具有重要的借鉴意义。

（一）基础养老金筹资模式及水平的国际经验

日本建立的国民年金，即基础养老保险，是一种与收入无关联的强制全体国民参加的养老金计划，目的是为老年人提供基本收入保障。从1986

年4月开始,除原本已加入国民年金的农民、自营业者(个体工商户)外,工薪族及其配偶的加入使其成为政府强制、覆盖全民、现收现付、缴费和受益统一的基础养老保险。截至2003年3月,国民年金缴费率达到5%,国民年金的参保人数为6989万人,同时有2212万人正领取着该项养老金。

法国建立的农村养老保险分两类,第一类是针对农民(农场主或农业经营者)及其家属的社会保险,称为"农业非工薪人员保险制度",这是一项专门制度。第二类是针对农业工薪人员的社会保险,与其他公共养老保险相类似。农村社会保险的主要对象是农业工薪人员,占保险对象的62%,其余的38%是农民及其家属。农村养老保险根据农业人口的不同类型来安排相应的养老保险计划,资金来源采取个人缴纳与政府财政补贴相结合的方式。2005年,农业工人养老保险的缴费率达到6.65%,有135万人领取养老金,共发放263亿元。

印度正式部门的养老保险体系主要包括公务员养老金体系、公共部门企业的养老金体系、银行和保险公司的养老金体系,非正式部门的劳动者占全部劳动人口的93%,其养老保障措施包括公共长期基金计划、对非正式部门的老年人的社会救助计划、印度农村寿险业的开拓计划。对农民而言,因为其被排除在正式部门之外,所以印度设计了"国家社会保障提案",将农民的养老纳入国家养老计划。对非正式部门的老年人而言,国家实施社会支持计划,将老年人的养老纳入国家养老计划。

为了弥补养老金私有化的缺陷,补充缴费型养老金制度以及避免老年人陷入贫困的境地,2008年1月16日,智利引入了新的非缴费型养老金制度,即团结养老保险制度(SPS)。该制度包括基础团结养老金制度(PBS)和社会保障团结津贴制度(APS)两部分,旨在实现全民覆盖,并更有效地解决老年贫困问题。智利的社会养老金计划,使贫困人口养老金覆盖率快速提高,从2008年的40%上升到2011年7月的60%,提前一年达到原定目标覆盖率。而且2009年该国65岁老年人的贫困率仅为8.1%,大约低于社会平均水平的50%。

上述各国的相关情况如表3-1所示。

表3-1 典型国家农民基础养老金筹资与给付模式及水平

国家	农民参保的养老金制度	资金分担方式	农民缴费水平 金额	农民缴费水平 缴费率（%）	基础养老金给付水平 金额	基础养老金给付水平 替代率（%）
日本	国民年金保险制度	个人与国家	15100日元/月	5（2010年）	67000日元/月	22（2010年）
法国	农村养老保险制度	个人与国家	440欧元/月	28（2010年）	514~1139欧元/月	32.5（2010年）
印度	非正式部门的养老保障制度及社会支持计划	个人与国家或国家全额负担	贫困线以上缴纳1卢比/天，贫困线以下政府全额负担	3（2003年）	200卢比/月	20（2003年）
智利	团结养老保险制度	个人与国家	农民参照：职工交工资收入的10%至个人强制账户，其余由政府补贴	10（2008年）	140美元/月	10.5（2008年）

资料来源：OECD《经济展望》，2007；世界银行《中国老年人口的养老保障》，2012。

（二）基础养老金给付模式及水平的国际经验

在日本，凡加入国民年金25年以上，年龄65岁以上的人均可领取基础养老保险金。发放标准为：国民年金金额（年度）= 797000日元 × [（缴费月数 + 半免保险费的月数 × 2/3 + 全免保险费的月数 × 1/3）/（参保年数 × 12）]。加入国民年金制度40年的人，65岁退休以后可以每月领到67000日元（最高金额）的养老金，占2010年平均工资收入的22%，即2010年基础养老金的替代率为22%（见表3-1）。

法国农村养老保险在每个月的8号发放养老金，65岁以上可以领取全额养老金，不够65岁的要相应减少。养老金的最低标准为每月不少于514欧元，最高每月不超过1139欧元，2010年农村养老保险替代率为32.5%（见表3-1）。值得一提的是，法国最低养老保险金制度，对没有参加保险、老年生活困难的老人，每月发放580欧元的老年保障金。2004年为这些人支付最低养老金22亿欧元，占养老金总额的1.1%。

在印度的国家老年养老金计划中，中央政府给地方政府提供每人每月75卢比的救助款作为各地方支付65岁以上老年人的养老金。65岁以上贫困老年人可以享受每月200卢比的津贴，占2005年农民平均工资收入的20%，即2003年养老金替代率为20%（见表3-1）。此外，65岁以上贫困老年人可免费获得大米与面粉，60岁以上老人还可享受出行上的优惠。

智利的团结养老保险制度（SPS）面向两大类人群：一是那些无力缴费且没有其他养老金收入来源的65岁以上的退休工人，每月政府向其提供约140美元的基础养老金，2008年基础养老金替代率为10.5%，该计划目前约覆盖60%的老年贫困人口；二是那些参加私营养老金体系的退休者，在其缴费积累的个人账户养老金低于一定标准时，由国家财政给予补助。该项保障型养老金制度取消了以前20年最低缴费年限的规定，补助标准依据雇员个人账户的养老金积累额而定，随着个人缴费的增加，补助额逐步下降，当账户养老金可达到最高补助限额（2008年的标准为370美元，2012年提高到510美元）时，补助额降为零。

（三）基础养老金责任分担模式及水平的国际经验

日本国民年金的财源由保险费和国家财政补贴两部分组成，其分担模式为个人与国家共同负担。财源的2/3来自第一号被保险者和第二号被保险者。以2010年为例，第一号被保险者每月必须缴纳15100日元的保险费（与个人收入无关），缴费率达到5%，每年缴费额上升280日元；第二号被保险者不必单独缴纳保险费，而是由主管部门从其每月工资中定期扣除年金保险费的一部分用于国民年金保险费；第三号被保险者不必缴纳保险费。财源的1/3来自国库补贴。

法国农村养老保险基金由养老保险金和财政补贴两部分组成，养老保险金主要是通过"农业社会互助金"来实现的，大部分来源于农民缴纳的保险税。农村养老保险制度的分担模式为个人和国家共同负担，养老金的3/4来自雇员和雇主按工资比例强制性缴纳的社会分摊金（保险费），1/4来自政府的财政收入。根据法律，法国农民及其家属参加养老保险的经费按"农民社会保险预算附则"规定，农业非工薪人员保险预算的经费比例分别为国家补贴占8%，国家辅助基金占12%，农产品附加税占22%，其他公共社会保险部门的转移支付占30%，农民自己缴纳的保险费占28%。农业工薪人员的养老保险费由雇主和雇员分担，目前总费率为14.75%，其中，雇主缴纳8.2%，雇员缴纳6.55%，雇员的缴费率一直在上升。

印度农民养老保险由中央、地方和个人三方负担缴费。贫困线以上的个人每天缴纳1卢比，中央政府每天缴纳1.5卢比，地方政府每天缴纳0.5卢比，2003年个人缴费率为3%。贫困线以下的个人不缴费，完全由中央和地方政府负责缴费。非正式部门老年人的养老金则主要由中央和地方负担，此外，各个地方政府也有它们自己的给付标准不一的养老金计划。对于农业工人、自雇者和贫困老年人的社会支持计划由政府全额负担。

智利团结养老保险制度的资金构成是基础团结养老金和社会保障团结津贴两部分，其分担模式为国家与个人共同负担。国家财政负担社会贫困阶层的老年及残疾职工（65岁以上）的全部缴费，以及参加私营养老金体系退休者的个人账户中养老金额低于一定标准额的差额。职工个人必须将当月应税工资与其他收入的10%缴纳至个人账户中的强制账户（上限不超过2427美元），并自行决定缴费金额计入自愿账户。

（四）基础养老金筹资与给付的国际经验对中国的启示

根据国际经验，政府普遍对农村养老保险建设承担财政责任，有的直接提高财政资金的筹资比例，有的对社会养老金给予财政保底，有的财政允诺保证社会养老金的最低收益。为了顺利提高基础养老金的统筹层次，适应我国人口异地流动的现实状况，实现加强基础养老保险权益的可携带性及减少基础养老金的碎片化等目标，基础养老金筹资可建立中央统筹账户与地方统筹账户相结合的二账户筹资模式，中央统筹账户由中央财政全额筹资，实行全国统筹一元化发放基础养老金，地方统筹账户主要由地方财政负担，按省级统筹层次统一发放基础养老金。

基础养老金的功能定位是为农民提供基本生存公平的养老保障，基础养老金采取国家财政支付或补贴的做法，符合国际农村养老保险社会养老金的建设经验，只是世界各国依照国情的不同而采取不同的财政支付水平。基础养老金承担着保障农民养老生存需要以及对农民进行养老补偿的历史责任，国家财政应该在基础养老金给付方面发挥更为重要的作用，在现行中央确定的55元/月给付标准的基础上，建立由财政负担的随物价与农村人均纯收入上升的动态调整机制。

为保证农村养老保险社会养老金筹资的稳定性，世界各国普遍采取多元化的筹资主体模式，并且建立了统一规范的社会养老金筹资与给付的责任分担机制。完善基础养老金的责任分担机制要从统一筹资与给付模式入手，建立中央与地方二账户财政筹资模式，对由中央财政筹集的全国统筹账户资金按全国统一标准发放，对由地方财政筹集的地方统筹账户资金按省统一标准发放。同时还要改革现行基于东中西地理分布的财政补贴分担模式，在基础养老金二账户模式基础上，按照各地区经济财政的实际状况确立省（区）、市、县财政分担比例，对经济困难市县予以减免财政补贴。

三 农村社会养老保险基础养老金给付

基础养老金适度水平是测定基础养老金水平是否合理的根本依据，适度水平的发展变动趋势明确了基础养老金未来调整的目标，基础养老金现行给付水平应在保证财政负担能力的基础上逐步向适度区间靠近，满足农村老年人口的基本养老需求。

（一）基础养老金给付模式及适度水平

现行农村社会养老保险基础养老金以55元/月为最低标准，中央财政负担中西部地区全部以及东部地区50%的基础养老金，东部地区地方财政负担50%的基础养老金给付。各地区可在最低标准之上自行调整给付水平。农村社会养老保险基础养老金制度试点至今，中央规定每月55元的最低给付标准从未调整，而部分地区受财政水平制约也未进行适度上调。55元的基础养老金给付虽然符合农业二元福利差补偿养老金标准，与基础养老金"低起步、广覆盖"的初期发展目标相一致，但如不能实现与 CPI、经济增长率等指标同步增长，保障老年人口基本生活需求的功能定位就不能实现。各地区应建立基础养老金动态调整机制，逐步向基础养老金微观适度区间趋近，并最终向宏观适度区间发展。

农村社会养老保险基础养老金适度水平可以用适度替代率指标（基础养老金占农民劳均收入的比率）来衡量。农村社会养老保险基础养老金微观适度上限的替代率为25%，农村社会养老保险基础养老金微观适度下限的替代率是以恩格尔系数为参照的，随着恩格尔系数的变化而变化，从2012年的23%下降到2030年的10%左右，然后稳定在10%。二元农业劳动福利差养老补偿金呈现波动增长的态势，农业福利差养老补偿金对农村劳均收入的替代率水平在波动性增长，会在2030年前后达到微观适度下限的替代率标准，在2050年达到微观适度上限替代率标准。二元农业福利差养老补偿金水平向微观适度水平收敛的路径是基础养老金动态调整阶段性目标的依据。

（二）基础养老金现行水平适度性分析

2009~2011年基础养老金与农业福利差养老补偿金基本保持一致，每人每月55元的低水平起步标准具有现实合理性。基础养老金与微观适度下限尚有一定差距，只有与土地养老和子女养老等辅助养老保障联动给付，才能满足农村老年人口的基本养老需求。2009年基础养老金和土地养老联动给付水平与微观下限之间存在31.74元/月的缺口，基础养老金与土地养老、子女养老三者联动超过微观适度区间，向宏观适度下限靠近。2011年基础养老金与微观适度水平的差距进一步拉大，需要与土地养老、子女养老联动才能达到养老给付适度水平（见表3-2）。

基础养老金对农村劳均收入的替代率是衡量养老生命周期制度安排是否合理的指标。如果基础养老金替代率水平不足，将导致农村老年居民工作、退休生命两期的收入断层，难以实现生存公平。2009~2011年基础养

表 3-2　农村社会养老保险体系替代率及适度水平（2009~2011 年）

单位：%

年 份	基础养老金替代率	土地养老替代率	子女养老替代率	基础养老金、土地养老总和替代率	基础养老金、土地养老、子女养老总和替代率	微观适度下限替代率	微观适度上限替代率	农业福利差养老补偿金替代率	宏观适度下限替代率
2009	10	9	16	19	35	25	25	8	51
2010	9	9	16	18	34	25	25	7	50
2011	8	8	16	16	32	24	25	5	49

资料来源：根据第二章相关数据计算而得。

老金替代率由 10% 下降至 8%，虽然与农业福利差养老补偿金替代率的发展趋势相吻合，与土地养老、子女养老联动给付能够保证总体合理替代率，但不符合与经济发展水平同步增长、向适度水平收敛的制度目标，需要建立科学的动态调整机制，逐步达到目标替代率水平，实现农村居民合理的养老生命周期安排。

（三）分阶段调整基础养老金给付水平

养老金指数化调整的起因是经济的增长和物价的波动，目的是使农村老年人口的养老金购买力水平不下降，维持其基本的生活需要。由于现行基础养老金标准较低，在参照二元农业福利差养老补偿金和农村养老保险适度水平的基础上，对基础养老金的调整除了考虑物价因素，保证养老金购买力不下降之外，还要建立随着经济增长和农民人均纯收入增加同步上升的机制。因此，我们设计如下的基础养老金指数化调整模型：

$$B(t) = [1 + h(t)]B(t-1) \quad (3-1)$$

其中，$B(t)$、$B(t-1)$ 分别为 t 期和 $t-1$ 期的基础养老金，$h(t)$ 为调整指数。

根据中国农村社会经济发展实际状况，并借鉴国际经验，我们设计了三种基础养老金调整方案。

第一种方案：基础养老金根据 CPI 增长率进行指数化调整，其调整指数为：

$$h(t) = \pi(t-1) \tag{3-2}$$

其中，$h(t)$为CPI增长率。

第二种方案：基础养老金根据CPI增长率与农民人均纯收入增长率之和进行指数化调整，其调整指数为：

$$h(t) = \pi(t-1) + g(t-1) \tag{3-3}$$

其中，$g(t-1)$为农民人均纯收入增长率。

第三种方案：根据CPI增长率和农民人均纯收入增长率（乘以某调整系数）调整基础养老金，其调整指数为：

$$h(t) = \pi(t-1) + \lambda g(t-1) \tag{3-4}$$

其中，λ为人均可支配收入的调整系数。

综合考虑世界各国养老金指数化调整的经验和我国的具体国情，我们把农村社会养老保险基础养老金动态调整机制实施方案设计为：农村社会养老保险基础养老金每年调整一次，调整指数主要参照上一年食品消费价格增长率与农村人均纯收入增长率。根据基础养老金指数化调整模式及指数化调整的三种方案设计，我们模拟出2012~2050年的基础养老金给付水平（见表3-3）。

方案一指数化调整后的基础养老金在初始期的替代率为7%，在过渡期替代率水平下降至5%，与农业福利差养老补偿金上升趋势不一致，在目标期下降至3%，与目标替代率的差距逐渐拉大。方案二指数化调整后的基础养老金在初始期的替代率为8%，在过渡期替代率水平上升到9%，与农业福利差养老补偿金的上升趋势一致，在目标期上升到基础养老金目标替代率25%的水平。方案三指数化调整后的基础养老金在初始期的替代率为7%，这一水平一直保持到过渡期，之后在目标期之初开始短暂下降至2040年6%的水平，之后又开始缓慢上升，到2050年替代率重新回到7%的水平。在这三种指数化调整方案中，只有方案二的变化趋势与二元福利差养老补偿金的增长保持一致，同时又能逐步实现微观层次的基础养老金适度水平，因此按方案二（以CPI和农村人均纯收入增长率之和为调整指数）来调整基础养老金是合适的。

表3-3 农村社会养老保险基础养老金动态调整模拟（2012~2050年）

单位：元/月

年 份	未调整基础养老金	二元农业福利差养老补偿金	基础养老金动态调整（方案一）	基础养老金动态调整（方案二）	基础养老金动态调整（方案三）	微观适度养老金下限	微观适度养老金上限
2012	55	32.37	56.65	61.05	58.85	185.00	196.51
2013	55	39.20	58.35	67.77	62.97	194.57	212.17
2014	55	42.23	60.10	75.22	67.38	204.49	229.30
2015	55	43.37	61.90	83.49	72.09	214.76	248.19
2016	55	45.80	63.76	92.68	77.14	225.35	268.95
2017	55	43.23	65.67	102.87	82.54	236.27	292.23
2018	55	40.85	67.64	114.19	88.32	247.49	318.03
2019	55	42.67	69.67	126.75	94.50	258.99	346.09
2020	55	39.91	71.76	140.69	101.12	270.75	376.28
2025	55	108.93	83.19	216.47	135.32	302.39	503.18
2030	55	332.81	96.44	333.07	181.08	324.45	702.08
2035	55	415.81	111.80	503.13	231.11	379.01	911.06
2040	55	860.05	129.61	760.03	294.96	461.13	1162.79
2045	55	1156.27	150.25	1148.11	376.46	561.03	1420.96
2050	55	1840.92	174.18	1734.33	480.46	682.58	1739.97

注：①基础养老金动态调整方案一按 $h(t) = \pi(t-1)$ 调整，基础养老金动态调整方案二按 $h(t) = \pi(t-1) + g(t-1)$ 调整，基础养老金动态调整方案三按 $h(t) = \pi(t-1) + \lambda g(t-1)$ 调整；②CPI指数在2012~2020年保持3%不变，农村人均纯收入增长率在2012~2020年8%，2021~2020年为6%，2031~2050年为4%；③基础养老金调整方案三中的调整系数 λ 为50%，基础养老金调整方案二在2030年之后对农村人均纯收入增长率乘以调整系数40%。

四 农村社会养老保险基础养老金筹资

资金筹集对社会保障制度作用的发挥和持续发展有非常重要的影响，

而政府责任是决定资金筹集模式的关键因素。明确政府在农村社会养老保险基础养老金制度中的责任，建立科学的农村社会养老保险基础养老金筹资模式，对农村社会养老保障基础养老金的功能发挥、良性运行和可持续发展都具有重要意义。

（一）现行基础养老金筹资模式及水平

现行农村社会养老保险基础养老金实行的是由国家财政全额补贴、中央与地方分担的筹资模式，这种筹资模式可以看成是对农村老年人福利亏欠的补偿，实质上是福利性质的财政责任模式。[1] 现行农村社会养老保险基础养老金中央账户筹资分为两个部分，一是针对东部地区符合领取条件的农村老年人，按中央确定的基础养老金标准（每人每月55元）的1/2筹集资金；二是针对中西部地区符合领取条件的农村老年人，按中央确定的基础养老金标准全额筹集资金。

我国自2009年开展农村社会养老保险试点以来，制度覆盖范围从全国10%的县起步，逐步推进、扩大。在中央确定的基础养老金给付标准既定条件下，现行基础养老金中央财政筹资水平主要取决于东部与中西部地区达到领取年龄的参保人数。随着制度覆盖范围的逐步扩大，东部和中西部地区中央账户筹资水平不断上升，中央账户筹资占中央财政收入的比重从2009年的0.18%上升到2011年的0.92%（见表3-4）。

现行农村社会养老保险基础养老金地方账户的筹资主体是地方政府，地方财政筹集资金主要用于以下基础养老金支出：一是补助东部地区发放中央确定的55元/月基础养老金的50%；二是补助各地区在中央确定的55元/月基础养老金发放标准的基础上所提高和加发的资金支出；三是补助各地区在未纳入国家级分批次试点地区的情况下提前发放的基础养老金。基础养老金地方账户筹资水平可以由农村基础养老金总筹资水平减去中央账户筹资水平来估算。随着农村社会养老保险试点范围的扩大，地方账户筹资水平占同期地方财政收入的比重，从2009年的0.03%上升到2011年的0.22%（见表3-5）。

---

[1] 郑功成：《关于全面深化养老保险制度改革的理性思考》，《中国劳动保障报》2012年7月17日，第3版。

表 3-4　现行基础养老金中央账户筹资水平

年　份	东部基础养老金领取人数（万人）	中西部基础养老金领取人数（万人）	东部中央账户筹资水平（亿元）	中西部中央账户筹资水平（亿元）	中央账户筹资水平（亿元）	中央财政收入（亿元）	中央账户筹资占中央财政收入比重（%）
2009	664.2	671.0	21.92	44.29	66.20	35915.71	0.18
2010	1082.0	1780.6	35.71	117.52	153.23	42488.47	0.36
2011	3518.4	5403.4	116.11	356.62	472.73	51327.32	0.92

注：①中央账户筹资＝东部中央账户筹资＋中西部中央账户筹资，其中，东部中央账户筹资＝（55元/月×东部基础养老金领取人数）÷2，中西部中央账户筹资＝55元/月×中西部基础养老金领取人数；②根据国家统计局对东中西地区的划分标准，东部地区包括北京、天津、河北、辽宁、上海、江苏、浙江、福建、山东、广东、广西、海南，行政区划的其余省区为中西部地区。

资料来源：《中国统计年鉴2010》、《中国统计年鉴2011》和《中国统计年鉴2012》。

表 3-5　现行基础养老金地方账户筹资水平

年　份	农村基础养老金支出（亿元）	中央账户筹资水平（亿元）	地方账户筹资水平（亿元）	地方财政收入（亿元）	地方账户筹资占地方财政收入比重（%）
2009	76.0	66.20	9.80	32602.59	0.03
2010	200.4	153.23	47.17	40613.04	0.12
2011	587.7	472.73	114.97	52547.11	0.22

资料来源：《中国统计年鉴2010》、《中国统计年鉴2011》和《中国统计年鉴2012》。

（二）基础养老金全国统筹一元化筹资模式及水平

中国应该立足中央和地方财政的支付能力，以农村社会养老保险基础养老金适度水平为主线，着眼于城乡养老保险制度的统筹与对接，探索建立农村社会养老保险基础养老金的"二账户"筹资模式，分阶段实现基础养老金全国统筹一元化的目标，建立中央与地方财政合理分担的机制。

基础养老金由中央和地方财政分担的两种筹资主体结构，可以形成基础养老金的中央统筹账户和地方统筹账户的二账户筹资模式。其中，中央统筹账户为基础养老金第一账户，实行基础养老金全国统筹一元化；地方统筹账户为基础养老金第二账户，实行基础养老金省级统筹发放。现阶段农村社会养老保险还处在试点推广与定型完善阶段,由中央确定的"低起步"基础养老金水平为每人每月55元,相当于农民劳均收入8%的替代率水平。按照农村社会养老保险试点中央与地方财政分担方案,中央统筹账户实际上承担了3/4的基础养老金财政补贴责任(相当于6%的基础养老金替代率),地方统筹账户承担了1/4的基础养老金财政补贴责任(相当于2%的基础养老金替代率)。

未来随着经济社会发展和二元农业福利差养老补偿金的上升,以农民基础养老金适度水平为目标,基础养老金的给付标准将逐步提高。基础养老金替代率将从2012年8%的水平逐步提高到2050年25%的水平,在这一过程中要坚持基础养老金筹资中央统筹与地方统筹的二账户模式。其中,中央统筹账户从2012年6%的基础养老金替代率补贴水平起步,逐步过渡到2050年10%的基础养老金替代率补贴水平。这意味着在合意条件下,国家财政将基础养老金总筹资中的10%拿到中央统筹账户,按照全国统一的中央基础养老金标准发放。地方统筹账户从2012年2%的基础养老金替代率补贴水平起步,逐步过渡到2050年15%的基础养老金替代率补贴水平(见图3-1)。

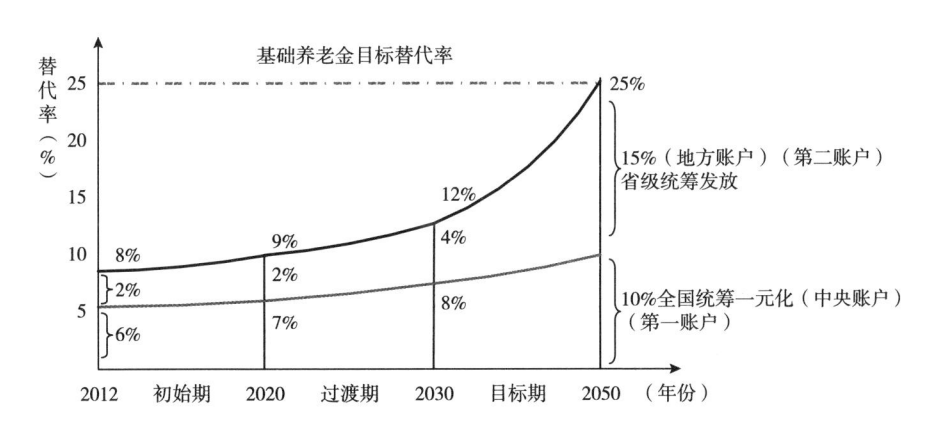

图3-1 基础养老金"二账户"筹资模式

现阶段基础养老金全部由国家财政筹资是基于农民养老生命周期补偿理论,对计划经济体制和二元经济发展中农民劳动福利的亏欠进行补偿。未来随着城乡经济的协调发展和工农业劳动报酬分配的合理化,农民劳动福利亏欠将逐步得到补偿,基础养老金完全由财政负担的福利性质或将发生改变。我们应着眼于城乡养老保险制度的统筹与对接,当二元农业福利差消减时(如2035年前后),可适时启动基础养老金筹资的个人缴费责任,考虑到基础养老金中央统筹账户的全国统筹一元化性质,农民所承担的基础养老金缴费应计入地方统筹账户。农民对基础养老金的缴费应遵循"小步走、缓增加"策略,从2035年的低水平起步,缴费水平到2050年控制在5%的替代率标准,这意味着农民对基础养老金的缴费与地方财政对个人账户补贴(从2012年0.35%的替代率标准逐步过渡到2050年5%的替代率标准)的相接近,在保证农民经济福利不下降的前提下,促进城乡养老保险制度结构的优化,实现农民养老保险帕累托式的改进。

基础养老金中央统筹账户与地方统筹账户是在中国经济发展不平衡的条件下,按照"统一中兼顾差别"原则,实行的基础养老金全国统筹过渡模式。中央统筹账户由中央财政筹资,实行全国一元化发放,有利于缩小基础养老金的地区差距。未来随着中国地区经济发展水平的收敛,各省区农民养老消费水平和财政负担能力将逐步趋同,基础养老金二账户模式中的中央统筹账户将逐步做大,最终基础养老金筹资将实现全国统筹的一账户模式。

按照中央账户补贴替代率从2012年的6%逐步上升到2050年的10%的趋势,基础养老金中央账户全国统筹的筹资水平将不断增加,从2012年的590.62亿元增加到2050年的11383.31亿元,同期占中央财政收入的比重从2012年的1.02%上升到2050年的2.63%(见表3-6)。

表3-6 基础养老金中央账户筹资水平

年 份	中央账户补贴替代率(%)	农民劳均收入(元/年)	农村老年人口数(万人)	中央账户筹资水平(亿元)	中央财政收入(亿元)	中央账户筹资占中央财政收入比重(%)
2012	6	9432.60	10435.85	590.62	58023.77	1.02
2013	6	10184.36	10750.22	656.90	65821.46	1.00
2014	6	11006.22	11043.42	729.28	74518.94	0.98
2015	6	11913.24	11287.37	806.82	73664.93	1.10
2016	6	12909.56	11455.03	887.28	83105.45	1.07
2017	6	14027.06	11564.01	973.25	90260.02	1.08

续表

年份	中央账户补贴替代率（%）	农民劳均收入（元/年）	农村老年人口数（万人）	中央账户筹资水平（亿元）	中央财政收入（亿元）	中央账户筹资占中央财政收入比重（%）
2018	6	15265.38	11649.42	1067.00	98009.01	1.09
2019	6	16612.36	11765.81	1172.75	106400.59	1.10
2020	7	18061.42	11948.23	1510.61	115486.74	1.31
2025	7	24152.83	13258.18	2241.56	174765.64	1.28
2030	8	33699.75	15007.27	4045.93	223050.16	1.81
2035	8	43730.67	15579.82	5450.53	277842.07	1.96
2040	8	55813.83	14700.86	6564.09	322095.11	2.04
2045	9	68205.98	13662.29	8386.65	373396.51	2.25
2050	10	83518.44	13629.69	11383.31	432868.89	2.63

注：①中央账户补贴从2012年6%的替代率补贴水平起步，逐步过渡到2050年10%的替代率补贴水平；②农村老年人口数根据"六普"资料，采用PEOPLE软件预测；③国家财政收入占GDP比重以2011年的22%为基数，从2012年开始每年增加1%，至2015年增加到26%，2016~2020年平均为27%，2021~2030年平均为29%，2031~2050年平均为30%，其中，中央财政收入占全国财政收入比重从2012年开始达到50%，之后每年递增0.8%，至2025年达到60%，之后保持这一水平不变。

（三）基础养老金地方账户筹资模式及水平

基础养老金地方账户的筹资水平与省级统筹发放基础养老金水平、养老金领取人数等参数有关。按照地方账户补贴替代率从2012年的2%上升到2050年的15%的发展趋势，基础养老金地方账户筹资水平将不断提高，从2012年的196.87亿元增加到2050年的17074.96亿元，同期占地方财政收入的比重从2012年的0.34%上升到2050年的5.92%（见表3-7）。

表3-7 基础养老金地方账户筹资水平

年份	地方账户补贴替代率（%）	农民劳均收入（元/年）	农村老年人口数（万人）	地方账户筹资水平（亿元）	地方财政收入（亿元）	地方账户筹资占地方财政收入比重（%）
2012	2	9432.60	10435.85	196.87	58023.77	0.34
2013	2	10184.36	10750.22	218.97	63748.34	0.34

续表

年 份	地方账户补贴替代率（%）	农民劳均收入（元/年）	农村老年人口数（万人）	地方账户筹资水平（亿元）	地方财政收入（亿元）	地方账户筹资占地方财政收入比重（%）
2014	2	11006.22	11043.42	243.09	69897.61	0.35
2015	2	11913.24	11287.37	268.94	66917.00	0.40
2016	2	12909.56	11455.03	295.76	73107.81	0.40
2017	2	14027.06	11564.01	324.42	76888.17	0.42
2018	2	15265.38	11649.42	355.67	80839.55	0.44
2019	2	16612.36	11765.81	390.92	84967.37	0.46
2020	2	18061.42	11948.23	431.60	89276.98	0.48
2025	2	24152.83	13258.18	640.45	116510.43	0.55
2030	4	33699.75	15007.27	2022.97	148700.11	1.36
2035	4	43730.67	15579.82	2725.26	185228.05	1.47
2040	10	55813.83	14700.86	8205.11	214730.07	3.82
2045	10	68205.98	13662.29	9318.50	248931.00	3.74
2050	15	83518.44	13629.69	17074.96	288579.26	5.92

注：①中央账户补贴从2012年6%的替代率补贴水平起步，逐步过渡到2050年10%的替代率补贴水平；②农村老年人口数根据"六普"资料，采用 PEOPLE 软件预测；③国家财政收入占GDP比重以2011年的22%为基数，从2012年开始每年增加1%，至2015年增加到26%，2016~2020年平均为27%，2021~2030年平均为29%，2031~2050年平均为30%，其中，中央财政收入占全国财政收入比重从2012年开始达到50%，之后每年递增0.8%，至2025年达到60%，之后保持这一水平不变。

（四）基础养老金筹资中央与地方财政分担机制

在农村养老保险试点方案中，对于中央确定的每人每月55元的基础养老金，东部地区由中央和地方共同负担，中央财政与地方财政的分担比例为1:1，中西部地区则全部由中央财政负担，中央财政与地方财政的分担比例为1:0。但是，在农村社会养老保险试点推广过程中，一些地区在中央确定的每人每月55元基础养老金的标准上，自行提高和加发了额外的基础养老金，这导致各地区基础养老金中央与地方财政分担的比例各不相同。此外，各地区地方财政负担基础养老金在省级财政与市县级财政之间的分担比例也不尽相同,如辽宁省为6∶4,福建省为8∶2,广东省为5∶5等。

按照基础养老金全国统筹一元化的筹资模式,中央账户的财政补贴水平从6%的替代率水平起步,逐步提高到10%的替代率水平,地方账户的财政补贴从2%的替代率水平起步,逐步提高到15%的替代率水平。中央与地方财政分担的比例不是固定不变的,而是随着中央统筹与地方统筹账户补贴水平的变化而变化。在全国统筹一元化筹资模式中,中央与地方财政的分担比例从2012年的3∶1,过渡到2020年的7∶2,再过渡到2030年的2∶1,到2050年达到2∶3的水平(见表3-8)。

表3-8 基础养老金全国统筹一元化筹资中央与地方财政分担比例

年 份	中央账户筹资水平		地方账户筹资水平		中央与地方分担比例
	筹资水平（亿元）	补贴替代率（%）	筹资水平（亿元）	补贴替代率（%）	
2012	590.62	6	196.87	2	3∶1
2020	1510.61	7	431.6	2	7∶2
2030	4045.93	8	2022.97	4	2∶1
2040	6564.09	8	8205.11	10	4∶5
2050	11383.31	10	17074.96	15	2∶3

注:①中央账户补贴从2012年6%的替代率补贴水平起步,逐步过渡到2050年10%的替代率补贴水平;②农村老年人口数根据"六普"资料,采用PEOPLE软件预测;③国家财政收入占GDP比重以2011年的22%为基数,从2012年开始每年增加1%,至2015年增加到26%,2016~2020年平均为27%,2021~2030年平均为29%,2031~2050年平均为30%,其中,中央财政收入占全国财政收入比重从2012年开始达到50%,之后每年递增0.8%,至2025年达到60%,之后保持这一水平不变。

在现行的基础养老金中央与地方财政分担机制中,普遍采取了按东中西地理分布划分的"一刀切"式的财政补贴模式,中央财政对东部地区只负担50%的基础养老金补贴,其余的50%由省、市、县共同分担。在这种财政补贴模式下,东部省份的一些落后或经济困难地区可能没有财政负担能力,导致部分市县级财政补贴资金不到位。

基于现行基础养老金筹资中央与地方分担机制中存在的诸多问题,需要优化基础养老金筹资模式,建立全国统筹一元化的中央与地方财政合理分担机制。将基础养老金筹资划分为中央统筹账户和地方统筹账户，其中中央统筹账户完全由中央财政负担，在全国各地区按照统一基础养老金标准发放，地方统筹账户主要由地方财政负担，在全国各地区按照省级统筹层次全省统一基础养老金标准发放。基础养老金筹资的二账户模式能够在清晰界定中央与地方政府责任的同时，利用中央统筹账户逐步实现基础养老金全国统筹一元化。

同时，在基础养老金全国统筹一元化筹资模式中，还要采取机动灵活的调整策略。改革现行的基于东中西地理分布的"一刀切"财政分担补贴模式，建立基于地区人均GDP、财政收入、产业结构、人口结构等因素的财政负担能力指标评价体系，对于财政负担经济困难市县实行降低或免除基础养老金财政负担责任，由省级财政或中央财政分担解决。

第四章　农村社会养老保险个人账户

农村社会养老保险个人账户发挥着个人纵向收入再分配、提升养老保险水平的功能，个人账户的完善要以农村社会养老保险个人账户适度水平为主线，以农民的缴费能力和缴费意愿为前提，立足于未来农民的养老需求，确定合理的缴费档次以及适当的个人账户规模。同时，在完善农村社会养老保险"三账户"模式的指导下，提高地方财政补贴水平，提高农民的缴费积极性，形成以个人缴费为主、以地方财政激励性补贴为辅的个人账户制度框架。

一　农村社会养老保险个人账户功能定位与目标模式

农村社会养老保险个人账户制度的优化是完善农村社会养老保险制度的重要环节，个人账户养老金的优化以解决现行个人账户制度运行存在的问题为出发点，通过个人账户筹资模式、给付模式和管理模式的完善和改进，为未来个人账户的调整提供目标框架。

（一）功能定位

1. 提高农村养老保险水平

农村社会养老保险个人账户有助于提升农村的养老保险水平，一是提高农村整体的养老保险水平，进而提高中国整体的社会保障水平；二是农民个体在获得国家财政全额补贴基础养老金的基础上，通过个人账户养老金提高总的养老金待遇水平。通过对中国社会保障水平的分城乡和分项目统计分析，可以发现中国社会保障整体水平偏低主要是由农村社会保障水平偏低造成的,特别是由农村养老保障水平偏低造成的。随着农村社会养老保险制度在农村地区的推进以及农村社会养老保险制度给付水平的逐步提升,中国农村的养老保险水平将不断提高,进而推动中国社会保障整体水平的不断提高。2009年农村社会养老保险55元/月的基础养老金对农村居民人均纯收入的替代率是12.81%,远低于农村社会养老保险制度目标替代率50%的水平。通过建立个人账户养老金制度有助于提升个人养老金替代农村居民人均纯收入的比率,例如目前的个人账户较高缴费档次替代率将近16.98%[1],在与基础养老金共同作用下可将农村社会养老保险制度的替代率提高到30%左右。

2. 生命周期自我养老储蓄

农村社会养老保险个人账户是一种农民生命周期强制性、制度化的自我养老储蓄,有助于农民在生命周期内对跨期消费和储蓄进行理性决策。按照Franco. Modigliani (1986) 的生命周期模型,一个典型的消费者在其工作期间一方面进行个人消费,另一方面进行个人储蓄,即积累财富。在工作期结束时,典型消费者进入退休期,这期间个人无收入,并开始消费工作期所积累的全部储蓄直到生命的终点。[2] 但是农民在实际的跨期消费过程中,对工作期和老年期的消费决策并不总是理性的,农民群体中仍存在工作期过度消费或过度储蓄的现象。这时就需要国家实施具有行政色彩的强制性储蓄计划,帮助农民在跨期消费和储蓄中进行决策。农村社会养老保险制度中的个人账户养老金就是国家行政干预的农民强制养老储蓄计划,即强制农民在工作期进行缴费式自我储蓄,由国家专门养老金账户进行管理和投资运营,当农民年老时按照平均预期寿命设计的计发系数发放。农村社会养老保险个人账户生命周期自我养老储蓄功能保证了农民在生命两期实现消费平滑。

3. 满足参保人的劳动公平

农村社会养老保险制度框架是基于满足生存公平和劳动公平原则来设计的。其中,基础养老金账户是体现农村老年人基本生存公平的制度化安排,

---

[1] 邓大松、薛惠元:《新型农村社会养老保险替代率的测算与分析》,《山西财经大学学报》2010年第4期。

[2] Franco. Modigliani (1986), "Life Cycle, Individual Thrift, and the Wealth of Nations," *American Economic Review*, Vol. 76, No. 3., pp. 297 – 313.

无论籍贯、性别、教育条件、种族等有何差别，只要是年满60周岁的农村户籍人员均有权利享受国家财政全额补贴的"普惠式"养老金，这种养老金主要用于满足老年人的衣、食、行等生存消费需要。个人账户养老金是体现农村养老保险参保人劳动公平的制度化安排，给经济条件和消费需要不同的农村参保人提供差异化的费率和给付水平，实行"多缴费、多享受"的权利与义务相对称的个人账户制度。个人账户制度因为保护了农村养老保险参保人的劳动公平而有较强的激励功能，鼓励辛勤劳作的农民选择更高缴费档次和更长缴费年限，以工作期的多储蓄换取老年期的多消费。

4. 城乡养老保险制度对接

中国农村养老保险制度建设是一个涉及经济、人口、社会等多因素的复杂的系统工程，不仅承担着对农村养老保险制度补缺的职责，还承担着缩小城乡养老保险待遇差距、促进城乡养老保险制度融合的历史使命。因此，农村社会养老保险制度建设不能孤立地设计制度框架，而是要着眼于未来与城镇职工基本养老保险制度相对接来进行制度安排。城镇职工基本养老保险制度已建立个人账户和社会统筹相结合的模式，并且运行良好、发展迅速。截至2010年底，辽宁、吉林、黑龙江、天津、山西、上海、江苏、浙江、山东、河南、湖北、湖南、新疆13个试点省（区、市）共积累基本养老保险个人账户基金2039亿元。[①] 这说明城镇职工基本养老保险的个人账户制度已经趋于定型化发展，农村社会养老保险制度框架也要参照城镇职工基本养老保险制度进行个人账户的结构化安排，便于在将来的某个阶段实现城乡养老保险制度的整合和统一发展。因为自身的独立属性，个人账户在城乡之间对接起来较容易，个人账户制度将是城乡养老保险制度对接的突破口和切入点。

（二）目标模式

1. 个人账户目标缴费模式

目前我国农村社会养老保险实行的是"固定额"的缴费模式，地方可

---

① 《2010年人力资源和社会保障事业发展统计公报》，人力资源和社会保障部网。

以根据实际情况增设缴费档次。① 随着农村社会养老保险试点的推进，应完善现有的"固定额"缴费模式，改为采用"固定缴费率"的缴费方式。农村社会养老保险的缴费环节针对的是农村 16～59 岁的劳动年龄人口，那么它的缴费基数就应该以农村劳动人口的年平均纯收入为参照（而不是以农村人均纯收入为参照），以体现缴费义务和缴费对象的统一性。另外，农村的"固定缴费率"要借鉴"固定额"缴费档次的灵活性原则，可依据农民的经济承受力情况，设定多个浮动的"固定缴费率"供农民自主选择。

2. 个人账户目标给付模式

目前我国农村社会养老保险实行的是"基础养老金 + 个人账户金"的给付模式。个人账户养老金的月计发标准为个人账户全部储存额除以 139（与现行城镇职工基本养老保险个人账户养老金计发系数相同）。现行的农村社会养老保险制度的替代率较低，"中人"和"新人"的替代率为 14.11%～30.84%，个人账户养老金替代率为 0.25%～16.98%②，而且这一替代率的参考标准是农村居民人均纯收入，而不是农村劳动人口纯收入。另外，目前农村社会养老保险个人账户养老金的计发系数过小，个人账户在未来会存在收不抵支的风险。③ 而且基础养老金的计发与个人缴费档次和缴费年限之间缺乏有效的激励联动机制，导致农民的缴费档次普遍偏低。④ 针对目前农村社会养老保险个人账户给付水平、替代基数、计发系数和激励机制中存在的给付结构与水平问题，应采取以下完善措施：将个人账户目标替代率 25% 的替代基数改为农民劳动人

---

① 各地在遵从"固定额"缴费模式基础上，对国家规定的五个缴费档次采取了灵活处理原则，例如海南、浙江、广东、四川等多个省份已增设了 800 元、1000 元等较高档次。
② 邓大松、薛惠元：《新型农村社会养老保险替代率的测算与分析》，《山西财经大学学报》2010 年第 4 期。
③ 王翠琴、薛惠元：《新农保个人账户养老金计发系数评估》，《华中农业大学学报》（社会科学版）2011 年第 3 期。
④ 在辽宁省阜新市彰武县 4 个乡镇参保的农民中，选择缴 100 元档次的占缴费人数的 47.5%；缴 200 元、300 元、400 元、500 元的依次为 1.0%、1.0%、0% 和 2.3%。参见程昕、王国辉等《新农保缴费问题的研究——基于阜新市彰武县 4 个乡镇的新农保调查》，《农村经济与科技》2011 年第 6 期。

口纯收入；将计发系数与农村人口预期寿命相衔接，实现动态的计发系数调整机制，例如可以每5年提高一次计发系数；将基础养老金与个人账户缴费相衔接，例如可以实行个人账户缴费期限每增加一年，基础养老金替代率提高1%等。

3. 个人账户目标管理模式

目前我国农村社会养老保险暂实行县级管理，随着试点的扩大和推开，将逐步提高管理层次。农村社会养老保险基金分散在县级财政专户管理，不利于基金的规模化投资运营。目前在县级层次管理的农村社会养老保险基金是参考中国人民银行公布的金融机构人民币一年期存款利率计息的，这一利率水平要低于农村居民消费价格指数，意味着县级分散低层次基金管理模式导致了基金回报率低和基金不断贬值的后果。而且地方政府在管理闲置基金时也面临挤占和挪用基金的诱惑。农村社会养老保险基金"暂实行县级管理"，这个"暂"的时间不能太久，可以先不考虑省级统筹，而把基金收到省里统一集中管理。[①] 例如在农村社会养老保险制度实现全覆盖时，一次性将基金集中到省级财政专户管理，再逐步提升到中央财政专户管理。同时对基金实行多元化投资运营，借助股票、国债、基金、基础设施建设等投资工具，并可以委托社会保障基金理事会代为运营，规定最低的投资收益率和投资组合比例。通过开展基金监督主体资格认定工作，将行政监督、会计监督、审计监督、社会监督相结合，建立基金多元主体监督机制。

二 农村社会养老保险个人账户给付

个人账户的给付水平是影响农村社会养老保险制度实际保障功能的重要因素。根据目前农村社会养老保险的缴费水平，我们利用精算方法测算了个人账户在一定假设条件下能够实现的实际替代率水平，并通过与合意替代率水平的比较，对个人账户实际替代率水平进行分析与评价。

---

① 唐钧：《新农保的软肋》，《中国社会保障》2009年第11期。

（一）现行缴费标准下个人账户给付水平测算及分析

1. 基本精算假设

（1）个人账户缴费期设定

缴费期设定为15~40年（20~45岁开始参保），并假设年初缴费，据此测算从2010年开始缴费15~40年之后，在退休初年个人账户能够实现的替代率水平。①

（2）个人账户领取期、领取方式和领取额设定

个人账户养老金计发年限取整数按12年计算，并且假设个人账户按照等额方式每年初计发一次。

（3）利率设定

按照3%（大致相当于目前一年定期存款利率）对个人账户实际替代率进行测算。

（4）农民劳动力人均总收入增长速度设定

2011~2020年农民劳动力人均收入增长率为8%，2021~2030年农民劳动力人均收入增长率为6%，2031~2050年农民劳动力人均收入增长率为4%。

（5）个人账户缴费财政补贴

假设对不同缴费档次均给予30元的财政补贴额。

2. 现行缴费标准下个人账户给付水平测算结果

我们首先对农村社会养老保险个人账户目前实行的100元、200元、300元、400元、500元这5个基本缴费档次在假设条件下所能够实现的实际替代率水平进行测算，即在假设年缴费额不发生变化的条件下，测算个人账户能够实现的替代率。

假设：J 为个人账户缴费额，I_t 为各年农民劳动力人均总收入，A 为缴费期（15~40年），r 为利率，在固定缴费额条件下，P 为退休后各年个人账户养老金②，

---

① 我们假设参保者缴费15~40年后恰好退休，即不考虑参保者缴费完成后再经过若干年才退休的情况。
② 现行农村社会养老保险规定的个人账户养老金发放方式为，个人账户积累额除以139等额发放，所以我们按照等额年金的方式进行测算。

t 为缴费年限，S 为个人账户养老金替代率，精算平衡公式为：

$$\sum_{t=1}^{A} J \times (1+r)^t = \sum_{t=0}^{11} P \times (1+r)^t \qquad (4-1)$$

年养老金替代率 S_t 为：

$$S_t = P_t / I_t \qquad (4-2)$$

标准参保人从 2010 年开始分别按照 100~500 元/年的不同缴费档次缴费 15~40 年，每年财政补贴为 30 元不变，在不同假设条件下，个人账户能够实现的实际替代率水平和年给付额见表 4-1。

表 4-1 现行缴费标准下不同缴费年限个人账户可实现的给付额和替代率

单位：%，元/年

缴费年限	退休年份	100元缴费 替代率	100元缴费 给付额	200元缴费 替代率	200元缴费 给付额	300元缴费 替代率	300元缴费 给付额	400元缴费 替代率	400元缴费 给付额	500元缴费 替代率	500元缴费 给付额
1年	2011	0.15	13	0.27	23	0.38	33	0.50	43	0.61	53
2年	2012	0.28	27	0.50	47	0.71	67	0.93	88	1.15	108
3年	2013	0.40	40	0.70	71	1.01	102	1.31	134	1.62	165
4年	2014	0.50	55	0.88	97	1.26	139	1.64	181	2.02	223
5年	2015	0.58	69	1.03	123	1.48	176	1.93	229	2.37	283
6年	2016	0.65	84	1.16	149	1.66	214	2.16	279	2.67	344
7年	2017	0.71	100	1.26	177	1.81	254	2.36	331	2.91	408
8年	2018	0.76	116	1.35	205	1.93	295	2.52	384	3.10	473
9年	2019	0.80	133	1.41	235	2.03	337	2.64	439	3.26	541
10年	2020	0.83	150	1.47	265	2.10	380	2.74	495	3.38	610
11年	2021	0.87	167	1.55	296	2.22	425	2.89	553	3.56	682
12年	2022	0.92	185	1.62	328	2.32	471	3.03	613	3.73	756
13年	2023	0.95	204	1.68	361	2.42	518	3.15	675	3.88	832
14年	2024	0.98	223	1.74	395	2.49	566	3.25	738	4.01	910
15年	2025	1.01	243	1.78	430	2.55	617	3.33	803	4.10	990
16年	2026	1.02	263	1.81	466	2.60	668	3.39	871	4.18	1073
17年	2027	1.04	284	1.83	503	2.63	721	3.43	940	4.22	1159
18年	2028	1.04	306	1.84	541	2.65	776	3.45	1011	4.25	1247
19年	2029	1.04	328	1.85	580	2.65	833	3.45	1085	4.25	1337

续表

缴费年限	退休年份	100元缴费 替代率	给付额	200元缴费 替代率	给付额	300元缴费 替代率	给付额	400元缴费 替代率	给付额	500元缴费 替代率	给付额
20年	2030	1.04	351	1.84	621	2.64	891	3.44	1161	4.25	1431
21年	2031	1.06	375	1.87	663	2.68	951	3.50	1239	4.31	1527
22年	2032	1.07	399	1.89	706	2.72	1012	3.54	1319	4.36	1626
23年	2033	1.08	424	1.91	750	2.74	1076	3.57	1402	4.40	1728
24年	2034	1.09	450	1.92	795	2.75	1141	3.59	1487	4.42	1833
25年	2035	1.09	476	1.93	842	2.76	1209	3.60	1575	4.44	1941
26年	2036	1.10	504	1.94	891	2.78	1278	3.62	1665	4.47	2053
27年	2037	1.10	532	1.95	941	2.79	1350	3.64	1759	4.49	2168
28年	2038	1.11	561	1.96	992	2.81	1423	3.66	1855	4.51	2286
29年	2039	1.11	591	1.96	1045	2.82	1499	3.67	1953	4.52	2408
30年	2040	1.11	621	1.97	1099	2.83	1577	3.68	2055	4.54	2533
31年	2041	1.12	653	1.99	1155	2.85	1658	3.71	2160	4.58	2662
32年	2042	1.13	686	2.00	1213	2.87	1741	3.74	2268	4.61	2796
33年	2043	1.14	719	2.02	1273	2.90	1826	3.78	2379	4.65	2933
34年	2044	1.15	754	2.04	1334	2.92	1914	3.80	2494	4.69	3074
35年	2045	1.16	790	2.05	1397	2.94	2004	3.83	2612	4.72	3219
36年	2046	1.17	826	2.07	1462	2.96	2098	3.86	2733	4.76	3369
37年	2047	1.18	864	2.08	1529	2.99	2194	3.89	2859	4.80	3523
38年	2048	1.18	903	2.09	1598	3.00	2293	3.91	2988	4.82	3682
39年	2049	1.18	943	2.09	1669	3.00	2395	3.91	3120	4.82	3846
40年	2050	1.18	985	2.09	1742	2.99	2500	3.90	3257	4.81	4015

注：根据前述方法测算。

从测算结果来看，在假设条件下，按照现行缴费标准缴费15~40年，个人账户能够实现的替代率水平较低，与我们前述测算的个人账户适度水平相去甚远。我们可以针对个人账户现行固定缴费额标准得出以下推断：目前个人账户每年100~500元固定缴费额标准所能实现的替代率水平较低，在此缴费标准下，个人账户不足以实现合意替代率水平，单纯从提高个人账户替代率的角度出发，农村社会养老保险个人账户缴费标准有待提高。

(二) 固定缴费率方式下个人账户给付水平测算及分析

1. 固定缴费率测定

我们按照 2010 年农民劳动力收入水平来确定每年 100～500 元缴费档次所对应的缴费率,并假设之后各年缴费率不发生变化,具体见表 4-2。

表 4-2 2010 年 100～500 元缴费额对应的缴费率

单位:元,%

2010 年农民劳动力人均总收入	100 元缴费对应的缴费率	200 元缴费对应的缴费率	300 元缴费对应的缴费率	400 元缴费对应的缴费率	500 元缴费对应的缴费率
7316.75	1.37	2.73	4.10	5.47	6.83

注:100 元缴费对应的缴费率 =100/2010 年农民劳动力人均总收入;其他缴费档次计算方法相同。

从表 4-2 中的数据来看,2010 年农民劳动力人均总收入水平为 7316.75 元,相应的,100 元缴费额相当于缴费率为 1.37%,200 元、300 元、400 元、500 元缴费额对应的缴费率分别为 2.73%、4.10%、5.47%、6.83%。我们假设从 2009 年开始,个人账户分别设置上述 5 个缴费率,同时假设各年个人账户缴费财政补贴固定为 30 元。在前述精算假设条件下,我们测算了从 2010 年开始按照人均收入和上述 5 个不同固定缴费率缴费 40 年,个人账户所能够实现的实际替代率。

2. 固定缴费率条件下个人账户给付水平测算结果

假设:J 为农村社会养老保险个人账户缴费额,j 为个人账户缴费率,A 为缴费年限 (15～40 年),I_t 为各年农民劳动力人均总收入,r 为利率,S 为替代率,P 为退休后各年个人账户养老金,在固定缴费率条件下,精算平衡公式为:

$$\sum_{t=1}^{A} I_t \times j \times (1+r)^t = \sum_{T=0}^{11} P \times (1+r)^{-T} \quad (4-3)$$

各年养老金替代率 S_t 为:

$$S_t = P_t / I_t \quad (4-4)$$

标准参保人从 2010 年开始分别以 1.37%、2.73%、4.10%、5.47% 和

6.83%的缴费率缴费15~40年，个人账户能够实现的实际替代率见表4-3。

表4-3 固定缴费率条件下不同缴费年限个人账户给付额及退休初年替代率

单位：元/年，%

缴费年限	缴费率1.37% 给付额	替代率	缴费率2.73% 给付额	替代率	缴费率4.10% 给付额	替代率	缴费率5.47% 给付额	替代率	缴费率6.83% 给付额	替代率
15	376	1.78	696	3.29	1016	4.81	1336	6.32	1656	7.83
20	625	2.21	1170	4.14	1714	6.06	2259	7.99	2803	9.91
25	965	2.80	1819	5.28	2674	7.77	3528	10.25	4383	12.73
30	1406	3.36	2668	6.37	3931	9.39	5194	12.40	6456	15.42
35	1977	3.88	3771	7.40	5565	10.92	7360	14.45	9154	17.97
40	2710	4.37	5192	8.38	7675	12.38	10157	16.39	12639	20.39

注：由于个人账户给付采取等额形式，因此各年替代率会随劳均收入水平变动发生变化。本表仅列出不同缴费年限所对应的退休初年个人账户替代率水平。

从测算结果来看，与固定缴费额方式相比，在固定缴费率方式下个人账户能够实现的给付额和替代率水平有了一定的提高，特别是在较高的缴费档次条件下能够实现的替代率水平，已经接近个人账户合意替代率水平。我们基本上可以得出以下推断：在假设条件下，固定缴费率方式比固定缴费额方式更能提高农村社会养老保险个人账户可实现的替代率水平，从提高个人账户替代率水平这个角度出发，固定缴费率方式优于固定缴费额方式。

三 农村社会养老保险个人账户缴费

个人缴费是农村社会养老保险个人账户的主要资金来源，缴费水平的高低既决定个人账户能够实现的给付水平，同时也可能影响参保农民的实际生活水平。缴费水平的设定要立足于农民个人缴费能力的现实情况，参考农民的收入状况设计合理的缴费档次，增强缴费激励性，在具有现实可行性的基础上确保实现个人账户的目标功能。

（一）农民个人账户缴费能力分析

1. 农民个人账户缴费能力界定

农村社会养老保险个人账户的缴费，应该以不影响农民的正常生产和生活为基本原则。在农村社会养老保险制度尚未建立的情况下，农民的储蓄行为能够在一定程度上反映农民为自身养老而自发选择的储蓄率。人的储蓄动机较多，但是生命周期储蓄是储蓄理论公认的储蓄动机之一。由于很难对农民由各类储蓄动机引起的储蓄额比例做出统计，因此，我们将农民在农村社会养老保险制度建立之前的个人储蓄水平定义为农民个人账户的缴费能力，即农民最高可以承担的个人账户缴费比例。这个定义只是大致对农民的缴费能力做推断性判断，由于预防性储蓄、遗赠动机、流动性偏好、流动性约束等原因，农民实际上不可能将所有的储蓄全部用于生命周期储蓄，但是，农民的储蓄水平在一定程度上可以反映其自身所具有的最高缴费能力。

农村社会养老保险采取了"统筹养老金＋个人账户"的形式，根据传统养老保险理论的分析，个人账户只是个人生命周期储蓄形式由个人储蓄转变为强制性储蓄（现行农村社会养老保险为自愿性储蓄），这种储蓄形式的转变不会影响个人的储蓄水平，而统筹养老金由于在老年期无偿支付给参保者，相当于增加了参保者的一生收入，因此会对个人年轻期的储蓄产生挤出效应，即统筹养老金将减少个人年轻期的生命周期储蓄。我们认为在引入农村社会养老保险制度之后，农民的储蓄率水平将会下降，即农村社会养老保险制度建立之前的自愿储蓄水平，可以在一定程度上考察农民最高的缴费能力。农村社会养老保险个人账户缴费率应以不超过农民原有的储蓄率为基本原则。

2. 农村社会养老保险试点中基础缴费档次分析

根据现有政策，农村社会养老保险个人缴费分为每人每年 100 元、200元、300 元、400 元和 500 元五个档次，此处暂不考虑地方政府根据当地财政情况自主增设的缴费档次。结合 2008 年各地和全国的农村居民人均纯收入情况，考察 2009 年个人缴费额占农村居民人均纯收入的比重，对现行农村社会养老保险个人缴费档次进行衡量。

2008年,农村社会养老保险最低个人缴费档次占农村居民人均纯收入的0.87%~3.67%,由于比例较低,不会严重影响农村居民的正常生活;而最高缴费档次500元/年,占农村居民人均纯收入的4.37%~18.36%,所占比例较高。区别来看,对于相对发达的省份的农村居民来说,最高缴费档次比较容易接受;而对于西部相对落后地区省份的农民来说,负担较重。以农村居民人均纯收入最高的上海和最低的甘肃为例,农村社会养老保险的最低缴费档次(100元/年)仅占上海农村居民人均纯收入的0.87%,而最高档次(500元/年)也仅占上海农村居民人均纯收入的4.37%;但是农村社会养老保险的最低缴费档次(100元/年)占甘肃省农村居民人均纯收入的比例为3.67%,而最高档次(500元/年)占甘肃省农村居民人均纯收入的比例更是达到18.36%。对于发达地区和收入较高的农村居民来讲,不仅参保不成问题,而且可以选择较高的缴费档次参保;而对于贫困地区和收入较低的农村居民来说,可能需要按照自己的收入水平选择较低档次参保。

在2009年,农村社会养老保险个人最低缴费档次100元/年,占各地农村居民人均纯收入的0.80%~3.36%,所占比例非常低,不会影响农村居民的正常生活,而最高缴费档次500元/年占各地农村居民人均纯收入的4.01%~16.78%。与上一年度的数据对比来看,无论是最低缴费档次还是最高缴费档次,个人缴费档次占农村居民人均纯收入的比例都在不断下降。以农村居民人均纯收入最低的甘肃省为例,农村社会养老保险最高缴费档次(500元/年)占农村居民人均纯收入的比例由2008年的18.36%下降到2009年的16.78%,下降了1.58%。西部大开发战略迄今为止已实施了10几年,并将继续深入实施,这样西部省份的农村居民人均纯收入水平也必将不断提高,加上东部及中部省份现有的缴费能力,综合全国平均缴费水平来看,适当提高农村社会养老保险个人缴费的上限档次是完全可行的。

3. 农民实际个人账户缴费能力分析

我们首先考察了2000年以来中国农民人均收入与人均消费支出的情

况，通过分析农村社会养老保险制度建立之前的农民劳动力人均收入，来确定农民的最高缴费能力（见表4-4）。

表4-4 劳动力农民人均储蓄率（2000~2009年）

单位：元/年

项　目	2000	2001	2002	2003	2004	2005	2006	2007	2008	2009
人均总收入	3146	3307	3449	3582	4040	4631	5026	5791	6701	7115
其中：工资性收入	702	772	840	918	998	1175	1375	1596	1854	2061
家庭经营收入	2251	2325	2381	2455	2805	3164	3310	3777	4302	4404
财产性收入	45	47	51	66	77	88	101	128	148	167
转移性收入	148	163	177	143	160	204	240	290	397	483
人均总支出	2653	2780	2924	3024	3430	4127	4486	5138	5917	6333
其中：家庭经营费用支出	654	696	731	755	924	1190	1242	1433	1705	1700
购置生产性固定资产	64	78	86	102	108	131	140	147	162	201
税费支出	96	91	79	67	37	13	11	12	12	10
生活消费支出	1670	1741	1834	1943	2185	2555	2829	3224	3661	3993
财产性支出	20	174	194	157	176	22	21	27	32	39
转移性支出	149	—	—	—	—	216	243	295	345	390
劳动力人均收入	3237	3392	3490	3616	3979	4347	4727	5378	6048	6404
劳动力人均储蓄额	751	801	788	819	884	726	772	927	1107	1091
劳动力人均储蓄率	16.72	17.01	16.30	16.52	16.03	11.62	11.52	12.16	12.75	12.09
劳动力平均储蓄率	14%										

资料来源：根据历年《中国统计年鉴》中的数据整理计算。

从表4-4中的数据来看，2000年以来，中国农民劳动力平均储蓄率在14%左右，这可以作为个人账户平均缴费率的上限值；绝对缴费能力逐年提高，2009年接近1100元，远高于目前个人账户100~500元的缴费水平。平均来看，在目前的缴费档次设定条件下，农民具有较强的个人账户缴费能力。

然而，不同收入水平的农民，其收入和消费状况存在较大差距，特别是收入水平较低的农民，其实际缴费能力能否满足个人账户缴费的需要，还需要进一步分析。为了研究不同收入组别农民的缴费能力，我们按照收入五等分方法，对农民的收入水平进行了排序，并测算各收入组别农民劳动力的储蓄率水平。

2002年以来低收入户劳动力人均储蓄率一直为负值，说明这部分群体基本不具有个人账户的缴费能力，农村社会养老保险制度的推行需要对这类低收入群体进行扶助。2003~2009年中低收入户劳动力人均储蓄率基本为正值，但2006~2008年中低收入户劳动力人均储蓄额仅为100多元，2009年更是下降为51元，这意味着即使是最低的个人账户缴费档次每人每年100元，也相当于中低收入户的大部分储蓄额，至于更高的缴费档次，中低收入户目前还不具有足够的缴费能力。中等收入户、中高收入户和高收入户各年储蓄额呈现较为明显的上升趋势，2009年中等收入户劳动力人均储蓄额已经达到932元，中高收入户人均储蓄额为1957元，高收入户达到5090元，按照目前个人账户100~500元的缴费档次设计，这部分群体具有充分的缴费能力。

由于经济发展不平衡，各地区之间农民的收入水平和消费特征可能存在较大的差异，农民的最高缴费能力不尽相同。因此，我们按照东、中、西部及东北的划分，考察了各地区农民的最高缴费能力。

东部地区农民的缴费能力最强，2005~2009年个人储蓄额平均为1902元，人均储蓄率为25.42%；中部地区次之，人均储蓄额为1000元，也具有较强的缴费能力；西部地区和东北地区人均储蓄额较低，不到400元。不同地区农民缴费能力的差别应该引起关注，并应在具体缴费档次和财政补贴方面进行不同的设置。

根据前述分析，2009年农民劳动力人均收入为6404元，最高缴费档次500元约占劳动力人均纯收入的7.8%，劳动力人均储蓄额为1091元，储蓄额是最高缴费档次500元的2倍以上。德国农民养老保险缴费水平为每户农民家庭400欧元，按照2008年月均净收入为2914欧元粗略计算，缴费率超过10%；法国农村社会养老保险个人缴费率为6.55%；土耳其的缴费率达到核定收入的20%。[①] 因此，我们认为无论是从农民的个人储蓄

---

① 福建省农村社保模式及其方案研究课题组：《农村社会养老保险制度创新》，经济管理出版社，2004，第42~46页。

额角度分析，还是从横向国际比较角度分析，目前中国农村居民整体上基本具有为农村社会养老保险个人账户缴费的能力。但是，从不同收入水平的分组来看，低收入户和中低收入户家庭的缴费能力较弱，在建立农村社会养老保险制度之前，低收入户家庭人均消费大于人均收入，基本上不具有为个人账户缴费的能力，需要政府采取必要手段进行补贴。而目前中低收入户劳动力年储蓄额与最低缴费档次基本相当，即全部储蓄额用于缴费才能基本满足个人账户的最低缴费要求，因此，在一定程度上中低收入户家庭的个人账户缴费也需要特殊补贴。中收入户、中高收入户和高收入户具有较强的个人账户缴费能力。分地区来看，东、中部地区农民的缴费能力较强，个人储蓄额远高于 500 元的最高基本缴费档次，而西部地区和东北地区农民的缴费能力较弱。基于上述分析，我们得出以下结论：农民群体总体上具有一定的缴费能力，目前农村社会养老保险制度采取的统账结合模式具有较强的可行性，但是，在制度推进过程中，需要针对不同收入群体和不同地区的实际情况，设置相应的缴费档次，并对低收入群体和经济相对落后地区制定有效措施进行缴费扶助。

(二) 固定缴费额方式下个人账户缴费水平分析

1. 基本精算假设

此处关于个人账户缴费期、领取期、领取方式和领取额以及利率、农民劳动力人均总收入增长速度和个人账户缴费财政补贴的假设条件同前文第 108 页"现行缴费标准下个人账户给付水平测算及分析"下的假设条件完全一致，故不再赘述。

2. 固定缴费额方式下个人账户缴费水平测算结果

由于目前个人账户的替代率水平较低，25% 的合意替代率水平在比较短的时间内要实现存在一定困难，因此，我们在合意替代率基础上设定了替代率的过渡值，即假设目标替代率水平逐步上升至 25% 的合意水平。我们也分别测算了实现不同目标替代率所需要的年缴费额。假设从 2010 年开始缴费，缴费 15~40 年能够实现合意替代率或目标替代率的年缴费额 J 的测算结果见表 4-5。

表4-5 固定缴费额条件下实现目标替代率水平所需的年缴费额

单位：元

缴费年限	实现25%替代率所需的年缴费额	实现20%替代率所需的年缴费额	实现15%替代率所需的年缴费额	实现10%替代率所需的年缴费额
15	2802	2236	1670	1105
20	2592	2068	1544	1020
25	2321	1851	1381	911
30	2162	1724	1285	847
35	2068	1648	1229	810
40	2016	1607	1198	789

资料来源：根据前述方法测算。

从测算结果来看，实现个人账户合意替代率（25%）所需要的年缴费额远高于目前实施的基础缴费档次。最长缴费年限40年所需的年缴费额已超过2000元，最短缴费年限15年所需的年缴费额达到2802元。即使是我们设定的较低的个人账户目标替代率水平，其要求的年缴费额也较高并超过目前实施的基础缴费档次。按照10%的个人账户目标替代率测算，缴费40年所需的年缴费额依然达到789元，如果缴费期为最低要求的15年，所需年缴费额已经超过1000元。测算结果说明，个人账户合意替代率水平需要有一段过渡期逐步实现，并且，从实现农村社会养老保险个人账户合意替代率角度出发，目前的缴费档次过低，现行缴费方式和缴费档次亟待改革。

（三）固定缴费率方式下个人账户缴费水平分析

1. 基本精算假设

利用精算方法，测算按照固定缴费率方式实现个人账户合意替代率所需要的缴费水平，从而为农村社会养老保险个人账户缴费档次的调整与完善提供参考。基本精算假设同上。

2. 固定缴费率方式下个人账户缴费水平测算结果

我们也在合意替代率的基础上设定了替代率的过渡值，即假设农村社会养老保险目标替代率水平逐步上升至25%的合意水平，分别测算了实现不同目标替代率所需要的年缴费额。假设从2010年开始缴费，缴费15~40年能够实现合意替代率或目标替代率的年缴费率 j 的测算结果见表 4-6。

表 4-6 固定缴费率条件下实现目标替代率水平所需的年缴费率

单位：%

缴费年限	实现 25% 替代率所需缴费率	实现 20% 替代率所需缴费率	实现 15% 替代率所需缴费率	实现 10% 替代率所需缴费率
15	22.39	17.86	13.34	8.81
20	17.59	14.03	10.47	6.91
25	13.62	10.86	8.10	5.34
30	11.20	8.93	6.66	4.39
35	9.59	7.64	5.70	3.75
40	8.43	6.72	5.01	3.30

说明：测算方法同表 4-5。

从测算结果来看，与固定缴费额方式相比，固定缴费率方式可能更有利于农村社会养老保险个人账户的实现。特别是随着缴费年限的延长，实现合意替代率（25%）目标所需的缴费率水平几乎接近目前城镇企业职工基本养老保险制度 8% 的规定。而实现较低的目标替代率水平，在缴费年限较长时，所需的缴费率水平更低，具有较强的可操作性。例如，15% 的目标替代率水平，40 年缴费年限所需的缴费率仅为 5.01%。但是同时也要看到，如果缴费年限较短，实现合意替代率（25%）所需的缴费率水平依然较高，缴费 15 年所需的缴费率水平达到 22.39%，这可能超出了农民的缴费能力。测算结果说明，固定缴费率方式比固定缴费额方式更具可操作性，更可能促进个人账户合意替代率的实现。但是，固定缴费率方式的实施应以引导农民自发延长缴费年限为基础，否则，农村社会养老保险个人账户的替代率水平可能依然会停留在较低水平。

四 基于目标替代率的个人账户缴费水平分析

（一）个人账户发展阶段划分

如前所述按照时间跨度，我们将农村社会养老保险个人账户划分为三个不同的发展阶段，分别为初始期、过渡期和目标期。在不同的发展时期，农村社会养老保险个人账户发挥的保障功能不同。具体来看，在初始期，农村社会养老保险个人账户刚刚建立，缴费时间较短，因此个人账户的保障功能较弱；在过渡期，农村社会养老保险个人账户的保障功能将有所增强，将逐步实现对基础养老金保障功能的补充；在目标期，农村社会养老保险个人账户的保障功能完全发挥，能够与基础养老金实现相同的替代率水平，将与基础养老金共同形成农村社会养老保险体系。

我们对农村社会养老保险个人账户的不同发展阶段设定了不同的目标替代率水平，在经历初始期和过渡期之后，农村社会养老保险个人账户的保障功能能够完全得到实现。具体来看，农村社会养老保险个人账户在初期阶段的目标替代率水平设定为3%，即从制度建立初始开始缴费的参保农民在2020年退休时个人账户能够实现的替代率水平设定为3%；农村社会养老保险个人账户在过渡期的目标替代率水平为15%，即从制度建立初始开始缴费的参保农民在2030年退休时个人账户能够实现的替代率水平为15%；农村社会养老保险个人账户在目标期的目标替代率水平设定为25%，即从制度建立初始开始缴费的参保农民在2050年退休时个人账户能够实现的替代率水平为25%。对农村社会养老保险个人账户发展阶段的划分及目标替代率水平见表4-7。

表4-7 农村社会养老保险个人账户发展阶段划分及目标替代率设定

发展阶段	时间跨度（年）	目标替代率水平（%）
初始期	2009~2020	3
过渡期	2021~2030	15
目标期	2031~2050	25

（二）基于目标替代率的初始期个人账户缴费水平

1. 精算假设

（1）个人账户缴费期设定

个人账户初始期2009~2020年的缴费年限设定为10年，即假设某参保者缴费10年之后在2020年退休。

（2）个人账户领取期、领取方式和领取额设定

将个人账户养老金计发年限取整数按12年计算，并且假设个人账户按照等额方式每年初计发一次。

（3）利率设定

按照3%（大致相当于目前一年定期存款利率）对个人账户实际替代率进行测算。同时，为了体现基金收益率水平的影响，我们同时考察了利率水平增加1%即达到4%时对缴费水平的影响。

（4）农民劳动力人均总收入增长速度设定

2020年之前，农民劳动力人均收入增长率设定为8%。

（5）个人账户缴费财政补贴

假设对不同缴费档次均给予30元的财政补贴额。

2. 基于目标替代率的初始期个人账户缴费水平测算结果

在精算假设下，测算实现个人账户发展初始期结束时3%目标替代率水平所要求的缴费水平。使用前面章节的方法，分别测算固定缴费额和固定缴费率两种方式下的结果，并同时测算不同目标替代率水平所要求的缴费水平。测算结果见表4-8。

表4-8 个人账户发展初期阶段目标替代率所要求的缴费水平

目标替代率（%）	利率水平（%）	2020年退休时个人账户给付水平（元/年）	实现目标替代率所需的年缴费额（元）	实现目标替代率所需的年缴费率（%）
3	3	473.89	386.79	3.67
	4		364.21	3.48

注：在假设条件下测算得出。

按照我们的测算结果，2020年退休时个人账户替代率要达到3%即473.89元的目标，在固定缴费额条件下，所需要的年缴费额水平为386.79元，在固定缴费率条件下，所需要的年缴费率水平为3.67%。如果利率水平上升，实现相同目标替代率水平所需的缴费水平将会下降。每年364.21元的缴费水平低于目前最高的缴费标准500元，缴费率水平3.48%相对较低，从

平均水平来看，个人账户初期阶段的目标替代率具有一定的可操作性。

（三）基于目标替代率的过渡期个人账户缴费水平

1. 精算假设

（1）个人账户缴费期设定

将缴费期设定为20年，即假设参保农民缴费20年后，在2030年退休。

（2）个人账户领取期、领取方式和领取额设定

将个人账户养老金计发年限取整数按12年计算，并且假设个人账户按照等额方式每年初计发一次。

（3）利率设定

按照3%（大致相当于目前一年定期存款利率）对个人账户实际替代率进行测算。同时，为了体现基金收益率水平的影响，我们同时考察了利率水平增加1%即达到4%时对缴费水平的影响。

（4）农民劳动力人均总收入增长速度设定

2011~2020年农民劳动力人均收入增长率为8%，2021~2030年农民劳动力人均收入增长率为6%。

（5）个人账户缴费财政补贴

假设对不同缴费档次均给予30元的财政补贴额。

2. 基于目标替代率的过渡期个人账户缴费水平测算结果

在精算假设下，测算实现个人账户发展过渡期结束时15%目标替代率水平所要求的缴费水平。使用前面章节的方法，分别测算固定缴费额和固定缴费率两种方式下的结果，并同时测算不同目标替代率水平所要求的缴费水平。测算结果见表4-9。

表4-9 个人账户发展过渡期目标替代率所要求的缴费水平

目标替代率（%）	利率水平（%）	2030年退休时个人账户给付水平（元/年）	实现目标替代率所需的年缴费额（元）	实现目标替代率所需的年缴费率（%）
15	3	4243.32	1544.18	10.47
	4		1376.84	9.96

说明：在假设条件下测算得出。

从测算结果来看，缴费20年在2030年退休时个人账户达到15%的替代率水平所要求的年缴费额为1544.18元，所要求的年缴费率为10.47%。这个结果远高于目前实施的每年500元的最高基本缴费档次，缴费率水平甚至高于目前城镇企业职工基本养老保险8%的个人账户缴费率，过渡期目标的实现存在一定困难。

（四）基于目标替代率的目标期个人账户缴费水平分析

1. 精算假设

（1）个人账户缴费期设定

我们将缴费期设定为40年，即假设参保农民缴费40年后，在2050年退休。

（2）个人账户领取期、领取方式和领取额设定

将个人账户养老金计发年限取整数按12年计算，并且假设个人账户按照等额方式每年初计发一次。

（3）利率设定

按照3%（大致相当于目前一年定期存款利率）对个人账户实际替代率进行测算。同时，为了体现基金收益率水平的影响，我们同时考察了利率水平增加1%即达到4%时对缴费水平的影响。

（4）农民劳动力人均总收入增长速度设定

2011~2020年农民劳动力人均收入增长率为8%，2021~2030年农民劳动力人均收入增长率为6%，2031~2050年农民劳动力人均收入增长率为4%。

（5）个人账户缴费财政补贴

按照目前多数地区实行的个人账户财政补贴方式与标准进行测算，即假设对不同缴费档次均给予30元的财政补贴额。

2. 基于目标替代率的目标期个人账户缴费水平测算结果

在精算假设下，测算实现个人账户发展过渡期结束时25%目标替代率水平所要求的缴费水平。依据前面章节的方法，分别测算固定缴费额和固定缴费率两种方式下的结果，并同时测算不同目标替代率水平所要求的缴

费水平。测算结算见表4-10。

表4-10 个人账户发展目标期目标替代率所要求的缴费水平

目标替代率（%）	利率水平（%）	2050年退休时个人账户给付水平（元/年）	实现目标替代率所需的年缴费额（元）	实现目标替代率所需的年缴费率（%）
25	3	15496.06	2016.50	8.42
	4		1501.09	8.01

说明：在假设条件下测算得出。

测算结果显示，缴费40年在2050年退休时个人账户能够实现25%目标替代率所要求的年缴费额为2016.5元，相应的缴费率为8.42%。在假设条件下，实现农村社会养老保险目标期合意替代率水平的年缴费率为8.42%，基本接近目前城镇职工个人账户8%的缴费水平。从长期发展角度来看，农村社会养老保险个人账户目标期的目标替代率具有一定的可操作性。

第五章 农村土地养老、子女养老及社会救助辅助养老保障

土地养老、子女养老和社会救助制度是农村养老保险制度外的辅助养老保障项目,与农村社会养老保险制度共同构成农村养老保障体系。在农村养老保险制度尚未完善的情况下,土地养老和子女养老既为农民养老提供了一定的经济保障,同时发挥着养老精神慰藉的重要功能,在现阶段农村养老保障体系中起到重要作用。但随着土地养老、子女养老功能的弱化和养老保险水平的提升,农村养老保障开始由以土地养老、子女养老为主向土地养老、子女养老和社会化养老并重转变,最终完全实现农村养老保障社会化。

一 农村土地养老、子女养老及社会救助养老的基本框架及功能分析

土地养老、子女养老和社会救助养老是农村养老保障体系的重要组成部分,土地养老、子女养老是我国农村传统的养老安排方式,最低生活保障制度、"五保"供养制度和计生家庭奖扶(特扶)制度是农村养老保障最后一道安全网。

(一) 基本框架

农村辅助养老保障是由非制度性辅助养老保障和制度性辅助养老保障共同构成的多因素养老支持体系。非制度性辅助养老保障主要包括土地养老和子女养老,不仅能够弘扬家庭孝道,维护代际和谐,而且能够适度提升农村养老保障水平,提高农村老年人的生活质量。制度性辅助养老保障

主要包括最低生活保障制度、计生家庭奖扶（特扶）制度及"五保"供养制度。在城市化进程不断加快的过程中，农民土地流失以及子女死亡、迁移现象普遍存在，部分农民在失去土地和子女供养的情况下，并未获得其他资源以替代土地和子女的养老功能。最低生活保障制度、计生家庭奖扶（特扶）制度以及"五保"供养制度能够有效解决土地收益和子女养老缺失的农村居民的养老问题，为其提供必要的养老支持，是农村养老保障体系中重要的辅助机制。

（二）功能定位

1. 农村土地养老功能定位

土地收益是我国农村居民长久以来赖以生存和维系老年生活的基本保障。根据《中华人民共和国土地管理法实施条例》规定，土地经营权可以合法转移，农村居民达到退休年龄之后，可以通过对土地经营权的交易获取养老收益，所以土地收益作为农村居民的养老保障来源具有现实合理性。

土地养老有助于提升农村的养老保障水平。目前中国的社会保障水平低主要是因为农村的社会保障水平低，特别是农村的养老保险水平较低，需要综合家庭子女保障、土地保障和其他社会保障制度的力量，形成农村不同养老保障方式的联动来提高农村养老保障水平。

土地养老是中国农民养老生命周期代际传承的历史习惯。中国一直以来秉承儒家思想中尊老敬老的家庭价值观，农村老年人将土地耕作权利让渡给自己的子女，同时子女承担赡养老人的义务，这有利于维系农村家庭代际关系的和睦，并增加老年人家庭生活的幸福体验。

2. 农村子女养老功能定位

子女养老是中国千百年来的农村养老传统，是农村社会养老保障缺失情况下的替代选择。子女对老年人的经济供养经常被看作财富的代际转移或资源的流动交换，子女对老人的供养是以继承并拥有土地经营权为前提的[①]，这符合霍曼斯的交换理论。老年人在劳动年龄阶段为家庭的发展付出

---

① 陈彩霞：《经济独立才是农村老年人晚年幸福的首要条件——应用霍曼斯交换理论对农村老年人供养方式的分析和建议》，《人口研究》2000年第2期。

辛勤的劳动，作为交换式的补偿，子女对父辈承担赡养的义务。① 这种财富代际转移交换的原理决定了农村家庭子女养老方式的合理性、可行性和长期可持续性。

家庭生活中子女供养老人符合人口结构的经济分配理论。根据人口结构划分，农村家庭一般可分为劳动年龄人口、少儿人口和老年人口，其中劳动年龄人口是直接参与农业生产活动的人口，他们直接创造经济产值并决定家庭经济命脉。少儿人口和老年人口是农村家庭经济负担人口，他们分享劳动年龄人口创造的经济产值。对于一个家庭的人口结构经济分配，劳动人口创造的经济产值除了供自己日常生活消费之外，还需要满足少儿人口和老年人口的生活需要，并在长期的生活中实现收入和支出的均衡。农村家庭子女供养老人的费用支出比重，不应超过农村老年人口占家庭总人口的比重。从更广泛的农村社会角度来讲，子女供养老人的费用支出比重不应超过农村的老年抚养比。

家庭子女养老承担精神慰藉功能。家庭是以婚姻和血缘关系为基础的最基本的社会单位，是唯一能够满足人们生理、心理、文化、经济、社交等多种基本需要的组织。② 尽管家庭的表现形式随着社会的进步而不断发展和变化，但家庭生活承载的精神寄托和亲情延续的功能不会改变。农村家庭的子女养老对老年人的生活具有较强的精神抚慰功能，而这一功能无法被社会化的养老方式所代替。

3. 农村社会救助养老功能定位

最低生活保障制度是指对家庭人均纯收入低于最低生活保障标准的家庭提供必要补助的社会保障政策，它是对居民基本生存权利的保障，是最后一道安全网。"五保"供养制度对我国农村贫困人口规模的缩减具有重要的推动作用，它与农村最低生活保障制度共同构成保障农村居民基本生存的最后一道防线，在现阶段的农村社会保障体系中发挥着重要作用。

随着计划生育政策的实施，我国出现大量独生子女家庭。一旦独生子

---

① 费孝通：《论中国家庭结构的变动》，《天津社会科学》1982年第3期。
② 刘晓英：《农村家庭养老模式探析》，东北财经大学硕士学位论文，2007，第25页。

女遭遇残疾或者死亡，这些家庭的代际互惠养老安排就被迫中断，老年人口面临失去劳动能力和子女供养的双重养老压力。计生家庭奖扶（特扶）制度对独生子女家庭给予奖励扶助金，减轻独生子女家庭的养老压力；对独生子女遭遇残疾或者死亡的家庭给予特别扶助金，满足独生子女家庭中老年人口的基本生活需求，成为社会保障体系中重要的组成部分。

最低生活保障制度、"五保"供养制度和计生家庭奖扶（特扶）制度都对农村老年人的生存需要提供了基本的物质帮助，但是它们在性质功能和对象范围上存在明显的差异。最低生活保障制度和"五保"供养制度具有鲜明的社会救助特征，体现的是一般意义上的人道主义，目的在于保障人们获得生存必需的最基本的物质帮助；计生家庭奖扶（特扶）制度虽然也具有社会救助特征，但更倾向于体现政府对国家生育政策的补偿责任[①]，其保障对象是独生子女或双女的老年家庭。国家相关部门已经注意到计生家庭奖扶（特扶）制度与其他社会养老保障项目之间的互动作用，2009年发布的《国家人口计生委、人力资源社会保障部、财政部关于做好新型农村社会养老保险制度与人口和计划生育政策衔接的通知》规定，"在农村社会养老保险试点过程中，计生家庭奖扶（特扶）制度不能抵顶农村独生子女和双女父母参加农村社会养老保险的政府补贴"，为农村各项养老保障项目之间的联动指明了方向。

（三）阶段性作用

在完善农村社会养老保险的初始阶段，土地养老和子女养老仍承担着农村养老保障的重要责任。由于农村社会养老保险实行低水平起步的发展规划，2012年基础养老金和个人账户养老金的总和替代率仅为8%，而土地养老和子女养老的总和替代率为24%，农村社会养老保险与家庭养老联动给付水平达到32%，约占目标替代率水平的1/2。在初始阶段，农村养老保障维持一个以家庭养老为主、以社会养老为辅的格局；在完善农村社会养老保险的过渡阶段，农村社会养老保险水平快速提升，基础养老金和

[①] 周美林、张玉枝：《计划生育家庭特别扶助制度若干问题研究》，《人口研究》2011年第3期，第108页。

个人账户养老金的总和替代率攀升到27%，土地养老和子女养老的总和替代率平稳降至21%，土地养老和子女养老保障基本养老支出的功能部分转移到社会养老，成为农村社会养老保险制度的辅助养老保障机制；在完善农村社会养老保险的目标阶段，基础养老金和个人账户养老金达到50%的总和目标替代水平，社会养老成为农村养老保障的主体，在此阶段，土地养老和子女养老的总和替代率为16%，其效用完全转变为提升农村养老保障水平和增加农村老年居民的福利。

二 农村土地养老保障

长期以来，土地在直接贡献产品生产收益的同时，也承载着家庭养老的经济分配职责。在中国经济社会变迁的过程中，土地所有权和劳作方式的变化并未从根本上改变土地养老的功能属性，土地一直是农民最基本的养老来源，承担着重要的保障功能。

（一）农村土地养老保障水平

以土地为生产载体而获得的农业生产收入是土地养老的根本来源，但并不是所有农业生产收入都应计入土地养老保障之中，如何合理确定土地养老支出比重是关系土地养老保障水平、效用判定的首要问题。

1. 农业生产收入及土地养老比重设定

（1）农业生产收入

农业生产收入是农民以土地为依托进行养老的基础，广义的农业生产收入包括农业、林业、牧业和渔业收入。农、林、牧、渔业的生产都离不开土地要素的投入。[①] 总体来看，农业和牧业占有大量的土地面积并拥有相对集中的耕作优势，在农村人均纯收入中占有较高的份额，能够更好地为农牧民提供土地养老的经济支持；而林业和渔业由于生产回报周期、集中程度以及气候条件的限制，目前还不能成为农村土地养老的主要

---

① 农业土地按用途分为多种类型，例如旱地、水田、池塘、山地、草地、牧场等。

来源。

（2）农业生产收入中的土地养老比重

农村居民的土地收益可以划分为自经营收入和土地出租收入两类，其中土地自经营收入是指农民在享有土地经营权利的自主土地上，直接获取从事农业生产的土地收入，土地出租收入是指农民暂时性地将土地经营权利让渡给他人，间接获取从事农业生产的土地收入。

土地耕作总收益被看成是劳动、资本、技术和土地要素贡献的综合，而只有土地要素贡献的那一部分才能成为农民以土地收益养老的基础。应该按照土地要素的贡献来分配农业收入中的土地收益，并将土地收益用于支付农民的养老费用。盖尔·约翰逊对中国农村土地的平均价格进行了研究，认定种植业收入的30%～40%可以归结到土地贡献上[1]，这一比例在林业、牧业和渔业等其他行业中基本适用。另外，穆怀中教授认为，将土地收入的70%划分为劳动贡献，将30%划分为土地贡献是合理的。综合国内外学者的相关研究，这里将农业收入的30%确定为土地贡献比例和土地养老水平。

土地出租是通过让渡土地使用权来换取租金，租金是在农业收入中扣除劳动、资本、技术等生产要素贡献以及土地承租者风险补偿之后的收入。租金价格的确定同样需要以土地对农业收益的贡献为基准，并考虑到对承租者的风险补偿。根据辽宁大学人口研究所《中国农户新农保调查报告（2010）》对全国各地区的农业生产收入及土地租金的调查，农业种植业人均年收入为2850元左右，人均每年土地收益约为853.21元，平均每亩年租金约为523.69元，人均土地收益约占农业种植业收入的30%，土地租金收入约占农业收入的18%，土地租金收入约占人均土地收益的61%。此外，根据统计资料，2010年人均农业经营收入为2832.8元，若按照30%的土地贡献划分比例，人均土地收益为849.84元；若按照20%的土地租金划分比例，土地每亩租金为566.56元。比较分析发现，统计资料数据与调查数据基本吻合，这说明以土地贡献为

---

[1] 盖尔·约翰逊：《中国农村老年人的社会保障》，《中国人口科学》1999年第5期。

基础，以农业收入的30%估算土地收入，以农业收入的20%估算土地租金是符合实际情况的。

2. 农村土地养老保障现实及未来水平

根据农业生产收入及土地养老比重设定关系，测算全国及各地区的土地养老水平（见表5-1和表5-2）。

表5-1 全国及各地区土地自经营下的土地养老水平（2000~2010年）

单位：元/月

地区	2000年	2001年	2002年	2003年	2004年	2005年	2006年	2007年	2008年	2009年	2010年
全国	21	22	22	30	35	37	38	44	49	50	56
北京	36	33	34	36	40	44	49	58	51	39	45
天津	46	49	52	54	61	66	68	74	77	89	97
河北	35	38	39	41	47	50	51	56	60	61	68
山西	28	27	30	33	37	39	41	47	50	48	51
内蒙古	42	41	43	45	51	56	60	70	80	82	92
辽宁	34	39	41	43	50	54	55	65	73	75	87
吉林	40	43	47	50	57	60	64	71	84	86	102
黑龙江	42	45	47	49	58	59	63	71	79	83	99
上海	23	24	22	20	21	19	19	19	18	15	15
江苏	44	45	45	45	50	53	57	64	70	73	80
浙江	48	50	54	58	63	70	77	87	94	97	108
安徽	32	33	31	30	37	37	40	46	53	56	66
福建	46	47	49	50	55	59	62	70	79	83	89
江西	33	34	34	34	42	45	47	55	64	67	73
山东	42	43	45	47	54	56	60	68	74	78	86
河南	36	37	37	37	43	48	53	60	67	72	81
湖北	40	42	43	45	51	51	52	60	67	71	81
湖南	33	34	35	37	40	43	44	49	55	56	62
广东	50	49	46	44	45	43	42	46	50	50	55
广西	32	32	32	31	34	38	43	49	55	56	63
海南	47	45	49	53	56	59	62	72	81	86	89
重庆	29	28	29	30	35	39	34	41	50	53	58
四川	30	31	32	34	39	42	40	47	52	52	57

续表

地区	2000年	2001年	2002年	2003年	2004年	2005年	2006年	2007年	2008年	2009年	2010年
贵州	26	25	25	25	28	29	28	33	38	38	43
云南	28	28	30	31	35	38	41	48	54	57	63
西藏	23	27	NA	NA	28	30	35	42	46	49	58
陕西	23	22	23	23	26	28	30	34	37	39	47
甘肃	25	25	27	28	31	32	32	36	39	40	46
青海	28	28	29	30	33	34	34	37	40	42	49
宁夏	28	30	30	31	38	39	42	47	51	53	61
新疆	36	39	43	47	49	54	58	66	69	77	91

资料来源:《中国统计年鉴》(历年)。

表5-2 全国及各地区土地出租下的土地养老水平(2000~2010年)

单位:元/月

地区	2000年	2001年	2002年	2003年	2004年	2005年	2006年	2007年	2008年	2009年	2010年
全国	14	14	14	20	23	24	25	29	32	33	37
北京	24	22	23	24	27	30	33	38	34	26	30
天津	31	33	34	36	40	44	45	49	52	59	65
河北	24	25	26	27	31	33	34	37	40	41	46
山西	19	18	20	22	25	26	27	31	33	32	34
内蒙古	28	27	29	30	34	37	40	46	54	55	61
辽宁	23	26	27	29	33	36	37	43	49	50	58
吉林	27	29	31	33	38	40	43	47	56	57	68
黑龙江	28	30	31	33	39	39	42	47	53	55	66
上海	16	16	15	14	14	13	13	13	12	10	10
江苏	30	30	30	30	34	35	38	43	47	49	54
浙江	32	33	36	39	42	46	51	58	63	64	72
安徽	22	22	21	20	25	25	27	30	35	37	44
福建	31	31	32	34	37	39	41	47	52	56	59
江西	22	23	23	23	28	30	31	37	43	45	49
山东	28	28	30	31	36	38	40	45	49	52	58
河南	24	25	25	25	29	32	35	40	45	48	54
湖北	27	28	29	30	34	34	35	40	45	47	54

续表

地 区	2000年	2001年	2002年	2003年	2004年	2005年	2006年	2007年	2008年	2009年	2010年
湖 南	22	23	23	24	27	29	29	33	37	38	41
广 东	33	33	31	29	30	29	28	31	33	34	37
广 西	22	22	21	21	23	25	28	33	37	37	42
海 南	32	30	33	35	38	39	41	48	54	57	59
重 庆	19	19	19	20	24	26	22	27	34	35	39
四 川	20	21	21	22	26	28	26	31	34	35	38
贵 州	17	17	17	16	19	19	19	22	25	26	28
云 南	19	19	20	21	23	26	27	32	36	38	42
西 藏	16	18	NA	NA	18	20	24	28	31	33	38
陕 西	15	15	15	15	17	19	20	22	25	26	31
甘 肃	17	17	18	18	20	21	22	24	26	26	31
青 海	19	19	19	20	22	23	23	25	27	28	33
宁 夏	19	20	20	21	25	26	28	31	34	35	40
新 疆	24	26	28	31	33	36	39	44	46	51	61

资料来源：《中国统计年鉴》（历年）。

在假定不变条件下进行预测，随着未来土地收益的不断增加，农村居民在达到退休年龄时，无论选择继续耕种土地，还是选择出租土地，其所获得的土地养老金额都会逐渐增加。在继续耕种土地的情况下，土地养老水平由2012年的65.06元/月上升到2050年的472.5元/月；在选择出租土地的情况下，土地养老水平由2012年的43.37元/月上升到2050年的315元/月。全国土地养老绝对水平持续增加，土地作为我国农村传统的养老方式，其养老保障能力进一步提高，在未来农村养老保障体系中占有重要地位。

养老保障收入对劳动期收入的替代水平是度量农民养老生命周期安排合理与否的基本指标。养老收入实现对劳动期收入的合理替代，标志着实现了农民生命周期内的收入再分配，保障了其基本养老支出需求；养老收入对劳动期收入的替代未达到合理水平，说明养老收入难以维持其老年期的基本生活。养老保障制度的建立是为了实现农民养老生命周期的合理安排，虽然土地养老绝对水平逐年增长，但其增长速度低于农村劳均收入，导致土地养老对农村劳均收入的替代率水平逐年下降。土地耕种养老替代率将由2012年的8.28%下降到2050年的6.79%，土地出租养老替代率将由2012年的5.52%下降到2050年的4.53%。

（二）土地养老对农村社会养老保险的替代作用分析

现阶段土地养老在农村养老保险体系中占有重要地位，其实质是在社会养老缺失的情况下，以土地收益替代养老金的农民养老安排。土地养老对农村社会养老保险替代作用的高低要以土地养老水平与农村养老保险适度水平的对比分析为依据进行判断。根据农村养老保险适度水平模型及相关数据，可以统计出全国及各地区农村养老保险的适度水平。土地养老占农村社会养老保险适度水平的比重越高，与农村社会养老保险适度水平的差值越小，土地养老替代农村养老保险的作用越大；反之，土地养老替代农村养老保险的作用越小。

土地养老对农村养老需求的满足水平大致可以分为三个阶段，1998~2010年全国土地养老占农村社会养老保险基础养老金微观下限的比重基本保持稳定，个别年份略有下降，土地的养老保障功能变化不明显（见表5-3）；2011~2030年土地养老占农村社会养老保险基础养老金微观适度下限的比重开始逐年上升，在2030年达到顶峰，土地作为生产要素的养老保障能力显著提高；2030年之后，由于预期土地收益与微观适度下限同比例增长，土地养老占农村社会养老保险基础养老金微观适度下限的比重保持不变。

表5-3 土地养老水平与微观养老保险适度水平（1998~2010年）

单位：元/月

年　份	土地耕种养老水平	土地出租养老水平	农村养老微观下限	农村养老微观上限
1998	28.41	18.94	70.77	131.72
1999	27.15	18.10	69.14	133.38
2000	20.85	13.90	68.34	134.87
2001	21.59	14.39	69.21	141.33
2002	21.67	14.44	70.62	145.42

续表

年 份	土地耕种养老水平	土地出租养老水平	农村养老微观下限	农村养老微观上限
2003	29.89	19.93	73.85	150.65
2004	34.95	23.30	85.93	165.80
2005	36.74	24.49	96.89	181.14
2006	38.03	25.36	101.37	196.97
2007	43.63	29.09	115.79	224.24
2008	48.65	32.43	133.22	252.00
2009	49.70	33.14	136.34	267.64
2010	55.78	37.18	150.08	304.86

资料来源：《中国统计年鉴》（历年）。

土地养老占农村社会养老保险基础养老金微观适度下限的比重体现土地养老对农村养老保险基础养老金替代作用的相对水平，为了全面反映土地养老的整体水平，以土地养老水平与微观下限之间的差额测量土地养老保障对养老保险替代作用的绝对水平。

全国土地养老与微观基础养老金适度下限的差值发展大体上也可以分为三个阶段，1998~2020年土地养老与微观基础养老金适度下限的差值逐年上升，在2020年达到峰值，土地养老与基本食品需求开支的差值达到最大，土地养老功能下降；2021~2030年这一差值开始回落，土地养老的绝对水平有了明显提升；2031~2050年土地养老与微观基础养老金适度下限的差值又出现回升趋势，土地养老与微观下限之间的差距持续拉大。在制定农村养老保障各项政策的过程中，既要考虑土地养老相对水平在不同时期的变化，同时也要将土地养老绝对水平纳入考量体系之中，保障政策制定的科学性。

（三）农村土地养老保障的阶段性作用

土地养老是农村老年居民将土地收益用于基本生活支出的养老方式，在农村养老保险体系中发挥着重要作用。随着农村养老保险体系格局的变动，以及农村社会养老保险制度的完善，土地养老所发挥的作用转变可以划分为三个阶段，即完善农村社会养老保险初始阶段、过渡阶段和目标阶段。

在完善农村社会养老保险初始阶段，基础养老金对农村劳均收入的替代率为8%。由于农村社会养老保险试点时间较短，个人账户尚未达到给付期，不存在个人账户给付，所以社会养老保险总和替代率为8%。初始期末，基础养老金替代率增长至9%，个人账户实现3%的替代水平，社会养老保险总和替代率上升至12%。在此阶段，土地养老替代率维持在8%的水平，在农村养老保险体系中仍发挥着重要的养老替代作用。初始期末土地养老与社会养老保险总和替代率达到20%，趋近基础养老金微观下限替代率。

在完善农村社会养老保险过渡阶段，随着农村社会养老保险基础养老金和个人账户给付水平的调整，土地养老效用也发生了部分转变，土地养老替代率由2021年的8%平稳下降到2030年的7.68%，农村养老保障开始由土地养老、子女养老向社会化养老过渡。在这一阶段，土地养老与养老保险的总和养老替代率达到35%，接近农村社会养老保险的目标替代率。

在完善农村社会养老保险目标阶段，农村社会养老保险基础养老金水平持续提升，基础养老金替代率由2031年的12%上升到2050年的25%，基础养老金达到目标替代水平，完全能够满足农村老年居民的基本生活支出。个人账户给付同样达到25%的目标替代率水平，与基础养老金共同达到农村社会养老保险50%的目标替代率。而土地养老替代率由2031年的7.6%平稳下降到2050年的6.79%。土地养老由社会养老保险低水平起步阶段的农村重要养老保障机制转变为提升农村养老保障水平的辅助养老机制。

三　农村子女养老保障

自汉代以来，尊老敬老的伦理价值观念便深刻地植根于中国家庭组织中，并形成了中国社会源远流长的子女供养老人的代际养老模式。直到现阶段，中国家庭内部的代际支持仍是老年保障和照料的主要来源。[1]

---

[1] 曾毅、王正联：《中国家庭与老年人居住安排的变化》，《中国人口科学》2004年第5期。

（一）农村子女养老保障水平

子女养老是代际互助关系的体现，在家庭内部，子女养老是通过家庭内部收入转移的方式实现的，子女将收入按特定比例用于提供养老支持；在社会层面，体现为将农村人均纯收入的一部分用于养老保障。

1. 农村人均纯收入及子女养老比重设定

（1）农村人均纯收入水平

子女养老的合理依据一方面体现在土地的代际流转，另一方面体现在农村居民财产的代际转移，子女在年轻时赡养老人，在年老时同样得到自己子女的照顾。子女通过经营土地、打工等方式获取收入，在扣除成本、开支之外，得到农村人均纯收入，以此为基础按照家庭老人的负担结构履行赡养义务。与土地收益不同，农村人均纯收入主要受地区经济发展水平影响，高经济发展水平促进收入水平的提升，低经济发展水平对收入提高具有抑制作用。

（2）农村人均纯收入中的子女养老支出比重

农村子女养老是指子女通过收入转移，为父母提供一定的养老生活费，子女养老水平以子女养老支出占农村人均纯收入的比例来衡量。

首先，以2010年为基期，确定子女养老支出占农村人均纯收入的比例。根据以下三方面的数据，可以估算这一比例约为20%。第一，根据《中国农户新农保调查报告（2010）》[①]的数据，目前农村家庭老年人排在前两位的生活来源分别是自我储蓄和子女负担，子女通过共同生活资助或赡养费方式提供给农村老年人的养老生活费平均占农村居民人均纯收入的20%左右。第二，计生家庭特别扶助制度是针对独生子女死亡家庭给予的生活补贴，可视作无子女家庭的养老替代。目前，计生家庭特别扶助金约占农村居民人均纯收入的20%。第三，子女养老支出占农村居民人均纯收入的比重要符合人口结构的经济分配理论，在家庭内部，子女养老支出的比重不能超过老年人占家庭总人口的比重，否则会影响劳动力的再生产和

---

① 该报告是辽宁大学人口研究所根据对全国20个省市1350份入户调查问卷的统计而得。

总体生活水平的提升；在全社会层面，总子女养老支出比重要限定在农村老年人口抚养比上，这样既能满足老年人的正常生活所需，也不会阻碍社会的正常发展。就我国现阶段人口年龄结构状况而言，农村老年人口抚养比将近20%。

其次，确定未来子女养老支出占农村居民人均纯收入比例的调整机制。子女养老支出占农村居民人均纯收入的比例受劳动力人数和单位劳动力负担能力的制约。根据目前的农村老年抚养比，基期20%的比例需要由5个劳动力共同负担，单位劳动力的负担比为4%，假定未来单位劳动力负担能力不变，子女养老支出占农村人均纯收入的比例应该按农村劳动力人口比重的下降速度下调。

2. 农村子女养老保障现实及未来水平

全国子女养老的绝对水平逐年上升，各地区的子女养老水平虽然差别明显，但是都具有逐年提高的共同趋势，子女养老在弥补农村土地养老或社会养老缺口中的作用越来越大（见表5-4）。

表5-4 全国及各地区的子女养老水平（2000~2010年）

单位：元/月

地 区	2000年	2001年	2002年	2003年	2004年	2005年	2006年	2007年	2008年	2009年	2010年
全 国	38	39	41	44	49	54	60	69	79	86	99
北 京	77	84	90	93	103	122	138	157	178	194	221
天 津	60	66	71	76	84	93	104	117	132	145	168
河 北	41	43	45	48	53	58	63	72	80	86	99
山 西	32	33	36	38	43	48	53	61	68	71	79
内蒙古	34	33	35	38	43	50	56	66	78	82	92
辽 宁	39	43	46	49	55	62	68	80	93	99	115
吉 林	34	36	38	42	50	54	61	70	82	88	104
黑龙江	36	38	40	42	50	54	59	69	81	87	104
上 海	93	98	104	111	118	137	152	169	191	208	233
江 苏	60	63	66	71	79	88	97	109	123	133	152
浙 江	71	76	82	90	99	111	122	138	154	167	188
安 徽	32	34	35	35	42	44	49	59	70	75	88

续表

地 区	2000年	2001年	2002年	2003年	2004年	2005年	2006年	2007年	2008年	2009年	2010年
福 建	54	56	59	62	68	74	81	91	103	111	124
江 西	36	37	38	41	46	52	58	67	78	85	96
山 东	44	47	49	53	58	66	73	83	94	102	117
河 南	33	35	37	37	43	48	54	64	74	80	92
湖 北	38	39	41	43	48	52	57	67	78	84	97
湖 南	37	38	40	42	47	52	56	65	75	82	94
广 东	61	63	65	68	73	78	85	94	107	115	132
广 西	31	32	34	35	38	42	46	54	62	66	76
海 南	36	37	40	43	47	50	54	63	73	79	88
重 庆	32	33	35	37	42	47	48	58	69	75	88
四 川	32	33	35	37	42	47	50	59	69	74	85
贵 州	23	24	25	26	29	31	33	40	47	50	58
云 南	25	26	27	28	31	34	38	44	52	56	66
西 藏	22	23	24	28	31	35	41	46	53	59	69
陕 西	24	25	27	28	31	34	38	44	52	57	68
甘 肃	24	25	27	28	31	33	36	39	45	50	57
青 海	25	26	28	30	33	36	39	45	51	56	64
宁 夏	29	30	32	34	39	42	46	53	61	67	78
新 疆	27	29	31	35	37	41	46	53	58	65	77

资料来源：《中国统计年鉴》（历年）。

随着经济不断向前发展，子女养老支出的绝对水平逐年递增，由2012年的124.35元/月增长到2050年的660.47元/月，子女养老在农村养老保障体系中仍占有重要位置。但子女养老的相对水平不断降低，子女养老对农村劳均收入的替代率水平呈平稳下降趋势，由2012年的16%降低到2050年9%。在完善农村社会养老保险的阶段性推进过程中，子女养老所体现的功能和作用在未来同样会呈现阶段性变化。

（二）子女养老对农村社会养老保险的替代作用

社会养老保险应是农村养老保障的主体，社会养老保险水平应达到适度区间，但在社会养老水平不足的情况下，需要子女养老等辅助养老保障机制予以弥补。子女养老体现的是农村家庭内部的收入转移，老年居民通过子女供养获取养老资源，所以子女养老对社会养老保险具有替代作用，这种替代作用可以通过子女养老占农村养老保险基础养老金微观适度下限的比重以及两者之间的差值进行测量。

全国子女养老对农村社会养老保险的替代作用的变动趋势可以分为两个阶段。1998~2030年为第一阶段，在这个阶段，子女供养对农村养老需求的满足程度上升，养老保障功能增强。1998年子女养老占基础养老金微观适度下限的比重为0.51，2030年达到1.09，子女养老水平达到农村养老保险微观下限，完全能够满足农村老年居民的基本生存需求，说明通过家庭收入的代际分配，农村老年人口的基本食品支出能够得到保障；2031~2050年为第二阶段，在这个阶段，子女养老占基础养老金微观适度下限的比重平稳下降，由2031年的1.12下降到2050年的0.97，子女养老水平落到微观适度区间之下。这说明，一方面，随着农村社会养老保险的不断完善，其对子女养老的"挤出效应"开始显现；另一方面，农村劳动力人口比重的降低减少了农村老年人口的养老资源，子女养老支出比重下降。

子女养老水平与农村养老保险微观适度下限之间的差值，是反映子女养老绝对水平的指标。我国农村子女养老与基础养老金微观适度下限的差值变动趋势，大体上也可以划分为两个阶段。2012~2026年子女养老与基础养老金微观适度下限的差值逐渐下降，由2012年的60.65元/月下降到2026年的7.39元/月，子女养老保障功能得以加强；在2027年子女养老达到基础养老金微观适度下限，两者差额已经成为负值，子女养老已经完成满足农村老年居民基本生存需求的功能，并且向提升养老保障水平的方向发展。

（三）农村子女养老保障的阶段性作用

子女养老既是家庭内部财富的收入转移，同时也是老年居民精神慰藉的重要支柱，在农村养老保险体系中不可或缺。在完善农村社会养老保险的阶段性推进过程中,受养老保险水平提升、结构优化以及收入增长等因素影响,子女养老的作用也呈阶段性变化,具体可分为:初始期的子女养老作用、过渡期的子女养老作用以及目标期的子女养老作用。

在完善农村社会养老保险初始阶段,农村社会养老保险实行"低水平、广覆盖"的制度规划,2012年基础养老金对农村劳均收入的替代率仅为8%,2020年增长至9%,个人账户在2020年实现3%的替代率水平,社会养老保险给付水平难以达到合理水平。在此阶段,子女养老仍是农村养老保障的重要途径,2012年子女养老与基础养老金联动给付能够达到农村劳均收入的24%的替代率水平,达到基础养老金微观适度下限,基本满足农村老年居民的基本生活需求;2020年子女养老、基础养老金与个人账户联动给付达到27%的替代率水平,超过基础养老金微观适度区间,实现向社会养老保险总体适度区间的迈进。

在完善农村社会养老保险过渡阶段,子女养老发挥着补充社会养老不足的作用。农村社会养老保险在实现起步阶段的制度目标之后,社会养老保险给付水平迅速提升,结构逐渐优化,基础养老金替代率上升到2030年的12%,个人账户替代率上升至15%,社会养老保险实现27%的总体替代水平。在此阶段,子女养老水平平稳下降,由2021年的15%下降到2020年的13%,子女养老、基础养老金与个人账户的联合给付水平达到40%的替代率水平,趋近于农村社会养老保险50%的目标替代率。

在完善农村社会养老保险目标阶段,基础养老金替代率水平持续提升,在2050年基础养老金替代率达到25%的目标替代水平,基础养老金成为保障农村老年居民基本生活的主体。在目标阶段末个人账户同样达到25%的目标替代水平,社会养老保险实现50%的目标替代率。在此阶段,子女养老替代率水平仍平稳下降,由2031年的13%下降到2050年的9%,子女养老不再承担保障农村老年居民基本生存的功能。由此,农村养老保障由以土地养老和子女养老为主、以社会养老为辅过渡到土地养老、子女养老和社会养老并重,最后达到以社会养老为主、以土地养老和子女养老为辅的发展目标。

四　农村社会救助养老保障

最低生活保障制度、"五保"供养制度和计生家庭奖扶（特扶）制度是我国依法建立的保护社会成员底线公平的制度安排，这三项制度的实施不仅具有减贫的效应，同时还为老年家庭提供了最低的生存需求保障。

（一）农村社会救助养老水平

1. 农村最低生活保障水平

农村最低生活保障制度建立以来对农村贫困群体，特别是老年贫困群体的养老保障发挥了重要作用。农村最低生活保障制度依据农村最低生活保障标准，对家庭人均收入低于标准的农村家庭给予差值补贴，使其基本生存有所保障，所以农村最低生活保障人均补助值是反映最低生活保障制度绝对水平的指标。农村低保月人均补助按照农村贫困线标准的60%恒定值预测，假设2021年开始中国农村贫困线标准上调为每天1.25美元（2011年不变价）水平，2031年开始中国农村贫困线标准上调为每天1.5美元（2011年不变价）水平，预测结果显示，2003年农村低保金为每人每月21.6元，经过阶段性调整，2050年农村低保金将上升为每人每月559.96元。

2. 农村计生家庭奖扶水平

根据《国家人口计生委、财政部关于印发全国农村部分计划生育家庭奖励扶助制度管理规范的通知》，国家农村只有一个子女或两个女儿的计划生育家庭给予每月50元的奖励扶助金。同时对子女遭遇残疾的计划生育家庭每月发放80元的特别扶助金，对子女遭遇死亡的计划生育家庭每月发放100元的特别扶助金。在物价水平不断提高的情况下，计生家庭奖扶金水平要随着物价变动而适时调整，避免计生家庭奖扶金购买力水平下降。根据《财政部人口计生委关于建立全国农村部分计划生育家庭奖励扶助和计划生育家庭特别扶助标准动态调整机构的通知》（财教〔2011〕622号）中关于阶段性的调整指数设定，2050年全国计生家庭奖励扶助金调整为

410.46元/月，计生家庭特别扶助金分别为692.7元/月和564.4元/月。

3. 农村"五保"供养水平

根据《农村五保供养工作条例》规定，农村老年、残疾或者未满16周岁的村民，无劳动能力、无生活来源又无法定赡养、抚养、扶养义务人，或者其法定赡养、抚养、扶养义务人无赡养、抚养、扶养能力的，享受农村"五保"供养待遇。同时规定"五保"供养标准不得低于当地村民的平均生活水平，各地区无论是采取集中供养，还是分散供养，均需按照当地村民的平均生活水平设定供养标准。虽然"五保"供养水平能够保障农村特殊老年人口的养老需求，但鉴于"五保"供养对象的特殊性，"五保"供养的制度覆盖范围较小。在农村最低生活保障制度不断向前发展的背景下，"五保"供养制度在未来农村养老保障体系建设中所占的地位有限。

（二）农村社会救助养老保障的阶段性作用

社会救助作为农村老年居民养老保障的最后一道安全网，它是对城市化快速推进过程中农民土地及子女养老缺失的制度性补偿。所以，社会救助养老在完善农村社会养老保险的阶段性发展过程中，所发挥的效用应与土地养老和子女养老的效用水平相一致。

在完善农村养老保险初始阶段，土地养老和子女养老是农村养老保障的重要形式，2020年土地养老和子女养老总和替代率达到23%，而基础养老金的养老替代率仅为9%。最低生活保障制度、计生家庭奖扶（特扶）制度作为土地养老和子女养老缺失的补偿机制，在此阶段与土地养老、子女养老的效用定位相一致。在2020年最低生活保障和计生家庭奖扶（特扶）的总和养老替代率为26%，略高于土地和子女养老的总和替代率，在无土地、无子女家庭的养老保障中发挥重要作用，弥补基础养老金给付水平的不足。

在完善农村养老保险过渡阶段，社会救助制度的目标是保障居民的基本生存需求，在农村社会养老保险低水平起步的情况下，社会救助制度肩负着消除贫困和提供养老保障的双重责任。伴随着农村社会保险水平的提升，社会救助制度的功能定位更加趋向于解决少儿人口和劳动力人口的贫困问题。最低生活保障制度和计生家庭奖扶（特扶）制度在2030年的总和养老替代率为23%，较2020年有所降低，同时这也与土地养老和子女养老效用的转变相吻合。农村社会养老保险基础养老金替代率在2030年上升到12%，个人账户替代率达到15%，社会救助与社会保险制度的联合给付达到农村社会养老保险50%的目标替代率。

在完善农村社会养老保险制度的目标阶段，基础养老金和个人账户均已达到目标替代水平，农村社会养老保险成为农村养老保障主体，而家庭养老和社会救助养老的主要功能转变为提升农村的养老保障水平和改善农村老年居民的福利。2050年最低生活保障制度和计生家庭奖扶（特扶）制度的总和养老替代率为18%，与土地、子女养老16%的总和养老替代率相一致，农村无土地、无子女家庭的养老基本支出依靠农村社会养老保险完全能够满足，最低生活保障制度和计生家庭奖扶（特扶）制度的作用是在满足基本生活支出的基础上进一步提升养老水平。

第六章 农村养老保险体系的协调对接

农村社会养老保险是在老农保基础上发展起来的，与农村其他保障项目及城镇社会保障制度并存。在现阶段乃至今后相当长的时期，这种城乡社会保障多制度、多项目并存的现象可能会长期存在。与此同时，城镇化与工业化进程也造成了农村人口及劳动力在城乡之间的流动，农民工及失地农民等群体的养老保险关系需要转移与接续。鉴于此，为建立覆盖城乡居民的社会保障体系，实现制度的有效性、健全性和可持续性，维护广大城乡居民的社会保障权益，就必须建立农村社会养老保险体系的协调对接机制。

一 农村养老保险体系内部协调对接

在农村社会养老保险实施的条件下，农村还存在其他社保项目，为农村老年人口提供各种生活扶持，改善他们的生活条件。农村社会养老保险与农村其他社保项目协调对接的关键在于以农村养老保险适度水平为主线，坚持公平与效率相统一的原则，构建农村社会养老与家庭养老有机结合的协调对接体系。

（一）农村养老保险体系内部协调对接的基本框架

经过对农村养老保障项目发展规律的判断及对农村养老保险体系要素的凝练，形成以农村养老保险适度水平为主线、以核心制度体系为支柱的协调对接机制。农村养老保险体系协调对接框架是以完善农村养老保险体系基本理论为指导,在农村养老保险体系发展现状的基础上,以农村养老保险适度水平为联合给付标准,对农村养老保障项目组成及农村养老保险制度协调对接高度凝练而成的协调对接发展框架。

农村养老保险核心制度体系包含基础养老金、个人账户养老金、土地养老、家庭养老及社会救助养老,与其对应的表现形式分别为农村社会养老保险基础养老金、农村社会养老保险个人账户养老金、土地养老、子女养老、低保及计生家庭奖励扶助金等,其中土地养老和子女养老的外在表征为隐性保障。这一隐性保障主要体现在土地收益保障和家庭子女供养,农民通过把土地经营权让渡给自己的子女或他人,以土地租金(或土地收益)的形式来补充社会养老金和其他财产的不足。因此,有无子女供养和有无土地两序列成为农民分化的显著特征。无土地的农民与有土地的农民相比,少了一道源自土地经营收益的养老保障安全网;无子女的农民与有子女的农民相比,少了子女供养的养老保障基础。因此,要按照生存公平原则对农村无土地农民和无子女农民实施社会养老与社会救助联动,以解决农民养老的分化问题,这也带来了农村社会养老保险与农村其他社保项目协调对接在农村养老保险水平上的分化问题。农村社会养老保险与农村其他社保项目协调对接机制的基本框架正是在农村养老保险制度的基础上,依据农村老年人分化的Ⅰ(无子女、无土地)、Ⅱ(无子女、有土地)、Ⅲ(有子女、无土地)和Ⅳ(有子女、有土地)四种类型来确立农村社会养老保险与农村其他社保项目的适度性协调对接机制,实行家庭养老、土地养老和社会养老相结合,推动农村老年人的养老水平朝着养老保险适度区间发展。

(二) 农村养老保险体系内部协调对接的实现路径

基于农村养老保障体系以及农村社会养老保险与农村其他社会保障项目协调对接的基本框架,确定农村社会养老保险与农村其他社保项目协调对接的路径,是以农村养老保险适度水平为主线,以提升农村养老保险水平为重点,按"初始期、过渡期、目标期"三步走战略,建立农村养老保险协调对接的长效运行机制,具体推进路径如下。

初始阶段（2012~2020年），这一阶段应大力推进城乡社会保障体系的各项基础性工作，使农村社会养老保险和城镇养老保险基本实现全覆盖。依据农村社会保障适度水平，确定农村社会养老保险与土地养老、子女养老、低保、计生家庭奖励扶助金联合给付的方式，来保障农村老年人的基本生活需要。

过渡阶段（2021~2030年），经过城乡社会保障制度的统筹、对接与整合，构筑覆盖城乡居民的社会保障体系的新型制度框架。这一阶段的主要任务是实现从"补缺型"向"适度普惠型"的制度转变，将企业职工养老保险、灵活就业人员养老保险、农民工和失地农民养老保险、机关和事业单位养老保险、城市居民养老保险和农村社会养老保险整合为职工基本养老保险和城乡居民养老保险。依据城市和农村养老保险水平的适度下限与上限，确定农村社会养老保险基础养老金与土地养老、子女养老联合给付的方式，由于低保、计生家庭奖励扶助金的联合给付可能超过适度上限，所以重点在于确定农村社会养老保险基础养老金的给付。

目标阶段（2031年~2050年），全面建立全民共享的、城乡一体化的社会保障体系。这一阶段是覆盖城乡居民的社会保障体系的高级发展阶段，在这一阶段农村社会养老保险制度建立全国统一的基础养老金，农民的异质化程度大大减弱，养老保障水平达到适度区间。

随着中国由传统农业向现代农业的转变，中国农民的经济地位和阶级性质也发生着变化，因此出现了农民分化现象。根据土地经营权的占有性质，可将农民分为有土地和无土地两序列；根据农民拥有子女数量的不同，分为有子女（多子女、独子女）和无子女两个序列。结合农民有土地和无土地两序列分化，可将中国农民分为四种情况：一是有子女和有土地序列的农民；二是有子女和无土地序列的农民；三是无子女和有土地序列的农民；四是无子女和无土地序列的农民。

农村养老保险制度是旨在保障农村居民基本生活的养老保障制度，农民的土地养老和子女养老是农民养老的隐性保障，最低生活保障制度和计生家庭奖励（特别）扶助金制度具有社会救助的特征。农村社会养老保险与土地养老、子女养老、最低生活保障制度和计生家庭奖励扶助制度并存,基于两序列农民的特点,农村社会养老保险与农村其他社保项目的协调对接,要求对于有子女和有土地序列的农民,实行农村社会养老保险基础养老金、子女供养和土地保障联动;对于有子女和无土地序列的农民,实行农村社会养老保险基础养老金、最低生活保证金和子女供养联动;对于无子女和有土地序列的农民,实行农村社会养老保险基础养老金、计生家庭特别扶助金和土地保障联动;对于无子女和无土地序列的农民,实行农村社会养老保险基础养老金、最低生活保障金和计生家庭特别扶助金联动。

(三) 农村养老保险体系内部协调对接的模型及实证分析

1. 初始期的农村养老保险体系内部协调对接

(1) 无子女、无土地序列农民养老项目协调对接

对于第Ⅰ类实行农村社会养老保险基础养老金、最低生活保障金和计生家庭特别扶助金联动,以补偿子女家庭供养和土地收益的不足。见公式 (6-1):

$$B(t) = B_S + B_M + B_P \qquad (6-1)$$

其中,$B(t)$ 为农民基础养老水平,B_S 为农村社会养老保险基础养老金,B_M 为最低生活保障金,B_P 为计划生育家庭特别扶助金。

完善农村社会养老保险初始阶段 (2012~2020年),为农村社会养老保险制度初步建立阶段,这一阶段基础养老金应按照农村 CPI 和农村人均纯收入增长率之和来调整。根据公式 (6-1) 可以得出,2012 年第Ⅰ类农民养老保障联合给付水平为 314.6 元/月;到 2020 年增加到 525.9 元/月 (见表 6-1)。通过以农村 CPI 和农村人均纯收入增长率之和为依据调整的基础养老金与最低生活保障金和计生家庭特别扶助金联动给付,第Ⅰ类农民的养老保障水平超过微观适度区间,并向宏观适度下限靠近,联合给付养老金能够满足其基本生活支出。

表 6-1 初始阶段基础养老金、最低生活保障金与计生家庭特别扶助金联合给付水平

单位：元/月

年　份	基础养老金	最低生活保障金	计生家庭特别扶助金	基础养老金与最低生活保障金及计生家庭特别扶助金联合给付
2012	61.1	118.5	135.0	314.6
2013	67.8	122.0	135.0	324.8
2014	75.2	125.7	135.0	335.9
2015	83.5	129.4	135.0	347.9
2016	92.7	133.3	178.2	404.2
2017	102.9	137.3	178.2	418.4
2018	114.2	141.4	178.2	433.8
2019	126.7	145.7	178.2	450.6
2020	140.7	150.0	235.2	525.9

注：初始阶段（2012~2020年）基础养老金按CPI指数与农村人均纯收入增长率之和（11%）动态调整。

（2）无子女、有土地序列农民养老项目协调对接

对于第Ⅱ类农民，实行农村社会养老保险基础养老金、计生家庭特别扶助金和土地保障联动，以补偿子女家庭供养的不足。具体见公式（6-2）：

$$B(t) = B_S + B_P + B_L \tag{6-2}$$

其中，$B(t)$ 为农民基础养老水平，B_S 为农村社会养老保险基础养老金，B_P 为计生家庭特别扶助金，B_L 为土地收益。

根据公式（6-2）可以得出，2012年，在土地自经营下的联合给付水平为261.1元/月，土地出租下的联合给付水平为239.5元/月；2020年，在土地自经营下的联合给付水平为496.3元/月，土地出租下的联合给付水平为456.2元/月。在完善农村社会养老保险初始阶段，基础养老金按农村CPI和农村人均纯收入增长率之和进行动态调整，基础养老金水平虽逐年提高，但与微观适度区间尚有一定差距（见表6-2）。通过土地收益和计生家庭特别扶助金的养老补偿以及与基础养老金的联动给付，无子女、有土地序列农民的养老保障水平超过微观适度区间，向宏观适度下限发展，

解决了基础养老金给付水平不足以及子女养老缺失情况下基本生活需求难以满足的问题。

表6-2 初始阶段基础养老金、计生家庭特别扶助金与土地保障联合给付水平

单位：元/月

年 份	基础养老金	计生家庭特别扶助金	土地耕种养老水平	土地出租养老水平	土地自经营下的联合给付水平	土地出租下的联合给付水平
2012	61.1	135.0	65.1	43.4	261.2	239.5
2013	67.8	135.0	70.3	46.8	273.1	249.6
2014	75.2	135.0	75.9	50.6	286.1	260.8
2015	83.5	135.0	82.0	54.6	300.5	273.1
2016	92.7	178.2	88.5	59.0	359.4	329.9
2017	102.9	178.2	95.6	63.7	376.7	344.8
2018	114.2	178.2	103.2	68.8	395.6	361.2
2019	126.7	178.2	111.5	74.3	416.4	379.2
2020	140.7	235.2	120.4	80.3	496.3	456.2

注：①初始阶段（2012~2020年）基础养老金按CPI指数与农村人均纯收入增长率之和（11%）动态调整；②全国土地养老保障水平采用"农、林、牧、渔业人均总纯收入"指标，土地耕种养老水平＝总纯收入×30%，土地出租养老水平＝总纯收入×20%。

（3）有子女、无土地序列农民养老项目协调对接

对于第Ⅲ类农民，实行农村社会养老保险基础养老金、最低生活保障金和子女供养联动，以补偿土地收益的不足。具体见公式（6-3）：

$$B(t) = B_S + B_M + B_C \qquad (6-3)$$

其中，$B(t)$为农民基础养老水平，B_S为农村社会养老保险基础养老金，B_M为最低生活保障金，B_C为子女供养费。

根据公式（6-3）可以得出，2012年，基础养老金与最低生活保障金及子女养老金联合给付水平为304.0元/月；到2020年，基础养老金与最低生活保障金及子女养老金联合给付水平将达到512.1元/月（见表6-3）。通过基础养老金和最低生活保障金、子女养老金的联合给付，保障了土地养老缺失农民的生存公平权利，并且实现了有土地、无土地两序列农

民养老水平的一元化。对于第Ⅲ类农民，基础养老金与最低生活保障金、子女养老金的联合给付水平超过基础养老金的微观适度区间，在土地养老缺失的情况下，农民的基本养老需求同样得到满足。而联合给付养老水平与宏观适度下限有一定差距，未来仍有上调空间。

表6-3 初始阶段基础养老金、最低生活保障金与子女养老金联合给付水平

单位：元/月

年 份	基础养老金	最低生活保障金	子女养老金	基础养老金与最低生活保障金及子女养老金联合给付
2012	61.1	118.5	124.4	304.0
2013	67.8	122.0	133.6	323.4
2014	75.2	125.7	143.5	344.4
2015	83.5	129.4	154.3	367.2
2016	92.7	133.3	166.1	392.1
2017	102.9	137.3	178.8	419.0
2018	114.2	141.8	192.3	447.9
2019	126.7	145.7	206.6	479.0
2020	140.7	150.0	221.4	512.1

注：初始阶段（2012~2020年）基础养老金按CPI指数与农村人均纯收入增长率之和（11%）动态调整。

（4）有子女、有土地序列农民养老项目协调对接

于第Ⅳ类农民，实行农村社会养老保险基础养老金、子女供养和土地保障联动。具体见公式（6-4）：

$$B(t) = B_S + B_C + B_L \qquad (6-4)$$

其中，$B(t)$为农民基础养老水平，B_S为农村社会养老保险基础养老金，B_C为子女供养费，B_L为土地收益。

对于第Ⅳ类农民，2012年在土地自经营和土地出租两种情况下，基础养老金、土地养老和子女养老的联合给付水平分别为250.6元/月和228.9元/月，2020年联合给付水平上升到482.5元/月和442.4元/月（见表6-4）。两种情况下的养老保障水平均已超过微观适度区间，向宏观适度下限靠近。

表6-4 初始阶段基础养老金与子女养老金及土地保障联合给付水平

单位：元/月

年 份	基础养老金	子女养老金	土地耕种养老水平	土地出租养老水平	土地自经营下的联合给付水平	土地出租下的联合给付水平
2012	61.1	124.4	65.1	43.4	250.6	228.9
2013	67.8	133.6	70.3	46.8	271.7	248.2
2014	75.2	143.5	75.9	50.6	294.6	269.3
2015	83.5	154.3	82.0	54.6	319.8	292.4
2016	92.7	166.1	88.5	59.0	347.3	317.8
2017	102.9	178.8	95.6	63.7	377.3	345.4
2018	114.2	192.5	103.2	68.8	409.7	375.3
2019	126.7	206.6	111.5	74.3	444.8	407.6
2020	140.7	221.4	120.4	80.3	482.5	442.4

注：①初始阶段（2012~2020年）基础养老金按CPI指数与农村人均纯收入增长率之和（11%）动态调整；②全国土地养老保障水平采用"农、林、牧、渔业人均总纯收入"指标，土地耕种养老水平＝总纯收入×30%，土地出租养老水平＝总纯收入×20%。

农民有土地和无土地两序列的分化，使农民在老年期的收入存在一定差距，并影响其家庭子女供养的分化。从生存公平角度出发，最低生活保障制度为无土地农民提供了有效的补充保障；计生家庭特别扶助金制度（包括奖励扶助金制度）为无子女和独生子女家庭的老年人提供了有效的补充保障。在2012~2020年的初始阶段，各类型农民在获得农村社会养老保险基础养老金的基础上，以土地养老（低保）、子女养老（独生子女特扶金）来获得补充保障，因此不同类型农民的养老保障水平能够实现收敛并达到基础养老金的微观适度区间，向宏观适度水平发展。

2. 过渡阶段的农村养老保险体系内部协调对接

（1）无子女、无土地序列农民养老项目协调对接

对于第Ⅰ类农民，实行农村社会养老保险基础养老金、最低生活保障金和计生家庭特别扶助金联动，以补偿子女家庭供养和土地收益的不足。过渡阶段农村社会养老保险基础养老金的发放主要参照农村CPI和农村人均纯收入增长率进行动态调整，基础养老金水平逐渐发展到微观

适度养老金区间，联合给付水平逐年提升。根据表6-5，2021年第Ⅰ类农民养老保障联合给付水平为586.6元/月；到2030年增加到989.0元/月。对于第Ⅰ类农民，基础养老金、最低生活保障金和计生家庭特别扶助金的联合给付使其养老保障水平超过微观适度上限，并且逐渐向宏观适度下限收敛。

表6-5 过渡阶段基础养老金、最低生活保障金与计生家庭特别扶助金联合给付水平

单位：元/月

年 份	基础养老金	最低生活保障金	计生家庭特别扶助金	基础养老金与最低生活保障金及计生家庭特别扶助金联合给付
2021	153.4	198.0	235.2	586.6
2022	167.2	204.0	235.2	606.4
2023	182.2	210.1	235.2	627.5
2024	198.6	216.4	235.2	650.2
2025	216.5	222.9	305.8	745.2
2026	236.0	229.6	305.8	771.4
2027	257.2	236.4	305.8	799.4
2028	280.3	243.5	305.8	829.6
2029	305.6	250.8	305.8	862.2
2030	333.1	258.4	397.5	989.0

注：基础养老金动在过渡阶段（2021~2030年）按CPI指数与农村人均纯收入增长率之和（9%）动态调整。

（2）无子女、有土地序列农民养老项目协调对接

对于第Ⅱ类农民，实行农村社会养老保险基础养老金、计生家庭特别扶助金和土地保障联合给付，以补偿子女家庭供养的不足。有土地的农民在其进入退休年龄之后，既可享受社会养老保障，又可通过出租或转让土地经营权来获取土地收益与子女供养保障。根据表6-6，2021年，在土地自经营下的联合给付水平为516.2元/月，土地出租下的联合给付水平为473.7元/月；2030年，在土地自经营下的联合给付水平为946.2元/月，土地出租下的联合给付水平为874.4元/月。子女养老通过家庭内部收入转移的方式满足老年居民的养老需求。一旦子女养老缺

失，独生子女家庭养老将面临难以为继的困境。通过计生家庭特别扶助金的制度补偿，实现了有子女和无子女农民养老水平的一元化。通过与基础养老金、土地养老的联合给付，养老保障水平超过微观适度水平，农民的养老需求得以满足。

表6-6　过渡阶段基础养老金、计生家庭特别扶助金与土地保障联合给付水平

单位：元/月

年　份	基础养老金	计生家庭特别扶助金	土地耕种养老水平	土地出租养老水平	土地自经营下的联合给付水平	土地出租下的联合给付水平
2021	153.4	235.2	127.6	85.1	516.2	473.7
2022	167.2	235.2	135.3	90.2	537.7	492.6
2023	182.2	235.2	143.4	95.6	560.8	513.0
2024	198.6	235.2	152.0	101.4	585.8	535.2
2025	216.5	305.8	161.1	107.4	683.4	629.7
2026	236.0	305.8	170.8	113.9	712.6	655.7
2027	257.2	305.8	181.1	120.7	744.1	683.7
2028	280.3	305.8	191.9	128.0	778.0	714.1
2029	305.6	305.8	203.4	135.6	814.8	747.0
2030	333.1	397.5	215.6	143.8	946.2	874.4

注：①过渡阶段（2021~2030年）基础养老金按CPI指数与农村人均纯收入增长率之和（9%）动态调整；②全国土地养老保障水平采用"农、林、牧、渔业人均总纯收入"指标，土地耕种养老水平＝总纯收入×30%，土地出租养老水平＝总纯收入×20%。

（3）有子女、无土地序列农民养老项目协调对接

对第Ⅲ类农民实行农村社会养老保险基础养老金、最低生活保证金和子女供养联合给付的养老保障模式。根据表6-7，2021年基础养老金与最低生活保障金及子女养老金联合给付水平为585.5元/月；到2030年，基础养老金与最低生活保障金及子女养老金联合给付水平将达到946.1元/月。过渡期农村社会养老保险基础养老金调整与最低生活保障金、子女养老金联合给付水平仍处于微观适度养老金区间之上，低于宏观适度养老金下限。

（4）有子女、有土地序列农民养老项目协调对接

对于第Ⅳ类农民，实行农村社会养老保险基础养老金、子女供养和土

表6-7 过渡阶段基础养老金、最低生活保障金与子女养老金联合给付水平

单位：元/月

年 份	基础养老金	最低生活保障金	子女养老金	基础养老金与最低生活保障金及子女养老金联合给付
2021	153.4	198.0	234.1	585.5
2022	167.2	204.0	247.2	618.4
2023	182.2	210.1	260.5	652.8
2024	198.6	216.4	273.9	688.9
2025	216.5	222.9	286.9	726.3
2026	236.0	229.6	300.4	766.0
2027	257.2	236.4	313.5	807.1
2028	280.3	243.5	326.4	850.2
2029	305.6	250.8	339.9	896.3
2030	333.1	258.4	354.6	946.1

注：过渡阶段（2021~2030年）基础养老金按CPI指数与农村人均纯收入增长率之和（9%）动态调整。

地保障联动来保障其老年生活。根据表6-8，2021年土地自经营下的联合给付水平为515.1元/月，2030年联合给付水平将达到903.3元/月。过渡阶段末农村社会养老保险基础养老金水平达到微观适度下限，通过与土地养老和子女养老的联合给付，总体养老保障水平超过微观适度上限，并且向宏观适度下限发展。

表6-8 过渡阶段基础养老金与子女养老金及土地保障联合给付水平

单位：元/月

年 份	基础养老金	子女养老金	土地耕种养老水平	土地出租养老水平	土地自经营下的联合给付水平	土地出租下的联合给付水平
2021	153.4	234.1	127.6	85.1	515.1	472.6
2022	167.2	247.2	135.3	90.2	549.7	504.6
2023	182.2	260.5	143.4	95.6	586.1	538.3
2024	198.6	273.9	152.0	101.4	624.5	573.9
2025	216.5	286.9	161.1	107.4	664.5	610.8
2026	236.0	300.4	170.8	113.9	707.2	650.3

续表

年 份	基础养老金	子女养老金	土地耕种养老水平	土地出租养老水平	土地自经营下的联合给付水平	土地出租下的联合给付水平
2027	257.2	313.5	181.1	120.7	751.8	691.4
2028	280.3	326.4	191.9	128.0	798.6	734.7
2029	305.6	339.9	203.4	135.6	848.9	781.1
2030	333.1	354.6	215.6	143.8	903.3	831.5

注：①过渡阶段（2021~2030年）基础养老金按CPI指数与农村人均纯收入增长率之和（9%）动态调整；②全国土地养老保障水平采用"农、林、牧、渔业人均总纯收入"指标，土地耕种养老水平=总纯收入×30%，土地出租养老水平=总纯收入×20%。

在2021~2030年的过渡阶段内，最低生活保障制度为无土地的农民提供了有效补充保障；计生家庭特别扶助金制度（包括奖励扶助金制度）为无子女和独生子女家庭的老年人提供了有效的补充保障。各类型农民在获得"农村社会养老保险"基础养老金的前提下，以土地养老（低保）、子女养老（独生子女特别扶助金）来获得养老保障补充，因此不同类型农民的养老保障水平实现收敛并进入适度养老金区间。

3. 目标阶段的农村养老保险体系内部协调对接

（1）无子女、无土地序列农民养老项目协调对接

对于第Ⅰ类农民，以最低生活保障金和计生家庭特别扶助金补偿土地养老和子女养老的缺失，实行农村社会养老保险基础养老金、最低生活保障金与计生家庭特别扶助金联动给付。根据表6-9，在目标阶段（2031~

表6-9 目标阶段基础养老金、最低生活保障金与计生家庭特别扶助金联合给付水平

单位：元/月

年 份	基础养老金	最低生活保障金	计生家庭特别扶助金	基础养老金与最低生活保障金及计生家庭特别扶助金联合给付
2031	361.7	319.3	397.5	1078.5
2035	503.1	359.4	397.5	1260.0
2040	760.0	416.7	524.7	1701.4
2045	1148.1	483.0	524.7	2155.8
2050	1734.3	560.0	692.7	2987.0

注：目标阶段（2031~2050年）基础养老金按CPI指数与农村人均纯收入增长率乘以调整系数之和（8.6%）动态调整。

2050年），基础养老金采取参照农村CPI和农村人均纯收入增长率之和并乘以调整系数的方式逐年上调。2031年，第Ⅰ类农民养老保障联合给付水平为1078.5元/月；到2050年增加到2987.0元/月。农村社会养老保险基础养老金在与最低生活保障金和计生家庭特别扶助金联动之后，联合给付水平2040年进入宏观适度养老金区间，并于2050年达到宏观适度养老金上限。

（2）无子女、有土地序列农民养老项目协调对接

对于第Ⅱ类农民，实行农村社会养老保险基础养老金、计生家庭特别扶助金和土地保障联动。根据表6-10，2031年，在土地自经营下的联合给付水平为983.5元/月，土地出租下的联合给付水平为908.7元/月；2050年，在土地自经营下的联合给付水平为2899.5元/月，土地出租下的联合给付水平为2742.0元/月。土地自经营下的联合给付水平和土地出租下的联合给付水平的变动趋势相同，土地自经营下的联合给付水平在2037年进入宏观适度区间，并于2045年超过宏观适度上限，联合给付养老水平已经达到目标水平。

表6-10　目标阶段基础养老金、计生家庭特别扶助金与土地保障联合给付水平

单位：元/月

年 份	基础养老金	计生家庭特别扶助金	土地耕种养老水平	土地出租养老水平	土地自经营下的联合给付水平	土地出租下的联合给付水平
2031	361.7	397.5	224.3	149.5	983.5	908.7
2035	503.1	397.5	262.4	174.9	1163.0	1075.5
2040	760.0	524.7	319.2	212.8	1603.9	1497.5
2045	1148.1	524.7	388.4	258.9	2061.2	1931.7
2050	1734.3	692.7	472.5	315.0	2899.5	2742.0

注：①目标阶段（2031~2050年）基础养老金按CPI指数与农村人均纯收入增长率乘以调整系数之和（8.6%）动态调整；②全国土地养老保障水平采用"农、林、牧、渔业人均总纯收入"指标，土地耕种养老水平＝总纯收入×30%，土地出租养老水平＝总收入×20%。

（3）有子女、无土地序列农民养老项目协调对接

对于第Ⅲ类农民，实行农村社会养老保险基础养老金、最低生活保障金和子女供养联动，以补偿土地收益的不足。根据表6-11，2031年，基础养老金与最低生活保障金及子女养老金联合给付水平为1045.1元/月，

到 2050 年，将达到 2954.8 元/月。在现有制度安排下，类型Ⅲ农民的养老保障水平未来将超过适度区间，可以采用转变最低生活保障制度的养老功能等方式来使养老保障水平处于适度区间之内。

表 6-11　目标阶段基础养老金、最低生活保障金与子女养老金联合给付水平

单位：元/月

年份	基础养老金	最低生活保障金	子女养老金	基础养老金与最低生活保障金及子女养老金联合给付
2031	361.7	319.3	364.1	1045.1
2035	503.1	359.4	408.9	1271.4
2040	760.0	416.7	491.3	1668.0
2045	1148.1	483.0	588.8	2219.9
2050	1734.3	560.0	660.5	2954.8

注：目标阶段（2031~2050 年）基础养老金按 CPI 指数与农村人均纯收入增长率乘以调整系数之和（8.6%）动态调整。

(4) 有子女、有土地序列农民养老项目协调对接

对于第Ⅳ类农民，实行农村社会养老保险基础养老金、子女供养和土地保障联动来保障其晚年生活。根据表 6-12，2031 年土地自经营下的联合给付水平达到 950.1 元/月，土地出租下的联合给付水平达到 875.3 元/月；

表 6-12　目标阶段基础养老金与子女养老金及土地保障联合给付水平

单位：元/月

年份	基础养老金	子女养老金	土地耕种养老水平	土地出租养老水平	土地自经营下的联合给付水平	土地出租下的联合给付水平
2031	361.7	364.1	224.3	149.5	950.1	875.3
2035	503.1	408.9	262.4	174.9	1174.4	1086.9
2040	760.0	491.3	319.2	212.8	1570.5	1464.1
2045	1148.1	588.8	388.4	258.9	2125.3	1995.8
2050	1734.3	660.5	472.5	315.0	2867.3	2709.8

注：①目标阶段（2031~2050 年）基础养老金按 CPI 指数与农村人均纯收入增长率乘以调整系数之和（8.6%）动态调整；②全国土地养老保障水平采用"农、林、牧、渔业人均总纯收入"指标，土地耕种养老水平＝总纯收入×30%，土地出租养老水平＝总纯收入×20%。

2050年土地自经营下的联合给付水平为2867.3元/月，土地出租下的联合给付水平为2709.8元/月。土地自经营下的联合给付水平在2039年达到宏观适度下限，在2043年超过宏观适度上限；土地出租下的联合给付水平在2041年达到宏观适度下限，在2046年超过宏观适度上限。通过联合给付能够满足第Ⅳ类农民的基本生活需求。

从生存公平角度出发，最低生活保障制度为农民家庭养老和土地养老保障的不足提供了补偿；计生家庭特别扶助金为农民子女养老的不足提供了补偿。农民养老补偿保障制度（最低生活保障制度和计生家庭特别扶助金制度等）对全国社会保障水平的影响与家庭养老的影响基本一致。对于有子女、有土地的农民，养老保障实施联动后的社会保障水平与无土地、有子女农民养老保障联动后的社会保障水平基本一致；对于有土地、无子女的农民，养老保障联动后的社会保障水平与无土地、无子女的农民养老保障联动后的社会保障水平基本一致。在养老保障水平超过适度养老金上限时，需引入差别化的部分兼得政策。在2046~2047年，以微观适度养老金上限为标准，对农村社会养老保险及其他养老保障补偿机制实施部分差别给付，以使不同类型农民的养老保障水平实现收敛并进入宏观适度养老金区间。

二 农村社会养老保险与城镇养老保险协调对接

为保障参保人在制度整合与统一过程中的社会保障权益不变，需要在社会保障发展阶段转变的过程中，有预见性地安排制度对接的长效机制，要逐步建立城乡养老保险制度的协调对接机制，这对社会保障制度的城乡统筹与可持续发展及建立城乡一体化的社会保障体系具有十分重要的现实意义。

（一）农村社会养老保险与城镇养老保险协调对接的目标模式

在中国建立覆盖城乡居民的社会保障体系过程中，农村社会养老保险与城镇养老保险制度的对接将大体经历三个阶段：定型阶段（2012~2020

年)、整合阶段(2021~2030年)和统一阶段(2031~2050年)。社会保障体系随着时间的推进不断发生变化,社会保障各项制度随着覆盖面的扩大和保障水平的趋近而逐渐融合、消解、合并,并朝着统一、定型、稳定化方向发展。

根据城乡社会养老保险的几种制度模式,农村社会养老保险与城镇养老保险体系的协调对接主要包括以下四种类型。

1. 农村社会养老保险与城镇企业职工养老保险的协调对接

这主要是指农村社会养老保险与城镇企业职工养老保险之间的双向对接:一是参加农村社会养老保险的农村居民到城镇务工时,其农村社会养老保险与城镇企业职工养老保险的对接;二是参加城镇企业职工养老保险的农民工或农村居民在返乡时,其城镇企业职工养老保险与农村社会养老保险的对接。

2. 农村社会养老保险与城镇居民养老保险的协调对接

这主要是指农村社会养老保险与城镇居民养老保险之间的双向对接,一是参加农村社会养老保险的农村居民到城镇务工时,其农村社会养老保险与城镇居民养老保险的对接;二是参加城镇居民养老保险的农民工或农村居民在返乡时,其城镇居民养老保险与农村社会养老保险的对接。

3. 农村社会养老保险与城镇灵活就业养老保险的协调对接

这类似于农村社会养老保险与城镇企业职工养老保险之间的双向对接,一是参加农村社会养老保险的农村居民到城镇灵活就业,其农村社会养老保险与城镇灵活就业养老保险的对接;二是参加城镇灵活就业养老保险的农民工或农村居民在返乡时,其城镇灵活就业养老保险与农村社会养老保险的对接。

4. 农村社会养老保险与机关事业单位养老保险的协调对接

这主要是指农村社会养老保险与机关事业单位养老保险的双向对接,一是参加农村社会养老保险的农村居民到城镇机关事业单位工作,其农村社会养老保险与城镇机关事业单位养老保险的对接;二是参加机关事业单位养老保险的人员到农村居住时,其机关事业单位养老保险与农村社会养老保险的对接。

(二) 城乡养老保险协调对接的基本方案

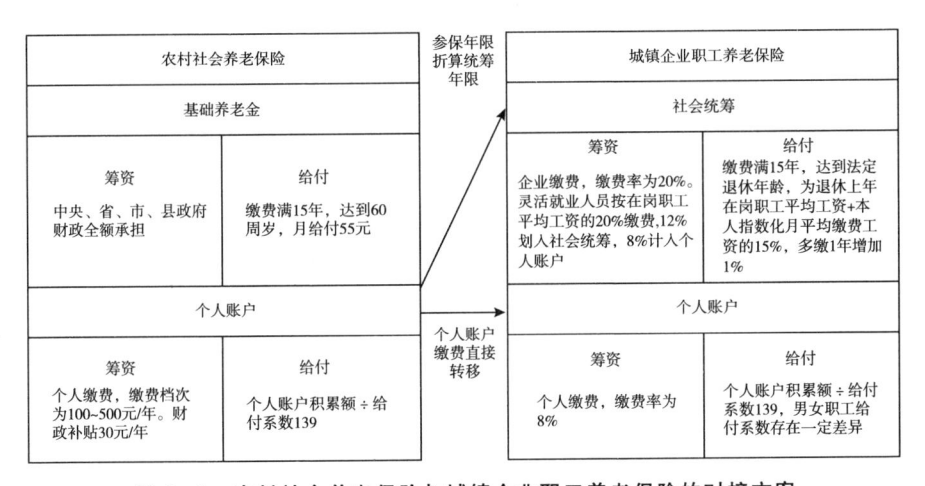

1. 农村社会养老保险与城镇企业职工养老保险的协调对接

根据农村社会养老保险与城镇企业职工养老保险的制度模式,两者在定型阶段(2012~2020年)协调对接与关系转移接续的具体方案如下。

(1) 农村社会养老保险向城镇企业职工养老保险对接

如果农村居民从农村转移到城镇,其原来参加的农村社会养老保险可以终止,并在城镇申请参加企业职工养老保险制度。此时,就需要农村社会养老保险与城镇企业职工养老保险制度的对接,并实现养老保险关系的转移接续(见图6-1)。

农村社会养老保险	参保年限折算统筹年限	城镇企业职工养老保险
基础养老金		**社会统筹**
筹资:中央、省、市、县政府财政全额承担		筹资:企业缴费,缴费率为20%。灵活就业人员按在岗职工平均工资的20%缴费,12%划入社会统筹,8%计入个人账户
给付:缴费满15年,达到60周岁,月给付55元		给付:缴费满15年,达到法定退休年龄,为退休上年在岗职工平均工资+本人指数化月平均缴费工资的15%,多缴1年增加1%
个人账户	个人账户缴费直接转移	**个人账户**
筹资:个人缴费,缴费档次为100~500元/年。财政补贴30元/年		筹资:个人缴费,缴费率为8%
给付:个人账户积累额÷给付系数139		给付:个人账户积累额÷给付系数139,男女职工给付系数存在一定差异

图6-1 农村社会养老保险与城镇企业职工养老保险的对接方案

农村社会养老保险与城镇企业职工养老保险协调对接的具体方案如下。

第一,个人账户直接转移。参保者的个人账户从农村社会养老保险直接转移到城镇企业职工养老保险,个人账户财政补贴部分要补齐并跟随转移。参保者根据城镇企业职工养老保险的模式重新向个人账户缴费。

第二,社会统筹"视同缴费年限"核算。农村社会养老保险的参保者若缴费满15年,达到60周岁即可享受政府财政负责的基础养老金(55元/月)。根据补偿原则,对已参加了一段时期农村社会养老保险的农民,为避免其因城乡迁移而造成的养老保险权利损失,在养老保险关系从农村社会养老保险转移到城镇企业职工养老保险时,可以将农村社会养老保险参保的缴费年限,按照某种标准折算为社会统筹"视同缴费年限",并计入以后参加城镇企业职工养老保险的社会统筹缴费年限。

第三,城镇企业职工养老保险享受资格及待遇。根据城镇企业职工养老保险政策进行,参保者缴费(视同"城镇职工养老保险"缴费)满15年以上,达到法定退休年龄时,基础养老金按转入地标准领取,个人账户按城镇养老保险计发办法享受。农民在农村参加农村社会养老保险,转移到城镇之后参加城镇职工养老保险,个人可自行选择趸缴或折算农村社会养老保险缴费年限。如果选择折算农村社会养老保险缴费年限,就要根据劳动公平的收入分配标准,体现劳动者权利和义务的统一。因此,需要确定一个城乡对接的折算系数 λ,表示如下:

$$\lambda = \frac{P(t)}{W_{t-1} \times 15\%} \quad (6-5)$$

其中,$P(t)$ 表示参加农村社会养老保险 t 年的基础养老金,W_{t-1} 表示上一年度城镇在岗职工平均工资,社会统筹部分替代率为15%。由于我国城镇职工养老保险最低缴费年限为15年,缴费每增加1年,替代率增长1%,那么其缴费年限越多,折算系数反而越小,因此替代率选取固定值15%,据此计算农村社会养老保险缴费年限折算系数较为合理。根据农村社会养老保险基础养老金和城镇社会统筹养老金的调整情况,在农村社会养老保险与城镇企业职工养老保险对接的过程中,将依据0.15的折算系数把农村社会养老保险的参保缴费年限折算成城镇企业职工养老保险的"视同缴费年限"。

(2)城镇企业职工养老保险与农村社会养老保险对接

在城乡养老保险体系中,应尽量避免城镇企业职工养老保险向农村社会养老保险转移的情况发生,尽可能引导参保者更多地由农村社会养老保险流向城镇企业职工养老保险,而不是"倒流回"农村社会养老保险。尽管两个制度都能满足养老保障全覆盖的目标,但毕竟农村社会养老保险待遇较低,并且也不符合城镇化进程的要求。因此,政策的导向应该是鼓励参加农村社会养老保险的人员转入城镇企业职工养老保险。基于这种考虑，当农民工返乡后，如果其在城镇参加企业职工基本养老保险且缴费年限已达到或超过 10 年的，建议不再转移到农村，而应通过补缴或缓缴等方式，鼓励其继续参加城镇企业职工养老保险并享受待遇。对年龄超过 50 周岁、在城镇企业缴费不足 10 年的，由本人自愿转入农村社会养老保险。对接方案参见图 6-2。

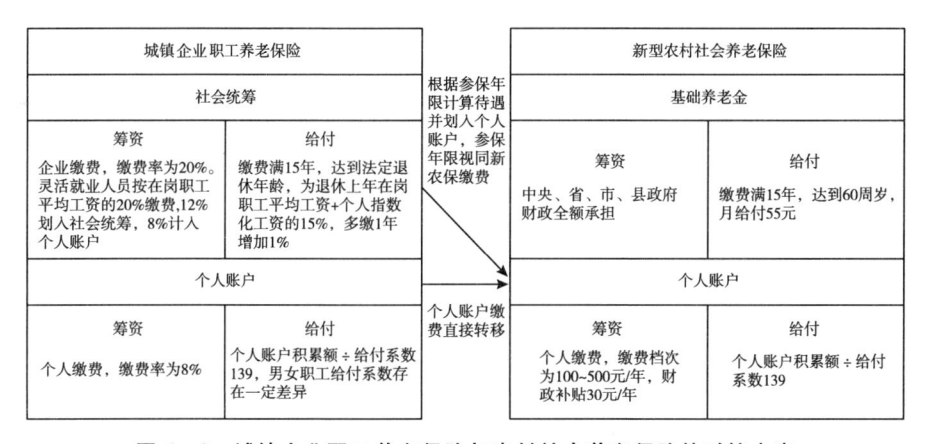

城镇企业职工养老保险		根据参保年限计算待遇并划入个人账户，参保年限视同新农保缴费	新型农村社会养老保险	
社会统筹			基础养老金	
筹资	给付		筹资	给付
企业缴费，缴费率为20%。灵活就业人员按在岗职工平均工资的20%缴费，12%划入社会统筹，8%计入个人账户	缴费满15年，达到法定退休年龄，为退休上年在岗职工平均工资+个人指数化工资的15%，多缴1年增加1%		中央、省、市、县政府财政全额承担	缴费满15年，达到60周岁，月给付55元
个人账户		个人账户缴费直接转移	个人账户	
筹资	给付		筹资	给付
个人缴费，缴费率为8%	个人账户积累额÷给付系数139，男女职工给付系数存在一定差异		个人缴费，缴费档次为100~500元/年，财政补贴30元/年	个人账户积累额÷给付系数139

图 6-2 城镇企业职工养老保险与农村社会养老保险的对接方案

城镇企业职工养老保险与农村社会养老保险的具体对接方案如下。

第一，个人账户直接转移。城镇企业职工的参保者将个人账户的积累额全部转移到农村社会养老保险的个人账户，并按照农村社会养老保险的政策继续向个人账户缴费。

第二，城镇企业职工养老保险社会统筹转移到农村社会养老保险个人账户。参保者在参加城镇企业养老保险时，企业为其缴纳社会统筹部分，这应该视为个人的养老保险权利。应按照权利原则根据一定标准，对社会统筹部分进行折算，并将其转移到农村社会养老保险的个人账户。

第三，参保缴费年限核算。城镇企业职工养老保险的参保年限，应计入农村社会养老保险的参保缴费年限，并作为领取待遇条件。

第四，享受资格及待遇。根据农村社会养老保险的相关政策进行，参保者缴费（视同农村社会养老保险缴费）满 15 年以上，达到 60 周岁时，基础养老金按转入地农村标准领取，个人账户按农村社会养老保险计发办法享受。

2. 农村社会养老保险与城镇居民养老保险的协调对接

全国个别地区的农村社会养老保险与城居保已经统称为"城乡居民养老保险"并按照统一的政策执行，但大多数地区还采用不同的制度模式。由于农村社会养老保险与城居保的制度模式相近，因此二者的对接就相对容易，如图6-3所示。

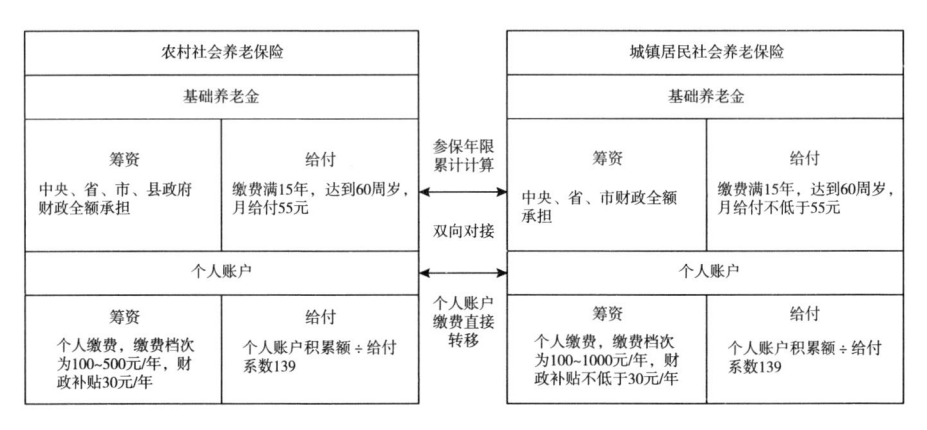

农村社会养老保险			城镇居民社会养老保险	
基础养老金			基础养老金	
筹资	给付	参保年限累计计算 双向对接	筹资	给付
中央、省、市、县政府财政全额承担	缴费满15年，达到60周岁，月给付55元		中央、省、市财政全额承担	缴费满15年，达到60周岁，月给付不低于55元
个人账户		个人账户缴费直接转移	个人账户	
筹资	给付		筹资	给付
个人缴费，缴费档次为100~500元/年，财政补贴30元/年	个人账户积累额÷给付系数139		个人缴费，缴费档次为100~1000元/年，财政补贴不低于30元/年	个人账户积累额÷给付系数139

图6-3 农村社会养老保险与城居保的双向对接方案

农村社会养老保险与城居保的双向对接方案具体如下。

（1）农村社会养老保险与城居保对接

农村居民参加农村社会养老保险以后到城镇参加城居保，其农村社会养老保险个人账户可直接转移，参保缴费年限累加计算，基础养老金无须转移；在城镇退休时，基础养老金按转入地标准享受，个人账户按城居保计发办法享受待遇。

（2）城居保与农村社会养老保险对接

城居保的参保者从城镇转移到农村参加农村社会养老保险时，其城居保个人账户可直接转移，参保缴费年限累加计算，基础养老金无须转移；在农村达到农村社会养老保险基础养老金领取资格时，基础养老金按转入地农村标准享受，个人账户按农村社会养老保险计发办法享受待遇。

在过渡阶段（2021~2030年），农村社会养老保险与城镇居民养老保险将整合为统一的制度,即城乡居民养老保险。在目标阶段(2031~2050年),职工基本养老保险和城乡居民养老保险的二元组合型养老保险体系将统一为国民基本养老保险。中长期城乡养老保险体系的协调对接,要依据城乡养老保险适度水平的下限与上限,确定农村社会养老保险基础养老金与土地养老、子女养老、低保、计生家庭奖励扶助金怎样进行联合给付才能进入适度区间。

3. 农村社会养老保险与城镇灵活就业人员养老保险的协调对接

城镇灵活就业人员养老保险包括在城镇企业养老保险制度中,只是在参保缴费模式上存在一些差异,一些省市将农民工和失地农民纳入了灵活就业人员养老保险模式,或者采用了与之相类似的养老保险模式。为此,我们专门对农村社会养老保险与城镇灵活就业人员养老保险的协调对接进行讨论。

农村社会养老保险与城镇灵活就业人员养老保险模式存在较大差异,具体方案如下。

(1) 农村社会养老保险与城镇灵活就业人员养老保险对接

农民从农村转移到城镇,其养老保险关系从农村社会养老保险向城镇灵活就业人员养老保险对接可按如下方法进行:一是个人账户从农村直接转移到城镇,个人账户财政补贴部分要补齐并跟随转移;二是基础养老金根据农村社会养老保险参保的缴费年限(视同"城镇职工养老保险"缴费)进行折算;三是参保者缴费(视同"城镇灵活就业人员养老保险"缴费)满15年以上,达到法定退休年龄时,基础养老金按转入地标准领取,个人账户按城镇企业职工养老保险计发办法享受。

(2) 城镇灵活就业人员养老保险与农村社会养老保险对接

城镇灵活就业养老保险的参保者从城镇转移到农村,其养老保险关系从城镇灵活就业养老保险转移到农村社会养老保险可按如下方案进行:缴费年限已到达或超过10年的,建议不再转移到农村,而应通过补缴或缓缴等方式,鼓励其继续参加城镇灵活就业养老保险,享受城镇企业职工养老保险待遇。年龄超过50周岁、参加城镇灵活就业养老保险不足10年的,由本人自愿转入农村社会养老保险。具体对接方案如下:一是城镇灵活就业养老保险的个人账户直接转移到农村社会养老保险，按照农村社会养老保险继续向个人账户缴费；二是城镇灵活就业养老保险个人向社会统筹的缴费，应按照权利原则根据缴费水平一次性结清，并转移至个人账户；三是将参加城镇灵活就业养老保险缴费年限视为参加农村社会养老保险缴费年限；四是农村社会养老保险享受资格和待遇按照转入地计发办法进行。

4. 农村社会养老保险与机关事业单位养老保险的协调对接

农村社会养老保险与城镇机关事业单位养老保险制度存在较大差异，农村社会养老保险与机关事业单位养老保险的协调对接现象将很少出现。如果要将农村社会养老保险直接与城镇机关事业单位养老保险对接，简单的办法就是终止农村社会养老保险的参保，并一次性结清个人账户待遇，参保者到城镇参加机关事业单位养老保险，按照其政策享受养老金待遇。如果未来改革机关事业单位的养老金制度，向企业职工养老保险的统账模式并轨，那么，参保者就按照农村社会养老保险与城镇企业职工养老保险协调对接及关系转移接续方法进行。中长期转移接续办法参照城镇职工与农村社会养老保险协调对接方案进行。

（三）农村社会养老保险与城镇养老保险协调对接的实证分析

1. 农村社会养老保险向城镇养老保险对接的实证分析

（1）农村社会养老保险向城镇企业职工养老保险对接

农民从农村转移到城镇，农村社会养老保险与城镇企业职工养老保险协调对接方案转移、接续后，根据表6-13，2012年，城镇企业职工社会统筹养老金与最低生活保障金、计生家庭特别扶助金联合给付水平为772.08元/月；到2030年增加到2091.03元/月。对农民实行城镇企业职工社会统筹养老金给付，在2012~2030年，均进入微观城镇养老金适度区间，与城镇低保或计生家庭特别扶助金进行联合给付后在2012年进入宏观城镇适度养老金区间，但在2013~2030年均低于宏观城镇养老金适度下限。

表6-13 城镇社会统筹养老金、最低生活保障金与计生家庭特扶金联合给付水平

单位：元/月

年 份	城镇上一年度在岗职工平均工资	城镇社会统筹养老金	城镇最低生活保障金	计生家庭特别扶助金	城镇社会统筹养老金与低保、计生家庭特别扶助金联合给付
2012	3483.25	522.49	114.59	135.00	772.08
2015	4148.61	622.29	144.35	135.00	901.64
2020	5551.77	832.77	212.09	235.20	1280.06
2025	6884.47	1032.67	304.49	305.80	1642.96
2030	8376.02	1256.40	437.13	397.50	2091.03

注：①城镇社会统筹养老金基于城镇职工平均工资及合意替代率计算得出；②城镇最低生活保障金参照《中国发展报告2008》及2011年上调贫困标准以前的年平均增长率，以2011年城镇低保月人均给付（106.1元/月）为基数，2012~2020年平均增长率为8%，2021~2030年平均增长率为7.5%。

（2）农村社会养老保险向城镇居民养老保险对接

农民由农村转移到城镇，参加城镇居民养老保险，假设农村社会养老保险与城居保的共同缴费年限达到15年，领取城镇居民养老保险待遇如表6-14所示。

表6-14 缴费满15年的城镇居民养老保险待遇

缴费档次（元）	政府补贴标准（元/年）	个人缴费总额（元）	政府补贴总额（元）	利息（元）	合计（元）	个人账户养老金（元）	基础养老金（元）	合计（元）
100	30	1500	450	558.44	2508.44	18.05	55	73.05
200	35	3000	525	1009.49	4534.49	32.62	55	87.62
300	40	4500	600	1460.53	6560.53	47.20	55	102.2
400	45	6000	675	1911.58	8586.58	61.77	55	116.77
500	50	7500	750	2362.62	10612.62	76.35	55	131.35
600	55	9000	825	2831.67	12656.67	91.06	55	145.93
700	60	10500	900	3264.72	14664.72	105.50	55	160.5
800	65	12000	975	3715.76	16690.76	120.08	55	175.08

续表

缴费档次（元）	个人账户总额					月养老金标准		
^	政府补贴标准（元/年）	个人缴费总额（元）	政府补贴总额（元）	利息（元）	合计（元）	个人账户养老金（元）	基础养老金（元）	合计（元）
900	70	13500	1050	4166.81	18716.81	134.65	55	189.65
1000	75	15000	1125	4617.86	20742.86	149.23	55	204.23

注：①本表利息计算以2011年7月1日国家一年定期利率3.5%计算，个人缴费及政府补贴同时计息，按年复利计算，若国家调整银行定期利率，以调整后的利率执行，利息会有所变动；②政府补贴标准以当前标准计算，若遇政策调整，按调整后的规定执行；③基础养老金以当前标准计算，若遇国家基础养老金政策调整，按调整后的规定执行；④个人账户养老金月计发标准为个人账户积累总额除以139；⑤个人账户总额合计=个人缴费总额+政府补贴总额+利息。

资料来源：http://wenku.baidu.com/view/735ab8c008a1284ac8504391.html。

(3) 农村社会养老保险向城镇灵活就业人员养老保险对接

根据表6-15，2012年，城镇灵活就业人员基础养老金与低保、计生家庭特别扶助金联合给付水平为946.24元/月；到2030年增加到2509.83元/月。2012~2030年，城镇灵活就业人员基础养老金给付水平进入微观城镇养老金适度区间，基础养老金与低保、计生家庭特别扶助金进行联合给付，均进入宏观城镇养老金适度区间。

表6-15 基础养老金、最低生活保障金与计生家庭特别扶助金联合给付水平

单位：元/月

年 份	城镇上一年度在岗职工平均工资	基础养老金	城镇最低生活保障金	计生家庭特别扶助金	基础养老金与低保、计生家庭特别扶助金联合给付
2012	3483.25	696.65	114.59	135.00	946.24
2015	4148.61	829.72	144.35	135.00	1109.07
2020	5551.77	1110.35	212.09	235.20	1557.64
2025	6884.47	1376.89	304.49	305.80	1987.18
2030	8376.02	1675.20	437.13	397.50	2509.83

注：①城镇社会统筹养老金基于城镇职工平均工资及合意替代率计算得出；②城镇最低生活保障金参照《中国发展报告2008》及2011年上调贫困标准以前的年平均增长率，以2011年城镇低保月人均给付（106.1元/月）为基数，2012~2020年平均增长率为8%，2021~2030年平均增长率为7.5%。

2. 城镇养老保险向农村社会养老保险对接的实证分析

农民从城镇转移到农村，实现城镇养老保险与农村社会养老保险协调对接方案转移、接续后，沿用农村社会养老保险内部对接机制。对于第Ⅰ类农民实行农村社会养老保险基础养老金、最低生活保障金和计生家庭特别扶助金联动，以补偿子女家庭供养和土地收益的不足。根据表 6-16，2012 年，第Ⅰ类农民养老保障联合给付水平为 314.55 元/月；到 2030 年增加到 988.93 元/月。对于第Ⅰ类农民，实行农村社会养老保险基础养老金与最低生活保障金和计生家庭特别扶助金联合给付之后，联合给付水平超过微观适度养老金上限，在微观上限与宏观下限之间波动发展。

表 6-16　基础养老金、最低生活保障金与计生家庭特别扶助金联合给付水平

单位：元/月

年　份	基础养老金	最低生活保障金	计生家庭特别扶助金	基础养老金与最低生活保障金及计生家庭特别扶助金联合给付
2012	61.05	118.50	135.00	314.55
2015	83.49	129.40	135.00	347.89
2020	140.69	150.00	235.20	525.89
2025	216.47	222.87	305.80	745.14
2030	333.07	258.36	397.50	988.93

资料来源：①城镇社会统筹养老金基于城镇职工平均工资及合意替代率计算得出；②城镇最低生活保障金参照《中国发展报告 2008》及 2011 年上调贫困标准以前的年平均增长率，以 2011 年城镇低保月人均给付（106.1 元/月）为基数，2012~2020 年平均增长率为 8%，2021~2030 年平均增长率为 7.5%。

对于第Ⅱ类农民，实行农村社会养老保险基础养老金、计生家庭特别扶助金和土地保障联动，以补偿子女供养的不足。根据表 6-17，2012 年，第Ⅱ类农民土地自经营下的联合给付水平为 261.11 元/月，到 2030 年增加到 946.21 元/月；2012 年农民土地出租下的联合给付水平为 239.42 元/月，2030 年达到 874.33 元/月。实行农村社会养老保险基础养老金与土地养老、计生家庭特别扶助金联合给付后，土地自经营下的联合给付水平和土地出租下的联合给付水平均进入微观适度养老金区间，但低于宏观适度养老金下限。

表6-17 基础养老金、计生家庭特别扶助金与土地保障联合给付水平

单位：元/月

年 份	基础养老金	计生家庭特别扶助金	土地耕种养老水平	土地出租养老水平	土地自经营下的联合给付水平	土地出租下的联合给付水平
2012	61.05	135.00	65.06	43.37	261.11	239.42
2015	83.49	135.00	81.95	54.63	300.44	273.12
2020	140.69	235.20	120.41	80.28	496.30	456.17
2025	216.47	305.80	161.14	107.43	683.41	629.70
2030	333.07	397.50	215.64	143.76	946.21	874.33

资料来源：由统计及调查数据计算而得。

对于第Ⅲ类农民，实行农村社会养老保险基础养老金、最低生活保障金和子女供养联动，以补偿土地收益的不足。根据表6-18，2012年，基础养老金与最低生活保障金及子女养老金联合给付水平为303.90元/月；到2030年将达到946.00元/月。农村社会养老保险基础养老金调整与最低生活保障金、子女养老金联合给付水平分为两个发展阶段：2012～2020年联合给付水平虽超过微观适度区间，但逐渐向微观上限回落；2021～2030年联合给付水平逐渐向宏观适度下限收敛。

对于第Ⅳ类农民，实行农村社会养老保险基础养老金、子女供养和土地保障联动来保障其晚年生活。根据表6-19，土地养老和子女养老仍为农村社会养老补充机制的主要形式。在有子女和有土地的第Ⅳ类农民中，

表6-18 基础养老金、最低生活保障金与子女养老金联合给付水平

单位：元/月

年 份	基础养老金	最低生活保障金	子女养老金	基础养老金与最低生活保障金及子女养老金联合给付
2012	61.05	118.50	124.35	303.90
2015	83.49	129.40	154.32	367.21
2020	140.69	150.00	221.39	512.08
2025	216.47	222.87	286.93	726.27
2030	333.07	258.36	354.57	946.00

资料来源：由统计及调查数据计算而得。

土地养老与子女养老的养老保障功能对其收入结构和收入水平产生一定影响。在农村社会养老保险基础养老金水平与土地养老、子女养老联合给付的情况下,土地自经营养老水平超过基础养老金微观适度区间,并逐渐靠近宏观适度下限,土地出租下的养老水平在2018年前后超过微观适度上限,并向宏观适度下限靠拢。

表6-19 基础养老金与子女养老金及土地保障联合给付水平

单位:元/月

年 份	基础养老金	子女养老金	土地耕种养老水平	土地出租养老水平	土地自经营下的联合给付水平	土地出租下的联合给付水平
2012	61.05	124.35	65.06	43.37	250.46	228.77
2015	83.49	154.32	81.95	54.63	319.76	292.44
2020	140.69	221.39	120.41	80.28	482.49	442.36
2025	216.47	286.93	161.14	107.43	664.54	610.83
2030	333.07	354.57	215.64	143.76	903.28	831.40

资料来源:由统计及调查数据计算而得。

三 城乡养老保险未来的统筹对接

2012年11月人力资源和社会保障部为了解决现阶段城乡养老保险制度的衔接问题,出台了《城乡养老保险制度衔接暂行办法(征求意见稿)》,规定城镇职工养老保险、城镇居民养老保险、农村社会养老保险三大制度之间可实现有条件的转换。但是由于目前不同养老保险各自的缴费标准、资金构成和待遇水平差别较大,转出地和接收地的经济发达程度、资金支付压力又很不平衡,不同制度的养老金待遇恐怕较难实现公平转换。[1] 解决城乡养老保险分割、待遇享受不公平、关系转移接续难等一系列问题的根本措施,在于适时推动城乡养老保险制度的整合,最终实现城乡养老保险制度全国统筹一体化的目标。

---

[1] 《社保对接是打破城乡二元结构的关键一步》,《北京日报》2012年11月30日。

（一）城乡养老保险未来统筹对接的目标定位

1. 城乡养老保险全国统筹一元化对接思路

实现养老保险全国统筹一元化发展需要将城镇和农村养老保险制度纳入统一框架进行布局和谋划。从城乡养老保险制度模式看，制约我国城乡养老保险全国统筹对接的最大障碍在于社会统筹账户。现行农村社会养老保险社会统筹账户模式是建立在财政补偿农民劳动福利差机制基础上的，由国家财政参考农民养老需求和农业劳动福利差的数量为农民提供免费的基础养老金。城镇职工养老保险的社会统筹账户资金由企业缴费负担，对于参加城镇职工养老保险的个体工商户、灵活就业人员，其社会统筹资金由个人缴费负担。面对城乡养老保险社会统筹账户分割发展的现实，未来城乡养老保险社会统筹账户全国统筹模式可走以下路径：①农村养老保险社会统筹账户筹资主体模式向城镇基本养老保险社会统筹账户靠近，由政府财政全额补贴农村基础养老金向政府、集体与个人共同负担转变；②城镇养老保险社会统筹账户全国统筹模式向农村养老保险基础养老金二账户模式靠近，将社会统筹账户资金的一部分（如替代率的10%~15%）拿到中央账户全国统筹发放，其余社会统筹账户资金留存地方账户省级统筹发放。

上述未来城乡养老保险社会统筹账户全国统筹路径设计主要有以下两个依据。第一，未来农村养老保险社会统筹账户筹资主体变化的合理性。现行农村养老保险社会统筹账户筹资由政府财政全额负担，其依据是由国家财政对计划经济体制和二元经济发展中农民的劳动福利亏欠进行养老补偿。随着二元经济的收敛以及对农民养老补偿的完成，农村养老保险社会统筹账户财政全额补贴的普惠性质将发生改变，与城镇个体、灵活就业人员相类似，农民在劳动福利差缩减和养老补偿结束阶段，也应承担一部分社会统筹账户的筹资责任。二元农业劳动福利差将在2035年前后开始下降，这意味着2035年之后中国进入二元经济收敛区间，应当适时推动农村养老保险社会统筹账户筹资主体模式由政府财政全额负担向政府财政补贴、集体补助与农民个人缴费共同分担转变。

第二，农村养老保险社会统筹账户筹资二账户模式的合理性。现行农村社会养老保险社会统筹账户筹资规定为，"政府对符合领取条件的参保人全额支付新农保基础养老金，其中中央财政对中西部地区按中央确定的基础养老金标准给予全额补助，对东部地区给予50%的补助。地方财政对东部地区基础养老金的50%给予补贴"。农村养老保险基础养老金现行的由中央和地方财政分担的两种筹资主体结构，可以划分为基础养老金的中央统筹账户和地方统筹账户的二账户筹资模式。其中，中央统筹账户为基础养老金第一账户，将基础养老金筹资的3/4拿到中央统筹一元化发放；地方统筹账户为基础养老金第二账户，将基础养老金筹资的1/4留存地方结合自身情况统筹发放。现行农村社会养老保险社会统筹账户的二账户模式既增强了中央统筹账户的互助互济收入再分配功能，又突出了地方统筹账户的差异化养老保障诉求。未来城乡养老保险全国统筹对接可在现行农村养老保险社会统筹二账户模式的基础上完善发展。

2. 城乡养老保险全国统筹一元化对接模式

现阶段确立的城乡养老保险社会统筹差异化模式引发了人们对未来城乡养老保险一元化对接模式的讨论。① 目前农村地区实行的由国家财政全额负担的55元/月的标准社会统筹养老金，实质上是福利性质的，它可以视为对农村老年人的补偿，而不能视为长期支付的制度安排。② 具体而言，更应引起关注的问题是，当二元福利差消减时，对农民进行养老补偿结束之后，农村保持普惠的社会统筹养老金模式将不再具有理论上的合理性，那么，未来农村社会养老保险制度向何处发展将关系到城乡养老统筹对接的方向。未来农村社会养老保险制度可以继续坚持社会统筹与个人账户相结合的制度模式，但社会统筹账户筹资主体将由现行国家财政一方全额补贴向国家、地方、个人三方分担转变。

城乡养老保险实行全国统筹一元化对接的模式是：①将养老保险社会

---

① 穆怀中、沈毅：《中国农民养老生命周期补偿理论及补偿水平研究》，《中国人口科学》2012年第2期。
② 郑功成：《关于全面深化养老保险制度改革的理性思考》，《中国劳动保障报》2012年7月17日。

统筹账户分为中央统筹与地方统筹二账户，其中，中央统筹账户为社会统筹第一账户，实行全国统筹一元化筹资与发放管理，地方统筹账户为社会统筹第二账户，实行省级统筹允许适度差异化筹资与发放管理；②农村社会养老保险社会统筹账户筹资与发放替代率从现行8%的水平起步，逐步提高到2050年的25%左右，其中农村养老保险中央统筹账户筹资与发放替代率从现行6%的水平起步，逐步提高到2050年的10%左右，地方统筹账户筹资与发放替代率从现行2%的水平起步，逐步提高到2050年的15%左右，同时考虑到二元农业劳动福利差将在2035年前后开始缩减，农村养老保险社会统筹完全由财政补贴的模式可以渐进性改变，允许农民依据承受能力向地方统筹账户缴费，适度减轻财政负担；③城镇基本养老保险社会统筹中央账户筹资由省级统筹资金上解10%~15%的替代率资金组成，按照统一计发办法在全国范围发放，省级统筹上解中央账户后剩余的15%~10%的替代率资金按照全省统一计发办法在全省范围发放。

（二）城乡养老保险全国统筹一元化对接的制度设计

城乡养老保险全国统筹一元化对接涉及城乡养老保险制度的相互整合与未来社会统筹账户筹资与给付模式的优化。根据表6-20，现行城镇基本养老保险与农村社会养老保险社会统筹账户筹资与给付差异较大，城镇社会统筹账户筹资分为城镇职工和个体灵活就业人员两类，城镇职工的社会统筹由企业缴纳20%的费率（个人不缴费），个体灵活就业人员的社会统筹由个人缴纳12%的费率；农村社会养老保险社会统筹账户筹资完全由国家财政负担，无须个人缴费。目前国家规定企业职工基本养老保险实行省级统筹[①]，按照社会统筹目标替代率30%发放社会统筹养老金；农村社会养老保险由中央确定的财政全额补贴每人每月55元基础养老金实行县级统筹，约合实际替代率8%。但农村基础养老金筹资在全国范围按照东中西地理分布补贴，划分为中央账户和地方账户，其中中央账户负担中西部

---

① 根据国家审计署2012年第34号公告《全国社会保障资金审计结果》，国家规定企业职工基本养老保险实行省级统筹，但截至2011年底，全国有17个省尚未完全达到省级统筹的"六统一"标准。

地区基础养老金和东部50%的基础养老金,地方账户负担东部50%的基础养老金,以总和替代率8%核算,相当于中央账户中央财政筹资替代率6%,地方账户地方财政筹资替代率2%,这意味着在农村现行社会统筹筹资模式中已经具有中央统筹与地方统筹的二账户模式特征。

表6-20 城乡养老保险全国统筹一元化对接前后比较

类别	社会统筹账户现行模式		全国统筹一元化对接模式	
	城镇	农村	城镇	农村
缴费率	城镇职工:企业缴纳社会统筹费率20%;个体、灵活就业者:个人缴纳社会统筹费率12%	无须缴费	城镇职工:企业缴纳社会统筹费率15%;个体、灵活就业者费率保持现行12%不变或者逐步过渡到15%	农民从2035年开始按5%的费率向地方账户缴费,费率逐步与个体、灵活就业者对接
替代率	替代率30%	替代率8%,中央账户6%,地方账户2%	替代率30%,中央账户10%~15%,地方账户15%~10%	替代率25%,中央账户10%,地方账户15%
统筹层次	省级统筹发放	二账户:中央账户全国统筹,地方账户县级统筹	二账户:中央账户全国统筹,地方账户省级统筹	二账户:中央账户全国统筹,地方账户省级统筹

按照全国统筹一元化对接路径与模式的要求,全国统筹一元化对接需要对城乡养老保险制度缴费率、替代率、统筹层次等相关参数进行优化设计。根据表6-20,在全国统筹一元化对接模式中,城镇职工的社会统筹费率将从20%降至15%,达到国际平均税率标准,个体、灵活就业者的社会统筹费率保持现行的12%不变或者视情况逐步过渡到15%;农民在二元农业劳动福利差缩减阶段(2035年以后)探索以5%的费率起步向社会统筹地方账户缴费,费率可视情况逐步与个体、灵活就业者对接。城镇基本养老保险替代率保持30%不变,按中央与地方账户进行资金上解或分配,中央账户发放替代率10%~15%的社会统筹养老金,地方账户发放替代率15%~10%的社会统筹养老金;农村社会养老保险基础养老金替代率从现

行的8%逐步上升到25%，其中中央账户资金约合替代率10%，地方账户资金约合替代率15%。在全国统筹一元化对接条件下，城镇基本养老保险和农村社会养老保险的社会统筹账户均实行二账户模式，中央账户实行全国统筹统一标准发放，地方账户根据各省经济、人口等情况适度差异化发放基础养老金。

（三）城乡养老保险全国统筹一元化对接的收支测算及分析

城乡养老保险全国统筹一元化对接涉及城乡社会养老保险制度缴费率、替代率等关键参数的调整，这些参数的变化将对社会统筹账户的收支状况产生影响。根据城乡养老保险全国统筹一元化对接制度设计，模拟城镇基本养老保险和农村社会养老保险社会统筹收支状况，对于指导和完善城乡养老保险全国统筹一元化的实践具有十分重要的意义。

1. 城镇基本养老保险社会统筹收支测算及分析

按照表6-20的全国统筹一元化对接模式，城镇基本养老保险社会统筹账户按照30%的替代率筹集资金，在城镇制度赡养比可预测的条件下，现收现付资金平衡所需社会统筹缴费率随着制度赡养比的变化而变化，将从2012年的7.23%上升到2050年的24.6%。假设自2012年起调整城镇职工的企业社会统筹费率至15%的水平并保持不变，在2028年之前15%的缴费率超过了资金平衡所需缴费率，社会统筹资金收支存在盈余，在2028年之后开始出现收支缺口，但是缺口并不会无限扩大，在2050年城镇制度赡养比上升阶段缺口将逐步缩小（见表6-21）。社会统筹资金收支缺口应主要由国家财政予以补贴，以体现财政兜底功能，同时还可通过调整城镇基本养老保险相关参数以缩小社会统筹收支缺口，如延迟社会统筹养老金领取年龄或提高缴费率等。

目前，城镇基本养老保险针对个体、灵活就业者的社会统筹费率为12%，假设2012~2049年保持这一费率不变，2050年之后调整为城镇职工企业社会统筹费率15%的水平，那么个体、灵活就业者缴纳的费率与资金平衡所需费率之间造成的收支缺口约在2025年出现。由于2050年以后个体、灵活就业者的缴费率与城镇职工社会统筹企业缴费率相同，个体、

表 6-21　城镇基本养老保险社会统筹收支状况

单位：%

年　份	城镇制度赡养比	城镇职工基础养老金替代率	收支平衡下城镇职工缴费率	城镇职工实际缴费率	个体、灵活就业者实际缴费率	城镇职工社会统筹缴费盈余	灵活就业者社会统筹缴费盈余
2012	24.09	30	7.23	15	12	7.77	4.77
2015	26.59	30	7.98	15	12	7.02	4.02
2020	32.55	30	9.77	15	12	5.24	2.24
2025	41.98	30	12.59	15	12	2.41	-0.59
2030	52.72	30	15.82	15	12	-0.82	-3.82
2035	60.22	30	18.07	15	12	-3.07	-6.07
2040	65.51	30	19.65	15	12	-4.65	-7.65
2045	73.84	30	22.15	15	12	-7.15	-10.15
2050	82.00	30	24.60	15	15	-9.60	-9.60

注：①人口数据根据"六普"资料采用 PEOPLE 软件预测而得；②制度赡养比＝退休人口/缴费人口；③缴费税率＝制度赡养比×替代率。

灵活就业者社会统筹缴费收支与城镇职工社会统筹企业缴费收支趋势保持一致（见表 6-21）。

2. 农村社会养老保险社会统筹收支测算及分析

按照表 6-20 的全国统筹一元化对接模式，农村社会养老保险社会统筹账户替代率从现行 7.77% 的水平起步，逐步提高到 2050 年的 25% 左右，在农村制度赡养比可预测的情况下，现收现付资金平衡所需社会统筹账户农民缴费率将随着制度赡养比的变化而变化，从 2012 年的 1.96% 上升到 2050 年的 21.38%（见表 6-22），之后将下降到 2100 年的 13.18%。实际上，由于存在历史积累的对农民亏欠的二元农业劳动福利差，需要在"工业反哺农业，城市支持农村"阶段对逐步进入退休年龄的农民进行福利差养老补偿。在补偿阶段国家财政对农民社会统筹账户是予以全额补贴的，从 2009 年建立农村社会养老保险试点开始，农民享受的基础养老金无须个人缴费。这意味着在二元农业劳动福利差补偿阶段，社会统筹账户收支平衡下所需农民缴费率是由政府财政帮助农民负担的。

表 6-22 农村社会养老保险社会统筹收支状况

单位：%

年 份	农村制度赡养比	农民基础养老金替代率	收支平衡下的农民缴费率	农民实际缴费率	财政补贴缴费率	中央账户财政补贴缴费率	地方账户财政补贴缴费率	农村养老保险中央账户替代率	农村养老保险地方账户替代率
2012	25.24	7.77	1.96	0	1.96	1.51	0.45	6	1.77
2015	28.85	8.41	2.43	0	2.43	1.73	0.70	6	2.41
2020	33.42	9.35	3.12	0	3.12	2.34	0.78	7	2.35
2025	41.21	10.76	4.43	0	4.43	2.88	1.55	7	3.76
2030	54.60	11.86	6.48	0	6.48	4.37	2.11	8	3.86
2035	65.40	13.81	9.03	5	4.03	5.23	-1.20	8	5.81
2040	68.64	16.34	11.22	5	6.22	5.49	0.72	8	8.34
2045	71.49	20.20	14.44	5	9.44	6.43	3.01	9	11.20
2050	85.79	24.92	21.38	5	16.38	8.58	7.80	10	14.92

注：①人口数据根据"六普"资料采用 PEOPLE 软件预测而得；②制度赡养比＝退休人口/缴费人口；③缴费税率＝制度赡养比×替代率。

二元农业劳动福利差将在 2035 年前后开始缩减，为了提前过渡，农村基础养老金筹资主体从政府单方转向国家、地方与个人三方，按照表 6-20 的全国统筹一元化对接模式，探索自 2035 年开始农民适当对社会统筹账户进行缴费，缴费水平从 5% 起步，逐步过渡提高至城镇基本养老保险社会统筹费率标准。这意味着，自 2035 年开始，政府财政对农村养老保险社会统筹的补贴减少，在 2035 年出现向下的坠点。此外，随着农民对社会统筹缴费水平的提高和农村制度赡养比的下降，约在 2095 年农民自己缴纳 15% 左右的社会统筹费率能够实现 25% 的目标替代率，这意味着 2095 年国家财政无须额外补贴基础养老金，只依靠农民个人缴费就可以实现适度养老水平。

根据我们对二元农业劳动福利差以及农民养老生命周期补偿的理论与实证研究，二元农业劳动福利差将在 2035 年前后开始缩减，并在 2050 年前后消失。按照生命周期补偿理论，将农民劳动期积累的二元农业劳动福利差补偿到农民退休期的基础养老金中能够实现消费平滑的目标。假设一个典型农民从 16 岁开始步入劳动年龄，一直到 60 岁退休开始领取农民基础养老金，那么对应于二元农业劳动福利差的变化周期，农民养老补偿金将在 2079 年开始下降，并在 2094 年前后补偿结束。如果农民自 2035 年开始缴纳社会统筹费率，逐步提高到 2095 年 15% 的水平，那么在二元农业福利差养老补偿结束时（2094 年），农民依靠自己的缴费水平（15%）也能够实现适度养老水平（25% 替代率），正好实现阶段对接。

根据表 6-20 中农村养老保险全国统筹一元化制度设计，农村基础养老金筹资账户分为中央统筹账户和地方统筹账户，中央统筹账户实行全国统筹管理，由中央财政全额筹资，地方账户实行省级统筹管理，由地方财政、集体补助和个人缴费筹资。农村基础养老金中央账户的资金从约合 6% 的替代率水平起步，逐步提高至 10% 的替代率水平，相当于国家财政缴纳社会统筹费率从 1.51% 上升到 2050 年的 8.58%，并逐步下降到 2100 年的 5.29%。农村基础养老金地方账户的资金从约合 2% 的替代率水平起步，逐步提高至约合 15% 的替代率水平。考虑到农民个人将在 2035 年开始向地方账户缴纳社会统筹费率，扣除农民个人缴费后，地方账户由地方财政缴纳的社会统筹费率从 2012 年的 0.45% 上升到 2050 年的 7.8%，之后随着农民个人向社会统筹缴费水平的提高而开始下降，并在 2079 年前后无须政府出资补贴，仅依靠农民个人缴纳 10% 左右的社会统筹费率就可以达到地方统筹账户 15% 的目标替代率水平。

第七章 农村社会养老保险财政支付水平

农村社会养老保险财政支出不仅能够为农村居民带来直接的利益,从而降低老年贫困率,也能够稳定农村社会并提高农民的文化和身体素质。财政的支付水平在决定农村居民养老保险收益多寡的同时,受到自身支付能力的制约。如果农村社会养老保险财政在适度支出水平之内,就会形成财政合理负担与农民适度养老待遇的双赢局面,但如果农村社会养老保险财政超出适度支出水平,就会对财政及农村养老保险制度的可持续运行造成负面影响,因此有必要对农村社会养老保险财政支付水平进行分析与判断。

一 农村养老保险财政支出适度水平

财政用于社会保障支出的规模是有其界限的,即存在财政支出适度水平问题。一方面,如果超过适度水平,就会导致社会保障支出过多,削弱财政对其他领域的支付能力,同时容易造成国民对福利制度的依赖,使劳动欲望和劳动生产率受到消极影响;另一方面,如果低于适度水平过多,则可能导致社会保障的社会安全网作用不能充分发挥,使弱势群体的生存受到影响,更多的国民则不能公平地享受经济发展成果,造成社会不满。

(一) 农村养老保险财政支出适度水平模型

1. 农村养老保险财政支出适度水平总系数模型

根据国际发达国家社会保障财富分配经验,国家财政支出用于社会保障的部分一般以不超过40%为宜，社会保障财政的支出里面用于养老保险财政支出一般以不超过50%为宜。同时，根据人口结构的再分配原理，农村养老保险财政支出占整个养老保险财政支出的比重以不超过农村老年人口占全国老年人口的比重为宜。据此，我们先设定了农村养老保险财政支出水平总系数模型，见公式（7-1）。

$$C_S = \frac{C_R}{F} = \frac{F \cdot \mu \cdot \sigma \cdot O_R}{F} \qquad (7-1)$$

在公式（7-1）中，C_S为农村养老保险财政支出水平总系数，代表农村养老保险财政补贴占全国财政支出的比重，C_R为财政农村养老保险支出，F为全国财政总支出，μ为社会保障财政补贴占全国财政支出的比重，σ为养老保险财政补贴占社会保障财政补贴的比重，O_R为农村老年人口占全国老年人口的比重。

农村养老保险财政支出水平总系数存在量的限度：第一，社会保障财政补贴占全国财政支出的比重以40%左右为宜；第二，养老保险财政补贴占社会保障财政补贴的比重以50%左右为宜；第三，农村养老保险财政支出占全国养老保险财政支出的比重以农村老年人口占全国老年人口的比重为宜。将上述数据代入公式（7-1）中，可得农村养老保险财政支出适度水平总系数模式，见公式（7-2）。

$$\overline{C_S} = 0.4 \times 0.5 \times O_R \qquad (7-2)$$

在公式（7-2）中，$\overline{C_S}$代表农村养老保险财政支出适度水平总系数，O_R为农村老年人口占全国老年人口的比重。

2. 农村养老保险财政支出适度水平中央分系数

国家财政支出分为中央财政支出和地方财政支出，与此相对应，农村养老保险财政支出水平总系数可分为农村养老保险财政支出水平中央分系数和地方分系数。遵循统一的农村养老保险财政支出适度水平规律，在中央财政支出里面同样有一个量的限度，中央财政支出用于社会保障的比重以40%为限度，中央财政社会保障支出用于养老保险的比重以50%为限度，而其中用于农村养老保险的比重以农村老年人口占全国老年人口的比重为限度，由此确定农村养老保险财政支出适度水平中央分系数模型，见公式（7-3）。

$$\overline{C_{SC}} = 0.4 \times 0.5 \times O_R \tag{7-3}$$

在公式（7-3）中，$\overline{C_{SC}}$为农村养老保险财政支出适度水平中央分系数，代表中央财政支出用于农村养老保险的适度比例，O_R为农村老年人口占全国老年人口的比重。

3. 农村养老保险财政支出适度水平地方分系数模型

遵循统一的农村养老保险财政支出适度水平规律，在地方财政支出方面同样有一个量的限度。地方财政支出用于社会保障的比重以40%为限度，地方财政社会保障支出用于养老保险的比重以50%为限度，而其中用于农村养老保险的比重以农村老年人口占全国老年人口的比重为限度，由此确定农村养老保险财政支出适度水平地方分系数模型，见公式（7-4）。

$$\overline{C_{SL}} = 0.4 \times 0.5 \times O_R \tag{7-4}$$

在公式（7-4）中，$\overline{C_{SL}}$为农村养老保险财政支出适度水平地方分系数，代表地方财政支出用于农村养老保险的适度比例，O_R为农村老年人口占全国老年人口的比重。

农村养老保险财政支出适度水平总系数与中央分系数、地方分系数之间存在内在的关联。农村养老保险财政支出适度水平总系数等于中央分系数乘以中央财政支出占全国财政支出的比重与地方分系数乘以地方财政支出占全国财政支出的比重之和，可以表述为公式（7-5）。

$$\overline{C_S} = \overline{C_{SC}} \times \alpha + \overline{C_{SL}} \times \beta \tag{7-5}$$

在公式（7-5）中，α代表中央财政支出占全国财政支出的比重，β代表地方财政支出占全国财政支出的比重。

（二）农村养老保险财政支出适度水平测算及分析

1. 农村养老保险财政支出适度水平总系数测算及分析

根据农村养老保险财政支出适度水平总系数模型公式（7-2），农村养老保险财政支出适度水平总系数的测算主要取决于农村老年人口占全国老年人口的比重。根据《中国人口统计年鉴》及"六普"资料，我们统计并预测了2009～2050年农村老年人口占全国老年人口的比重，得出了农村养老保险财政支出适度水平总系数（见表7-1）。

表7-1 农村养老保险财政支出适度水平总系数

单位：%

年 份	农村老年人口占全国老年人口比重	农村养老保险财政支出适度水平总系数
2009	51.66	10.33
2010	55.92	11.18
2011	55.12	11.02
2012	54.34	10.87
2013	53.57	10.71
2014	52.80	10.56
2015	52.02	10.40
2020	48.24	9.65
2025	44.62	8.92
2030	42.09	8.42
2035	38.87	7.77
2040	35.26	7.05
2045	31.78	6.36
2050	29.72	5.94

资料来源：《中国人口统计年鉴》（历年），《2010年中国第六次人口普查统计年鉴》及预测而得。

2. 农村养老保险财政支出适度水平中央分系数测算及分析

根据农村养老保险财政支出适度水平中央分系数模型公式（7-3），农村养老保险财政支出适度水平中央分系数的测算主要取决于农村老年人口占全国老年人口的比重。根据中国人口统计年鉴及"六普"资料，我们统计并预测了2009～2050年农村老年人口占全国老年人口的比重，得出了农村养老保险财政支出适度水平中央分系数（见表7-2）。

表7-2　农村养老保险财政支出适度水平中央分系数测算及分析

单位：%

年　份	农村老年人口占全国老年人口比重	农村养老保险财政支出适度水平中央分系数
2009	51.66	10.33
2010	55.92	11.18
2011	55.12	11.02
2012	54.34	10.87
2013	53.57	10.71
2014	52.80	10.56
2015	52.02	10.40
2020	48.24	9.65
2025	44.62	8.92
2030	42.09	8.42
2035	38.87	7.77
2040	35.26	7.05
2045	31.78	6.36
2050	29.72	5.94

资料来源：《中国人口统计年鉴》（历年），《2010年中国第六次人口普查统计年鉴》及预测而得。

3. 农村养老保险财政支出适度水平地方分系数测算及分析

根据农村养老保险财政支出适度水平地方分系数模型公式（7-4），农村养老保险财政支出适度水平地方分系数的测算主要取决于农村老年人口占全国老年人口的比重。根据中国人口统计年鉴及"六普"资料，我们统计并预测了2009~2050年农村老年人口占全国老年人口的比重，得出了农村养老保险财政支出适度水平地方分系数（见表7-3）。

表7-3　农村养老保险财政支出适度水平地方分系数测算及分析

单位：%

年　份	农村老年人口占全国老年人口比重	农村养老保险适度水平地方分系数
2009	51.66	10.33
2010	55.92	11.18

续表

年　份	农村老年人口占全国老年人口比重	农村养老保险适度水平地方分系数
2011	55.12	11.02
2012	54.34	10.87
2013	53.57	10.71
2014	52.80	10.56
2015	52.02	10.40
2020	48.24	9.65
2025	44.62	8.92
2030	42.09	8.42
2035	38.87	7.77
2040	35.26	7.05
2045	31.78	6.36
2050	29.72	5.94

资料来源：《中国人口统计年鉴》（历年），《2010年中国第六次人口普查统计年鉴》及预测而得。

尽管从数据上看，农村养老保险财政支出适度水平总系数与中央分系数和地方分系数的值是一样的，但是由于它们的模型基数不一样，总系数与中央、地方分系数的意义不同。其中，适度水平总系数是全口径的概念，是指全国财政支出中用于农村养老保险的份额；适度水平中央分系数是指在全国财政支出里面，中央财政支出中用于农村养老保险的份额；适度水平地方分系数是指在全国财政支出里面，地方财政支出中用于农村养老保险的份额。

（三）国家财政支出与适度农村养老保险财政投入

总体上说，我国的财政支出结构近年来发生了较大变化，由以经济建设和国防建设为主的支出结构，逐步转向以社会建设为主的支出结构，国家财力逐步向科教文卫支出倾斜。就中国目前的经济发展形势和国外经验来看，我国的财政支出结构仍需继续调整，主要方向是继续加大社会性支出的倾斜力度，提高教育、医疗、社保和就业等社会性支出的比重。

1. 国家财政支出及分担结构

根据《中国统计年鉴》(2012年)的数据,2011年全国财政支出为109247.79亿元,其中中央财政支出为16514.11亿元,约占全国财政支出的15.12%,地方财政支出为92733.68亿元,约占全国财政支出的84.88%。这种"中央拿小头、地方拿大头"的财政支出结构与全国财政收入结构不一致。2011年全国财政收入为103874.43亿元,其中中央财政收入为51327.32亿元,占全国财政收入的49.41%,地方财政收入为52547.11亿元,占全国财政收入的50.59%。统计年鉴上出现的这种中央与地方财政收支结构不对称的现象与统计指标的界定有关,财政部《2011年中央对地方税收返还和转移支付决算表》的数据显示,2011年中央财政支出对地方财政支出的转移支付为32242.01亿元,它并没有被包括在统计年鉴口径中的中央财政支出里面。《中国统计年鉴》(2012年)对中央财政支出统计指标的解释为"中央财政支出包括一般公共服务,外交支出,国防支出,公共安全支出,以及中央政府调整国民经济结构、协调地区发展、实施宏观调控的支出等",从中可以看出中央对地方的一般性转移支付并没有包括在中央财政的支出范围中。为了准确地把握全国财政支出中央与地方的比例,我们将中央对地方的一般性转移支付重新划归为中央财政支出,2011年经过重新划归后的中央财政实际支出为48756.12亿元,约占2011年全国财政支出的44.63%(见表7-4)。

表7-4 全国财政支出及中央、地方财政支出结构

单位:亿元

年 份	全国财政支出	中央财政支出	地方财政支出	中央对地方的转移支付	中央财政实际支出	地方财政实际支出
2009	76299.93	15255.79	61044.14	23677.09	38932.88	37367.05
2010	89874.16	15989.73	73884.43	25606.64	41596.37	48277.79
2011	109247.79	16514.11	92733.68	32242.01	48756.12	60491.67

资料来源:《中国统计年鉴》(2012年)及财政部《2009年中央对地方税收返还和转移支付决算表》、《2010年中央对地方税收返还和转移支付决算表》、《2012年中央对地方税收返还和转移支付决算表》。

中央与地方的财政支出结构关系到社会养老保险的实际支出水平,我们采用两种方案对中央财政与地方财政的支出进行预测。其中,方案一是依据现行(2011年)中央与地方财政支出的实际分担比例(44.63%与55.37%,约等于4.5∶5.5)来制定全国财政支出结构;未来中国可能向分税制体制改革目标发展,即提高中央收入占比,将中央财政收入占全国财政收入的比重提高到60%,与此相对应,未来中央财政支出占全国财政支出的比重也会随之上调,方案二假定中央与地方财政支出的分担比例为6∶4。基于两种不同的比例预测全国财政支出(见表7-5)。

表7-5 全国财政支出及中央、地方财政支出结构

单位:亿元

年 份	方案一(中央:地方=4.5:5.5)			方案二(中央:地方=6:4)		
	全国财政支出	中央财政支出	地方财政支出	全国财政支出	中央财政支出	地方财政支出
2012	121097.56	54493.90	66603.66	121097.56	72658.54	48439.02
2013	134973.32	60737.99	74235.33	134973.32	80983.99	53989.33
2014	150198.31	67589.24	82609.07	150198.31	90118.99	60079.32
2015	145993.70	65697.16	80296.54	145993.70	87596.22	58397.48
2020	212347.56	95556.40	116791.16	212347.56	127408.54	84939.02
2025	301320.06	135594.03	165726.03	301320.06	180792.04	120528.02
2030	384569.24	173056.16	211513.08	384569.24	230741.54	153827.70
2035	478505.79	215327.61	263178.18	478505.79	287103.47	191402.32
2040	554719.35	249623.71	305095.64	554719.35	332831.61	221887.74
2045	643071.76	289382.29	353689.47	643071.76	385843.06	257228.70
2050	745496.42	335473.39	410023.03	745496.42	447297.85	298198.57

注:①2012~2020年的GDP增长率为7%,2021~2030年为5%,2031~2050年为3%;②2012~2015年财政支出占GDP的比重每年增加一个百分点,2016~2020年保持28%,2021~2030年保持30%,2031~2050年保持31%。

2. 社会保障财政支出及分担结构

根据国家审计署《2012年第34号公告:全国社会保障资金审计结果》的数据,2011年社会保险、社会救助、社会福利的财政投入合计7555.34亿元,其中,中央财政投入为4508.76亿元,约占社会保障财政投入的59.68%,地方财政投入为3046.58亿元,约占社会保障财政投入的

40.32%。分社会保障项目来看，社会保险中央财政投入为60.67%，地方财政投入为39.33%；社会救助中央财政投入为64.74%，地方财政投入为35.26%；社会福利中央财政投入为15.27%，地方财政投入为84.73%（见表7-6）。

表7-6　2011年中央和地方财政投入情况

项 目	财政投入合计		中央财政		地方财政	
	金额（亿元）	占比（%）	金额（亿元）	占比（%）	金额（亿元）	占比（%）
社会保险	5391.48	100.00	3271.07	60.67	2120.41	39.33
社会救助	1833.96	100.00	1187.33	64.74	646.63	35.26
社会福利	329.90	100.00	50.36	15.27	279.54	84.73
合 计	7555.34	100.00	4508.76	59.68	3046.58	40.32

资料来源：国家审计署《2012年第34号公告：全国社会保障资金审计结果》。

根据表7-6，在社会保险领域，中央财政与地方财政的投入比例约为6∶4，这个比例与前面我们做的关于全国财政支出中央与地方分担比例的第二种方案相同。但是，现实的未必是合理的，需要根据农村养老保险财政支出适度水平来确立财政的适度投入标准。关于中央与地方财政投入比例的界定，不仅要考虑与社会保障项目中央与地方责任分担状况相适应，还要考虑中央与地方财政投入比例的实际运行效果及可持续状况。

3. 适度农村养老保险财政投入

适度农村养老保险财政投入水平可以由财政支出乘以农村养老保险财政支出适度水平系数来测算。在两种不同方案下，农村养老保险适度财政投入如表7-7所示。

表7-7　农村养老保险适度财政投入水平（2012~2050年）

单位：亿元

年份	方案一（中央∶地方=4.5∶5.5）			方案二（中央∶地方=6∶4）		
	农村养老适度全国财政投入	农村养老适度中央财政投入	农村养老适度地方财政投入	农村养老适度全国财政投入	农村养老适度中央财政投入	农村养老适度地方财政投入
2012	13163.30	5923.49	7239.82	13163.30	7897.98	5265.32

续表

年份	方案一（中央：地方＝4.5:5.5）			方案二（中央：地方＝6:4）		
	农村养老适度全国财政投入	农村养老适度中央财政投入	农村养老适度地方财政投入	农村养老适度全国财政投入	农村养老适度中央财政投入	农村养老适度地方财政投入
2013	14455.64	6505.04	7950.60	14455.65	8673.38	5782.26
2014	15860.94	7137.42	8723.52	15860.94	9516.56	6344.38
2015	15183.33	6832.50	8350.84	15183.33	9110.00	6073.34
2020	20491.54	9221.19	11270.35	20491.54	12294.92	8196.62
2025	26877.75	12094.99	14782.76	26877.75	16126.65	10751.10
2030	32380.73	14571.33	17809.40	32380.73	19428.44	12952.29
2035	37179.89	16730.96	20448.95	37179.90	22307.94	14871.96
2040	39107.71	17598.47	21509.24	39107.72	23464.63	15643.08
2045	40899.36	18404.71	22494.65	40899.37	24539.62	16359.74
2050	44282.49	19927.12	24355.37	44282.49	26569.49	17713.00

资料来源：国家审计署《2012年第34号公告：全国社会保障资金审计结果》。

二　农民基础养老金财政支出水平

从社会保障财政支出结构来看，我国的财政支出一直存在社会保障支出规模过小、城乡社会保障投入不平衡等问题。据统计，1996年美国的社会保障支出占联邦财政支出的比重是48.8%，占GDP的比重为16.5%；同期英国的比重分别为54.9%和22.8%，法国为55.3%和30.1%，德国为52.1%和29.7%。而我国在将社会保障补助支出项目、抚恤和社会福利救济费等全部财政补助项目加总后，其占财政支出的比重在2011年刚刚达到9.97%，远远低于发达国家水平。我国的财政社会保障支出不仅规模小，而且支出的结构失衡，即社会保障支出的大部分用于城镇社会保障，用于农村社会保障的部分较少。

（一）基础养老金财政支出现实水平及适度性分析

1. 基础养老金财政支出现实水平

根据农村社会养老保险试点政策规定，中央财政以中央确定的每人每月 55 元的基础养老金最低标准为基数,对中西部地区给予全额补助,对东部地区给予 50% 的补助,地方财政对东部地区给予 50% 的补贴。根据国家统计局发布的《中国统计年鉴》,农村养老保险基础养老金财政总补贴从 2009 年的 76 亿元增加到 2011 年的 587.7 亿元,农村养老保险基础养老金财政总补贴占全国财政支出的比重从 2009 年的 0.1% 上升到 2050 年的 0.54%（见表 7-8）。

表 7-8　基础养老金财政总补贴现实水平

年 份	基础养老金财政总补贴（亿元）	全国财政支出（亿元）	基础养老金财政总补贴占全国财政支出比重（%）
2009	76.00	76299.93	0.10
2010	200.40	89874.16	0.22
2011	587.70	109247.79	0.54

资料来源:《中国统计年鉴》(2012 年)。

按照国家统计局《中国统计年鉴》公布的各地区农村社会养老保险试点情况,可以统计东部地区和中西部地区的"达到领取待遇年龄参保人数",以中央确定的每人每月 55 元的基础养老金为标准,结合农村社会养老保险试点政策规定,测算基础养老金中央财政补贴和地方财政补贴的规模(见表 7-9)。

表 7-9　基础养老金中央财政补贴与地方财政补贴现实水平

年份	基础养老金中央财政补贴（亿元）	基础养老金地方财政补贴（亿元）	中央实际财政支出（亿元）	地方实际财政支出（亿元）	基础养老金中央财政补贴占中央财政支出比重（%）	基础养老金地方财政补贴占地方财政支出比重（%）
2009	66.20	9.80	38932.88	37367.05	0.17	0.03
2010	153.23	47.17	41596.37	48277.79	0.37	0.10
2011	472.73	114.97	48756.12	60491.67	0.97	0.19

注:中央实际财政支出是指包括了中央对地方转移支付资金后的中央财政支出;地方实际财政支出是指扣除了中央对地方转移支付资金后的地方财政支出。

资料来源:《中国统计年鉴》(2012 年)。

2. 基础养老金财政支出现实水平适度性分析

总体来看,农村社会养老保险基础养老金财政总补贴水平较低,基础养老金财政总补贴占全国财政支出的比重在 2011 年为 0.54%，远低于农村养老保险财政支出适度水平总系数。从基础养老金中央财政补贴及地方财政补贴水平的比较情况来看，在农村社会养老保险试点模式下，中央财政补贴负担大于地方财政补贴，这意味着在基础养老金给付中，中央财政承担较大的财政责任，地方财政承担较小的财政责任，但是基础养老金中央财政补贴和地方财政补贴都没有达到农村养老保险财政支出适度水平中央分系数水平和地方分系数水平（见表 7-10）。

表 7-10 基础养老金财政补贴现实水平适度性状况

单位：%

年份	基础养老金财政总补贴占全国财政支出比重	农村养老保险财政支出适度水平总系数	基础养老金中央财政补贴占中央财政支出比重	农村养老保险财政支出适度水平中央分系数	基础养老金地方财政补贴占地方财政支出比重	农村养老保险财政支出适度水平地方分系数
2009	0.10	10.33	0.17	10.33	0.03	10.33
2010	0.22	11.18	0.37	11.18	0.10	11.18
2011	0.54	11.02	0.97	11.02	0.19	11.02

资料来源：《中国统计年鉴》（2012 年）。

（二）基于动态调整的基础养老金财政支出水平

随着经济和社会的不断发展，基础养老金给付标准将随之动态调整，逐步提高。根据前文确立的基础养老金动态调整方案，我们选取方案二（以 CPI 增长率与农村人均纯收入增长率之和为调整指数）对基础养老金进行动态调整，并假设未来仍然采用农村社会养老保险试点模式，按东、中、西地理分布确定中央与地方财政的分担比例，对基础养老金财政支出水平进行预测。

1. 动态调整后的基础养老金财政总支出水平及适度性分析

动态调整后的基础养老金财政总补贴是在假设所有符合领取条件的老年人均参保的条件下，按照动态调整后的基础养老金标准发放的合意基础养老金财政总支出，它反映了基础养老金财政总支出的最大规模和最佳状态（见表 7-11）。

表 7-11 动态调整后的基础养老金财政总补贴水平

年　份	基础养老金财政总补贴（亿元）	国家财政总支出（亿元）	基础养老金财政总补贴占国家财政总支出比重（%）	农村养老保险财政支出适度水平总系数（%）
2012	764.53	121097.56	0.63	10.87
2013	874.19	134973.32	0.65	10.71
2014	996.82	150198.31	0.66	10.56
2015	1130.91	145993.70	0.77	10.40
2020	2017.22	212347.56	0.95	9.65
2025	3444.03	301320.06	1.14	8.92
2030	5998.15	384569.24	1.56	8.42
2035	9406.48	478505.79	1.97	7.77
2040	13407.77	554719.35	2.42	7.05
2045	18822.91	643071.76	2.93	6.36
2050	28366.02	745496.42	3.80	5.94

注：动态调整后的基础养老金财政总补贴等于基础养老金乘以农村60岁及以上人口数。
资料来源：人口数据根据"六普"资料，采用PEOPLE软件预测而得。

2. 动态调整后的基础养老金中央财政支出水平及适度性分析

根据农村社会养老保险试点模式，按东部和中西部财政分担模式，中央财政负担中西部地区基础养老金100%的补贴，负担东部地区基础养老金50%的补贴，以动态调整后的基础养老金为标准，对动态调整后基础养老金中央财政补贴总体规模进行模拟（见表7-12）。

在动态调整后的基础养老金中，财政补贴增长较快，基础养老金中央财政补贴占中央财政支出的比重不断趋近农村养老保险财政支出适度水平中央分系数。如果全国财政仍然按照现行（2011年）的中央财政与地方财政4.5∶5.5的比例分配（方案一），基础养老金中央财政补贴占中央财政支出的比重将在2049年超过农村养老保险财政支出适度水平。如果全国财政采取分税制改革后6∶4的比例分配（方案二），则基础养老金中央财政补贴占中央财政支出的比重在2012~2050年不会出现超过农村养老保险财政支出适度水平的状况。这表明，在现行全国财政支出的中央与地方分

表7-12 动态调整后的基础养老金中央财政补贴水平

年 份	基础养老金中央财政补贴（亿元）	中央财政支出（亿元）方案一（中央：地方=4.5:5.5）	中央财政支出（亿元）方案二（中央：地方=6:4）	基础养老金中央财政补贴占中央财政支出比重（%）方案一（中央：地方=4.5:5.5）	基础养老金中央财政补贴占中央财政支出比重（%）方案二（中央：地方=6:4）	农村养老保险财政支出适度水平中央分系数（%）
2012	615.55	54493.90	72658.54	1.13	0.85	10.87
2013	703.88	60737.99	80983.99	1.16	0.87	10.71
2014	801.80	67589.24	90118.99	1.19	0.89	10.56
2015	907.73	65697.17	87596.22	1.38	1.04	10.40
2020	1608.85	95556.40	127408.54	1.68	1.26	9.65
2025	2755.83	135594.03	180792.04	2.03	1.52	8.92
2030	4835.38	173056.16	230741.54	2.79	2.10	8.42
2035	7626.95	215327.61	287103.47	3.54	2.66	7.77
2040	10835.94	249623.71	332831.61	4.34	3.26	7.05
2045	15069.00	289382.29	385843.06	5.21	3.91	6.36
2050	22652.72	335473.39	447297.85	6.75	5.06	5.94

资料来源：东、中、西部人口数据根据"六普"资料，采用PEOPLE软件预测而得。

配比例条件下，仍按照农村养老保险试点的基于东中西地理分布划定中央财政负担比例的模式，会导致中央财政支出的负担增加，并导致中央财政支出用于农村养老保险的比例过高，超过其合理限度。调节中央财政负担过重有两个内容，一是增加中央财政收入，尽快实现分税制改革的中央财政收入占全国财政收入比重达到60%的目标，并按中央收入的增加同步提高中央财政支出比重；二是优化农村养老保险基础养老金财政补贴模式，采取基础养老金全国统筹一元化的"二账户"模式，减轻中央财政负担。

3. 动态调整后的基础养老金地方财政支出水平及适度性分析

根据农村社会养老保险试点模式，按东部和中西部财政分担模式，地方财政负担东部地区基础养老金50%的补贴，以动态调整后的基础养老金为标准，对动态调整后基础养老金地方财政补贴总体规模进行模拟（见表7-13）。

表7-13 动态调整后的基础养老金地方财政补贴水平

年 份	基础养老金地方筹资（亿元）	地方财政支出（亿元）方案一（中央:地方=4.5:5.5）	地方财政支出（亿元）方案二（中央:地方=6:4）	基础养老金地方筹资占地方财政支出比重（%）方案一（中央:地方=4.5:5.5）	基础养老金地方筹资占地方财政支出比重（%）方案二（中央:地方=6:4）	农村养老保险适度水平地方分系数（%）
2012	148.98	66603.66	48439.02	0.22	0.31	10.87
2013	170.31	74235.33	53989.33	0.23	0.32	10.71
2014	195.02	82609.07	60079.32	0.24	0.32	10.56
2015	223.18	80296.54	58397.48	0.28	0.38	10.40
2020	408.38	116791.16	84939.02	0.35	0.48	9.65
2025	688.20	165726.03	120528.02	0.42	0.57	8.92
2030	1162.78	211513.08	153827.70	0.55	0.76	8.42
2035	1779.53	263178.18	191402.32	0.68	0.93	7.77
2040	2571.83	305095.64	221887.74	0.84	1.16	7.05
2045	3753.91	353689.47	257228.70	1.06	1.46	6.36
2050	5713.29	410023.03	298198.57	1.39	1.92	5.94

资料来源：东中西人口数据根据"六普"资料，采用PEOPLE软件预测而得。

在动态调整后的基础养老金中，地方补贴稳定增长，基础养老金地方财政补贴占地方财政支出的比重不断提高，但始终低于农村养老保险财政支出适度水平地方分系数。如果全国财政仍然按照现行（2011年）的中央财政与地方财政4.5:5.5的比例分配（方案一），基础养老金中央财政补贴占中央财政支出的比重将在2050年达到最高值1.39%，远低于同期农村养老保险财政支出适度水平5.94%。如果全国财政采取分税制改革6:4的比例分配（方案二），则基础养老金中央财政补贴占中央财政支出的比重将在2050年达到最高值1.92%，也低于同期农村养老保险财政支出适度水平5.94%。这表明，无论在何种分配比例下，按照现行农村社会养老保险试点的基于东中西地理分布划定地方财政负担比例的模式，地方财政负担水平都是比较低的。

(三) 基于"二账户"基础养老金财政支出水平及适度性分析

1. 基础养老金财政补贴"二账户"模式

农村社会养老保险的核心问题是资金的筹集和给付问题。在对现行基础养老金、个人账户筹资与给付模式及水平进行分析的基础上，基于基础养老金实现全国统筹的政策目标，我们提出了农村社会养老保险"三账户"筹资与给付模式，分别是基础养老金"二账户"和个人账户。

根据适度水平明确中央、地方与个人的筹资责任及分担比例。中央账户（第一账户）从现行6%的基础养老金替代率水平起步，逐步提高到目标期的10%，实现全国统筹"一元化"，由中央财政全部负担，按全国统一标准发放。地方账户（第二账户）对基础养老金和个人账户两部分进行补贴，一部分补贴基础养老金，从现行2%的替代率水平起步，逐步提高到目标期的15%，由地方财政负担，按省级统筹标准发放；另一部分补贴个人账户，从个人账户替代率0.35%（每年财政补贴30元）的水平起步，逐步提高到目标期的5%。个人账户（第三账户）由农民个人缴费，随着农业现代化和农村经济的发展及收入水平的逐步提高，农民个人账户缴费给付替代率从0%起步，提高到过渡期的3%，再到15%，再到目标期的20%。为了减轻地方财政负担，在经济发达地区或当农民收入水平较高时，可以在2035年二元农业劳动福利差下降后，由劳动年龄农民对基础养老金进行个人缴费，缴费给付替代率水平可以从0%起步，目标期达到5%。这样地方财政补贴（第二账户）水平可以由20%下降为15%。

2. 基础养老金中央财政支出水平及适度性检验

在基础养老金"二账户"模式下，基础养老金中央财政补贴主要体现在建立中央统筹账户，对全国符合领取条件的农村老年人发放同样标准的基础养老金，基础养老金的替代率从6%起步，逐步提高到2050年的10%（见表7-14）。在两种中央与地方财政支出比例方案下，基础养老金中央账户的补贴水平都相对较低，远低于同期农村养老保险财政支出适度水平中央系数。与前文比较，基础养老金"二账户"中央财政补贴水平要低于现行按东中西地理分布确立的中央财政补贴水平，能够有效解决基础养金中央财政补贴负担较重的问题。

表7-14 基础养老金"二账户"模式中央财政补贴水平

年 份	基础养老金中央财政补贴（亿元）	中央财政支出（亿元）方案一（中央：地方=4.5:5.5）	中央财政支出（亿元）方案二（中央：地方=6:4）	基础养老金中央财政补贴占中央财政支出比重（%）方案一（中央：地方=4.5:5.5）	基础养老金中央财政补贴占中央财政支出比重（%）方案二（中央：地方=6:4）	农村养老保险财政支出适度水平中央分系数（%）
2012	590.62	54493.90	72658.54	1.08	0.81	10.87
2013	656.90	60737.99	80983.99	1.08	0.81	10.71
2014	729.28	67589.24	90118.99	1.08	0.81	10.56
2015	806.82	65697.17	87596.22	1.23	0.92	10.40
2020	1510.61	95556.40	127408.54	1.58	1.19	9.65
2025	2241.56	135594.03	180792.04	1.65	1.24	8.92
2030	4045.93	173056.16	230741.54	2.34	1.75	8.42
2035	5450.53	215327.61	287103.47	2.53	1.90	7.77
2040	6564.09	249623.71	332831.61	2.63	1.97	7.05
2045	8386.65	289382.29	385843.06	2.90	2.17	6.36
2050	11383.31	335473.39	447297.85	3.39	2.54	5.94

资料来源：根据第二章相关数据计算而成。

3. 基础养老金地方财政支出水平及适度性检验

在基础养老金"二账户"模式下，基础养老金地方财政补贴主要体现在建立地方统筹账户，对全国符合领取条件的农村老年人发放基础养老金，基础养老金的替代率从2%起步，逐步提高到2050年的15%（见表7-15）。基础养老金"二账户"地方财政补贴水平要高于现行按东中西地理分布确立的中央财政补贴水平，是对试点模式中央财政负担过重、地方财政负担过轻的优化。

在方案一的条件下，基础养老金地方财政补贴占地方财政支出的比重低于农村养老保险财政支出适度水平地方分系数；在方案二的条件下，基础养老金地方财政补贴占地方财政支出的比重逐步提升至农村养老保险财政支出适度水平地方分系数标准。采取基础养老金"二账户"筹资与给付

表7-15 基础养老金"二账户"模式地方财政补贴水平

年 份	基础养老金地方财政补贴（亿元）	地方财政支出（亿元）方案一（中央：地方=4.5:5.5）	地方财政支出（亿元）方案二（中央：地方=6:4）	基础养老金地方财政补贴占地方财政支出比重（%）方案一（中央：地方=4.5:5.5）	基础养老金地方财政补贴占地方财政支出比重（%）方案二（中央：地方=6:4）	农村养老保险财政支出适度水平地方分系数（%）
2012	196.87	66603.66	48439.02	0.30	0.41	10.87
2013	218.97	74235.33	53989.33	0.29	0.41	10.71
2014	243.09	82609.07	60079.32	0.29	0.40	10.56
2015	268.94	80296.54	58397.48	0.33	0.46	10.40
2020	431.60	116791.16	84939.02	0.37	0.51	9.65
2025	640.45	165726.03	120528.02	0.39	0.53	8.92
2030	2022.97	211513.08	153827.70	0.96	1.32	8.42
2035	2725.26	263178.18	191402.32	1.04	1.42	7.77
2040	8205.11	305095.64	221887.74	2.69	3.70	7.05
2045	9318.50	353689.47	257228.70	2.63	3.62	6.36
2050	17074.96	410023.03	298198.57	4.16	5.73	5.94

资料来源：根据第二章相关数据计算而成。

模式，中央财政补贴和地方财政补贴就不会出现过度负担和负担过轻的不平衡状况。

在基础养老金"二账户"模式下，基础养老金财政总补贴水平一直没有超过农村养老保险财政支出适度水平总系数，同时，中央财政补贴与地方财政补贴的结构较为对称，没有出现中央和地方补贴过重和过轻的状况。

三 农民个人账户财政支出水平

个人账户财政补贴既能提高参保者的缴费积极性，也能在农村居民收入水平相对较低、缴费能力不足的现实情况下提升个人账户水平。个人账户财政支出的现实水平是否合理要以养老保险财政支出适度水平为标准进行判断，为未来个人账户的优化调整提供依据。

(一) 个人账户财政支出现实水平及适度性分析

1. 个人账户财政支出现实水平

农村社会养老保险试点模式规定地方财政对参保人缴费给予每人每年不低于 30 元的补贴。参保对象中缴费人数规模和补贴标准构成个人账户财政支出的决定因素，缴费参保人数的变化以及补贴水平的调整都会影响个人账户的财政支出水平。在补贴标准不变、个人账户缴费参保人数增加的情况下，个人账户的财政支出额由 2009 年的 2.04 亿元增加至 2011 年的 71.17 亿元 (见表 7-16)。

表 7-16 个人账户财政支出现实水平 (2009~2011 年)

年 份	总参保人数（万人）	达到领取待遇年龄参保人数（万人）	缴费参保人数（万人）	参保缴费补贴（元/年）	个人账户补贴水平（亿元）
2009	2016.6	1335.2	681.4	30	2.04
2010	10276.8	2862.6	7414.2	30	22.24
2011	32643.5	8921.8	23721.7	30	71.17

资料来源：《中国统计年鉴》(历年)。

2. 个人账户财政支出适度性分析

个人账户财政支出水平的高低要以农村养老保险财政支出适度水平为依据进行判断。农村养老保险财政支出适度水平是以财政社会保障支出合意水平、社会保障养老保险支出合意水平以及城乡老年人口结构为依据建立的具有内在逻辑递进关系的养老保险财政支出水平测度指标，是养老保险财政支出水平的根本判定依据。个人账户财政支出完全由地方财政负担，所以个人账户财政支出水平要以农村养老保险财政支出适度水平地方分系数为标准进行检验 (见表 7-17)。

(二) 基于动态调整的个人账户财政支出水平

1. 基于动态调整的个人账户财政支出水平

根据完善农村社会养老保险的"三账户"目标模式，未来地方财政要承担更多的个人账户筹资责任，分阶段提升财政补贴水平，由初始期 0.35% 的

表 7-17 个人账户财政支出适度性分析（2009~2011 年）

年 份	个人账户财政支出（亿元）	地方实际财政支出（亿元）	地方财政收入（亿元）	个账补贴占地方实际财政支出比重（%）	个账补贴占地方财政收入比重（%）	农村养老保险适度水平地方分系数（%）
2009	2.04	37367.05	32602.59	0.01	0.01	10.33
2010	22.24	48277.79	40613.04	0.05	0.05	11.18
2011	71.17	60491.67	52547.11	0.12	0.14	11.02

资料来源：《中国统计年鉴》（2012 年）。

替代率水平提高至过渡期的 2%，最终达到目标期 5% 的替代率水平。结合农村养老保险缴费人数的变动趋势，农村社会养老保险个人账户财政支出额将由 2012 年的 136.5 亿元提高至 2050 年的 6634.25 亿元（见表 7-18）。

表 7-18 基于动态调整的个人账户财政支出水平

年 份	农村养老保险缴费人数（人）	个人账户补贴替代率（%）	农民劳均收入（元/年）	个人账户补贴水平（亿元）
2012	413471084	0.35	9432.60	136.50
2013	405754078	0.43	10184.36	177.69
2014	398296141	0.51	11006.22	223.57
2015	391244625	0.59	11913.24	275.00
2020	357532672	1.00	18061.42	645.75
2025	321761445	1.50	24152.83	1165.72
2030	274860276	2.00	33699.75	1852.54
2035	238221440	2.75	43730.67	2864.84
2040	214184700	3.50	55813.83	4184.06
2045	191104333	4.25	68205.98	5539.64
2050	158869109	5.00	83518.44	6634.25

注：根据"三账户"模式设计，个人账户财政补贴水平由 0.35% 的替代率水平提高至 5%。
资料来源：农村养老保险缴费人数根据"六普"资料，采用 PEOPLE 软件预测而得。

2. 基于动态调整的个人账户财政支出水平适度性分析

我国在建立"分税制"之初，提出了中央财政支出占国家财政总支出 60%、地方财政支出占国家财政总支出 40% 的目标划分比例，但是在现阶段的具体运行中，中央财政支出占国家财政总支出的 45%，地方财政支出占国家财政总支出的55%，远未达到目标水平。在此，设定现实划分比例为方案一、目标划分比例为方案二，分析地方财政支出水平。在方案一的情况下，地方财政支出将由2012年的66603.66亿元增长至2050年的410023.03亿元，个人账户财政支出占地方财政支出比重将由2012年的0.20%提高至2050年的1.62%；在方案二的情况下，地方财政支出将由2012年的48439.02亿元增长至2050年的298198.57亿元，个人账户财政支出占地方财政支出比重将由2012年的0.28%提高至2050年的2.22%（见表7-19）。

表7-19 基于动态调整的个人账户财政支出适度性分析

年份	个人账户财政支出（亿元）	地方财政支出（亿元）方案一（中央：地方=4.5:5.5）	地方财政支出（亿元）方案二（中央：地方=6:4）	个人账户财政支出占地方财政支出比重（%）方案一（中央：地方=4.5:5.5）	个人账户财政支出占地方财政支出比重（%）方案二（中央：地方=6:4）	农村养老保险适度水平地方分系数（%）
2012	136.50	66603.66	48439.02	0.20	0.28	10.87
2013	177.69	74235.33	53989.33	0.24	0.33	10.71
2014	223.57	82609.07	60079.32	0.27	0.37	10.56
2015	275.00	80296.54	58397.48	0.34	0.47	10.40
2020	645.75	116791.16	84939.02	0.55	0.76	9.65
2025	1165.72	165726.03	120528.02	0.70	0.97	8.92
2030	1852.54	211513.08	153827.70	0.88	1.20	8.42
2035	2864.84	263178.18	191402.32	1.09	1.50	7.77
2040	4184.06	305095.64	221887.74	1.37	1.89	7.05
2045	5539.65	353689.47	257228.70	1.57	2.15	6.36
2050	6634.25	410023.03	298198.57	1.62	2.22	5.94

资料来源：东、中、西部人口数据根据"六普"资料，采用PEOPLE软件预测而得。

个人账户财政支出水平要以农村社会养老保险财政支出适度水平地方分系数为标准进行判断。农村社会养老保险财政支出适度水平地方分系数是在从地方财政社会保障合意支出比重中剥离出养老保险合意支出比重的基础上，按农村老年人口占老年总人口的比重分配出来的。随着人口城市化进程加快，农村老年人口占老年总人口的比重持续降低，导致农村社会养老财政支出适度水平分系数水平逐渐下降，将由2012年的10.87%降至2050年的5.94%。在方案一和方案二两种情况下，个人账户财政支出占地方财政支出的比重均向适度水平收敛，在方案二的情况下，个人账户财政支出占地方财政支出的比重向适度水平收敛的速度更快。

四 农村社会养老保险与社会救助联合给付财政支出总水平

（一）社会救助财政支出水平

社会救助在农村养老保险体系中占有重要地位，是农村养老保障的最后一道安全网，其作用的大小在一定程度上取决于社会救助资金的筹集。社会救助资金的筹集完全由财政负担，社会救助标准、救助对象规模以及财政支出总体水平都会影响社会救助的养老作用。

1. 低保财政支出水平及适度性分析

农村最低生活保障金完全由财政负担，在具体运行过程中形成了中央财政支出约占70%、地方财政支出约占30%的财政分担结构。随着农村经济发展水平的提高，农村最低生活保障制度的标准逐渐提升，越来越多的低收入者被纳入制度之中。从2011年开始，中央决定将农民人均纯收入2300元作为国家新的扶贫标准，按照2011年人民币与美元的平均兑换汇率，折合约为每天0.97美元，接近于世界银行提出的每天1.25美元的标准。假设未来这一标准固定不变，随着居民收入水平的提升，农村最低生活保障金领取人数将逐渐下降（见表7-20）。

表7-20 低保财政支出水平（2009~2050年）

年份	低保财政支出（亿元）	农村低保中央财政支出（亿元）	农村低保地方财政支出（亿元）	国家财政支出（亿元）	中央财政支出（亿元）	地方财政支出（亿元）	低保支出占国家财政支出比重（%）	农村低保中央财政支出占中央财政总支出比重（%）	农村低保地方财政支出占地方财政总支出比重（%）
2009	363	255	108	76300	38933	37367	0.48	0.65	0.29
2010	445	269	176	89874	41596	48278	0.50	0.65	0.36

续表

年 份	低保财政支出（亿元）	农村低保中央财政支出（亿元）	农村低保地方财政支出（亿元）	国家财政支出（亿元）	中央财政支出（亿元）	地方财政支出（亿元）	低保支出占国家财政支出比重（%）	农村低保中央财政支出占中央财政总支出比重（%）	农村低保地方财政支出占地方财政总支出比重（%）
2011	668	503	165	109248	48756	60492	0.61	1.03	0.27
2012	1196	837	359	121098	54494	66604	0.99	1.54	0.54
2013	1143	800	343	134973	60738	74235	0.85	1.32	0.46
2014	1093	765	328	150198	67589	82609	0.73	1.13	0.40
2015	1044	731	313	145994	65697	80297	0.72	1.11	0.39
2020	836	585	251	212348	95557	116791	0.39	0.61	0.21
2025	1000	700	300	301320	135594	165726	0.33	0.52	0.18
2030	926	648	278	384569	173056	211513	0.24	0.37	0.13
2035	991	694	297	478506	215328	263178	0.21	0.32	0.11
2040	879	615	264	554720	249624	305096	0.16	0.25	0.09
2045	776	543	233	643071	289382	353689	0.12	0.19	0.07
2050	683	478	205	745496	335473	410023	0.09	0.14	0.05

注：①结合发达国家贫困发生率水平，将贫困发生率由现阶段的13%平滑下降至2050年的3%；低保领取人数=农村人口数×农村贫困发生率，低保财政支出=低保领取人数×人均补助额；②根据2009~2011年民政部《社会服务发展统计报告》中农村低保中央财政支出比重均值，确定未来农村低保中央支出占70%，地方财政占30%。

农村最低生活保障财政支出相对水平可以用最低生活保障财政支出额占国家财政支出的比重来衡量，同时根据筹资主体不同还可以划分为最低生活保障中央财政支出占中央财政支出比重和最低生活保障地方财政支出占地方财政支出比重。2009年农村最低生活保障财政支出占国家财政支出的0.48%，其中最低生活保障中央财政支出占中央财政总支出的0.65%，最低生活保障地方财政支出占地方财政总支出的0.29%。由于低保标准大幅度上调，2011~2012年最低生活保障财政支出水平激增，此后逐年下降，至2050年农村最低生活保障制度财政支出占国家财政支出的比重将为0.09%，根据中央、地方财政分担机制，农村最低生活保障中央财政支出占中央财政总支出的0.14%，农村最低生活保障地方财政支出占地方财政总支出的0.05%，远低于农村社会养老保险适度水平系数。

2. 计生家庭奖扶金财政支出水平及适度性分析

国家人口计生委、财政部《关于印发〈农村部分计划生育家庭奖励扶助制度试点方案（试行）〉的通知》中规定，西部试点地区的奖励扶助金按基本标准中央财政负担80%，地方财政负担20%；中部试点地区的奖励扶助金按基本标准中央财政和地方财政分别负担50%；鼓励东部地区自行安排资金进行试点，所以中央、地方财政的负担比重约为4.5∶5.5。2009年计生奖扶金支出额为30亿元，其中中央财政负担14亿元，地方财政负担16亿元；2050年计生奖扶金支出额为302亿元，其中中央财政负担136亿元，地方财政负担166亿元。由于计生家庭奖扶金中央、地方财政负担结构与中央、地方财政总支出结构相同，2012年后计生家庭奖扶金财政支出占国家财政支出比重与计生家庭奖扶金中央财政支出占中央财政总支出比重以及计生家庭奖扶金地方财政支出占地方财政总支出比重相同，2012~2050年基本保持在0.04%的水平（见表7-21）。

表7-21 计生家庭奖励扶助制度财政支出水平

年份	计生奖扶金总支出（亿元）	计生家庭奖扶金中央财政支出（亿元）	计生家庭奖扶金地方财政支出（亿元）	国家财政支出（亿元）	中央财政支出（亿元）	地方财政支出（亿元）	计生奖助金占国家财政支出比重（%）	计生奖扶金中央财政支出占中央财政支出比重（%）	计生奖扶金地方财政支出占地方财政支出比重（%）
2009	30	14	16	76300	38933	37367	0.04	0.04	0.04
2010	35	16	19	89874	41596	48278	0.04	0.04	0.04
2011	42	19	23	109248	48756	60492	0.04	0.04	0.04
2012	45	20	25	121098	54494	66604	0.04	0.04	0.04
2013	47	21	26	134973	60738	74235	0.03	0.03	0.04
2014	47	21	26	150198	67589	82609	0.03	0.03	0.03
2015	49	22	27	145994	65697	80297	0.03	0.03	0.03
2020	89	40	49	212348	95557	116791	0.04	0.04	0.04
2025	129	58	71	301320	135594	165726	0.04	0.04	0.04
2030	191	86	105	384569	173056	211513	0.05	0.05	0.05
2035	198	89	109	478506	215328	263178	0.04	0.04	0.04

续表

年 份	计生奖扶金总支出（亿元）	计生家庭奖扶金中央财政支出（亿元）	计生家庭奖扶金地方财政支出（亿元）	国家财政支出（亿元）	中央财政支出（亿元）	地方财政支出（亿元）	计生奖助金占国家财政支出比重（%）	计生奖扶金中央财政支出占中央财政支出比重（%）	计生奖扶金地方财政支出占地方财政支出比重（%）
2040	247	111	136	554720	249624	305096	0.04	0.04	0.04
2045	229	103	126	643071	289382	353689	0.04	0.04	0.04
2050	302	136	166	745496	335473	410023	0.04	0.04	0.04

注：计生家庭奖扶金领取人数采用农村老年人口的固定比例预测，比例设定采用现实比例（4.5%），并假设其不变。

由于计生家庭奖扶金采取时点调整机制，数据阶段性断层明显，为保持数据平稳，将计生家庭奖扶金财政支出进行平滑处理。在平滑处理之后，计生家庭奖扶金财政支出占国家财政支出的比重大概可以划分为三个阶段：2009~2015年，计生家庭奖扶金财政支出占国家财政支出比重持续降低，由0.04%降至0.03%；2016~2030年，计生家庭奖扶金财政支出占国家财政支出比重保持平稳；2031~2050年，计生家庭奖扶金财政支出占国家财政支出比重回升至0.04%的水平。农村社会养老保险适度水平系数是判断养老保障财政支出水平的根本标准，在农村老年人口占全国老年总人口比重持续降低的作用下，农村社会养老保险适度水平系数由2009年的10.33%降低到2050年的5.94%。计生家庭奖扶金财政支出占国家财政支出比重仅维持在0.04%左右，远低于农村社会养老保险适度水平系数。

（二）社会养老保险财政支出总水平

1. 社会养老保险财政支出总水平及适度性分析

社会养老保险财政总支出是基础养老金财政补贴和个人账户财政补贴之和，随着基础养老金财政支出与个人账户财政支出规模的扩大，农村社会养老保险财政总支出水平也在不断提高，将从2009年的78.04亿元增加到2050年的35092.52亿元。与此同时，全国财政支出随着GDP总量的扩张而增长，将从2009年的76299.93亿元增加到2050年的745496.42亿元。社会养老保险财政总补贴占全国财政支出的比重从2009年的0.1%逐步上升到2050年的4.71%，不断接近农村养老保险财政支出适度水平总系数（见表7-22）。

表7-22 社会养老保险财政支出总水平及适度性状况

年 份	基础养老金财政支出（亿元）	个人账户财政支出（亿元）	社会养老保险财政总支出（亿元）	全国财政支出（亿元）	社会养老保险财政总支出占全国财政支出比重（%）	农村养老保险财政支出适度水平总系数（%）
2009	76.00	2.04	78.04	76299.93	0.10	10.33
2010	200.40	22.24	222.64	89874.16	0.25	11.18
2011	587.70	71.17	658.87	109247.79	0.60	11.02
2012	787.50	136.50	924.00	121097.56	0.76	10.87
2013	875.87	177.69	1053.56	134973.32	0.78	10.71
2014	972.37	223.57	1195.94	150198.31	0.80	10.56
2015	1075.75	275.00	1350.75	145993.70	0.93	10.40
2020	1942.22	645.75	2587.97	212347.56	1.22	9.65
2025	2882.00	1165.72	4047.72	301320.06	1.34	8.92
2030	6068.90	1852.54	7921.44	384569.24	2.06	8.42
2035	8175.79	2864.84	11040.63	478505.79	2.31	7.77
2040	14769.20	4184.06	18953.26	554719.35	3.42	7.05
2045	17705.15	5539.65	23244.80	643071.76	3.61	6.36
2050	28458.27	6634.25	35092.52	745496.42	4.71	5.94

资料来源：根据国家统计年鉴及相关数据计算而得。

2. 社会养老保险中央财政支出总水平及适度性分析

社会养老保险中央财政支出是指基础养老金账户中的中央财政补贴。在基础养老金试点模式下，社会养老保险中央财政支出是以动态调整后的基础养老金为发放标准，对东部地区给予50%的补助，对中西部地区给予100%的补助。在基础养老金"二账户"模式下，社会养老保险中央财政支出是以动态调整后的基础养老金为发放标准，对全国范围符合养老金领取条件的老年人发放中央统筹账户比例的基础养老金，中央统筹账户基础养老金将从2012年6%的替代率标准起步，逐步提高到2050年10%的替代率标准（见表 7-23）。

表 7-23 基于"三账户"的社会养老保险中央财政支出水平及适度性状况

年 份	社会养老保险中央财政支出（亿元）	中央财政支出（亿元） 方案一（中央:地方=4.5:5.5）	中央财政支出（亿元） 方案二（中央:地方=6:4）	社会养老保险中央财政补贴占中央财政支出比重（%）方案一（中央:地方=4.5:5.6）	社会养老保险中央财政补贴占中央财政支出比重（%）方案二（中央:地方=6:4）	农村养老保险适度水平中央分系数（%）
2009	66.20	38935.85	38935.85	0.17	0.17	10.33
2010	153.23	41593.76	41593.76	0.37	0.37	11.18
2011	472.73	48757.29	48757.29	0.97	0.97	11.02
2012	590.62	54493.90	72658.54	1.08	0.81	10.87
2013	656.90	60737.99	80983.99	1.08	0.81	10.71
2014	729.28	67589.24	90118.99	1.08	0.81	10.56
2015	806.82	65697.17	87596.22	1.23	0.92	10.40
2020	1510.61	95556.40	127408.54	1.58	1.19	9.65
2025	2241.56	135594.03	180792.04	1.65	1.24	8.92
2030	4045.93	173056.16	230741.54	2.34	1.75	8.42
2035	5450.53	215327.61	287103.47	2.53	1.90	7.77
2040	6564.09	249623.71	332831.61	2.63	1.97	7.05
2045	8386.65	289382.29	385843.06	2.90	2.17	6.36
2050	11383.31	335473.39	447297.85	3.39	2.54	5.94

资料来源：根据表 7-22 及相关数据计算而得。

在"三账户"模式下，社会养老保险中央财政支出水平要普遍低于试点模式下的社会养老保险中央财政支出水平，这意味着，采取基础养老金全国统筹一元化方案（即"三账户"中的第一账户全国统筹一元化），能够降低中央财政的负担水平。全国财政支出里面中央与地方财政支出的比例也会对社会养老保险中央与地方财政的补贴水平产生影响。当采取较高的中央财政预算与决算计划比例时，中央财政负担社会养老保险补贴的能力会增强。

3. 社会养老保险地方财政支出总水平及适度性分析

社会养老保险地方财政支出是指在基础养老金账户和个人账户中的地方财

政补贴水平。在基础养老金试点模式下，社会养老保险地方财政支出以动态调整后的基础养老金为发放标准，对东部地区给予50%的补助，并承担对个人账户的参保缴费补贴。在基础养老金"二账户"模式下，社会养老保险地方财政支出以动态调整后的基础养老金为发放标准，对全国范围符合养老金领取条件的老年人发放地方统筹账户比例的基础养老金，地方统筹账户基础养老金从2012年2%的替代率标准起步，逐步提高到2050年15%的替代率标准。同时考虑到地方财政对个人账户参保缴费的动态调整，我们假设在试点模式和"三账户"模式中采取相同的个人账户地方财政补贴方案，即地方财政对个人账户的补贴水平从现行0.35%的替代率（按每人每年30元补贴标准）水平起步，将逐步提高到2050年5%的替代率补贴标准（见表7-24）。

表7-24 基于"三账户"的社会养老保险地方财政支出水平及适度性状况

| 年 份 | 社会养老保险地方财政支出（亿元） | 地方财政支出（亿元） || 社会养老保险地方财政补贴占地方财政支出比重（%） || 农村养老保险适度水平地方分系数（%） |
		方案一（中央：地方=4.5：5.5）	方案二（中央：地方=6：4）	方案一（中央：地方=4.5：5.6）	方案二（中央：地方=6：5）	
2009	11.84	37364.08	37364.08	0.03	0.03	10.33
2010	69.41	48280.40	48280.40	0.14	0.14	11.18
2011	186.14	60490.50	60490.50	0.31	0.31	11.02
2012	333.38	66603.66	48439.02	0.50	0.69	10.87
2013	396.66	74235.33	53989.33	0.53	0.73	10.71
2014	466.66	82609.07	60079.32	0.56	0.78	10.56
2015	543.94	80296.54	58397.48	0.68	0.93	10.40
2020	1077.36	116791.16	84939.02	0.92	1.27	9.65
2025	1806.16	165726.03	120528.02	1.09	1.50	8.92
2030	3875.51	211513.08	153827.70	1.83	2.52	8.42
2035	5590.10	263178.18	191402.32	2.12	2.92	7.77
2040	12389.17	305095.64	221887.74	4.06	5.58	7.05
2045	14858.15	353689.47	257228.70	4.20	5.78	6.36
2050	23709.21	410023.03	298198.57	5.78	7.95	5.94

资料来源：根据表7-22及相关数据计算而得。

在"三账户"模式下，地方财政补贴占地方财政支出的比重要高于试点模式下地方财政补贴占地方财政支出的比重。在试点模式下，地方财政补贴占地方财政支出的比重较低，一直没有超过农村养老保险财政支出适度水平地方分系数水平。在"三账户"模式下，地方财政补贴占地方财政支出水平的适度性状况与全国财政支出里面中央与地方的划分比例有关，如果采取现行中央与地方财政的支出比例（即4.5∶5.5），则地方财政补贴占地方财政支出的比重将不会超过农村养老保险财政支出适度水平地方分系数水平；如果采取中央与地方财政支出方案二的比例（即6∶4），则地方财政补贴占地方财政支出的比重将在2045年前后超过农村养老保险财政支出适度水平地方分系数水平。

（三）基础养老金和低保联合给付财政支出水平

基础养老金与低保联合给付后的财政总补贴从2009年的439亿元增加到2050年的29141亿元。与此同时国家财政总支出从2009年的76299.93亿元增加到2050年的745496.42亿元。基础养老金与低保联合给付财政总补贴占国家财政总支出的比重将从2009年的0.58%上升到2050年的3.91%，一直低于农村养老保险财政支出适度水平总系数（见表7-25）。

表7-25 基础养老金和低保联合给付财政支出水平及适度性状况

年份	基础养老金财政总支出（亿元）	低保财政总支出（亿元）	基础养老金与低保联合给付财政总支出（亿元）	国家财政总支出（亿元）	基础养老金与低保联合给付占国家财政支出比重（%）	农村养老保险财政支出适度水平总系数（%）
2009	76.00	363.00	439.00	76299.93	0.58	10.33
2010	200.40	445.00	645.40	89874.16	0.72	11.18
2011	587.70	667.70	1255.40	109247.79	1.15	11.02
2012	787.50	1195.03	1982.53	121097.56	1.64	10.87
2013	875.87	1142.90	2018.77	134973.32	1.50	10.71
2014	972.37	1092.55	2064.92	150198.31	1.37	10.56
2015	1075.75	1044.23	2119.98	145993.70	1.45	10.40

续表

年份	基础养老金财政总支出（亿元）	低保财政总支出（亿元）	基础养老金与低保联合给付财政总支出（亿元）	国家财政总支出（亿元）	基础养老金与低保联合给付占国家财政支出比重（%）	农村养老保险财政支出适度水平总系数（%）
2020	1942.22	836.11	2778.33	212347.56	1.31	9.65
2025	2882.00	999.55	3881.55	301320.06	1.29	8.92
2030	6068.90	926.15	6995.05	384569.24	1.82	8.42
2035	8175.79	991.65	9167.44	478505.79	1.92	7.77
2040	14769.20	878.70	15647.90	554719.35	2.82	7.05
2045	17705.15	775.83	18480.98	643071.76	2.87	6.36
2050	28458.27	682.73	29141.00	745496.42	3.91	5.94

资料来源：根据表7-22及相关数据计算而得。

（四）基础养老金和计生奖扶金联合给付财政支出水平

根据测算，2009年基础养老金和计生家庭奖扶金联合给付财政支出额为105.7亿元，2050年联合给付财政支出额增长至28760.27亿元；基础养老金和计生家庭奖扶金联合给付财政支出占国家财政的比重将由2009年的0.14%提高至2050年的3.86%，向农村养老保险适度水平收敛（见表7-26）。

表7-26 基础养老金、计生家庭奖扶金联合给付财政支出水平

年份	基础养老金总筹资（亿元）	计生奖扶金总支出（亿元）	基础养老金、计生奖扶金联合给付财政支出（亿元）	国家财政支出（亿元）	联动给付财政支出占国家财政支出比重（%）	农村养老保险适度水平总系数（%）
2009	76.00	29.70	105.70	76299.93	0.14	10.33
2010	200.40	34.60	235.00	89874.16	0.26	11.18
2011	587.70	42.70	630.40	109247.79	0.58	11.02
2012	787.50	45.00	832.50	121097.56	0.69	10.87
2013	875.87	47.00	922.87	134973.32	0.68	10.71
2014	972.37	47.00	1019.37	150198.31	0.68	10.56

续表

年 份	基础养老金总筹资（亿元）	计生奖扶金总支出（亿元）	基础养老金、计生奖扶金联合给付财政支出（亿元）	国家财政支出（亿元）	联动给付财政支出占国家财政支出比重（%）	农村养老保险适度水平总系数（%）
2015	1075.75	49.00	1124.75	145993.70	0.77	10.40
2020	1942.22	89.00	2031.22	212347.56	0.96	9.65
2025	2882.00	129.00	3011.00	301320.06	1.00	8.92
2030	6068.90	191.00	6259.90	384569.24	1.63	8.42
2035	8175.79	198.00	8513.79	478505.79	1.75	7.77
2040	14769.20	247.00	15016.20	554719.35	2.71	7.05
2045	17705.15	229.00	17934.15	643071.76	2.79	6.36
2050	28458.27	302.00	28760.27	745496.42	3.86	5.94

资料来源：根据国家统计年鉴及相关数据计算而得。

（五）基础养老金和低保、计生奖扶金联合给付财政支出水平

根据测算，2009年基础养老金、计生家庭奖扶金和低保金联合给付财政支出额为468.7亿元，2050年将增长至29443.27亿元，2009年基础养老金、计生家庭奖扶金和低保金联合给付财政支出占国家财政支出的比重为0.61%，2050年提高至3.95%，虽然向农村养老保险适度水平系数收敛，但仍低于适度水平（见表7-27）。

表7-27　基础养老金、低保、计生家庭奖扶金联合给付财政支出水平

年 份	基础养老金总筹资（亿元）	计生奖扶金总支出（亿元）	低保财政支出（亿元）	基础养老金、低保、计生奖扶金联动给付财政支出（亿元）	国家财政支出（亿元）	联动给付财政支出占国家财政支出比重（%）	农村养老保险适度水平总系数（%）
2009	76.00	29.70	363	468.70	76299.93	0.61	10.33
2010	200.40	34.60	445	680.00	89874.16	0.76	11.18
2011	587.70	42.70	668	1298.40	109247.79	1.19	11.02
2012	787.50	45.00	1195	2027.50	121097.56	1.67	10.87

续表

年 份	基础养老金总筹资（亿元）	计生奖扶金总支出（亿元）	低保财政支出（亿元）	基础养老金、低保、计生奖扶金联动给付财政支出（亿元）	国家财政支出（亿元）	联动给付财政支出占国家财政支出比重（%）	农村养老保险适度水平总系数（%）
2013	875.87	47.00	1143	2065.87	134973.32	1.53	10.71
2014	972.37	47.00	1093	2112.37	150198.31	1.41	10.56
2015	1075.75	49.00	1044	2168.75	145993.70	1.49	10.40
2020	1942.22	89.00	836	2867.22	212347.56	1.35	9.65
2025	2882.00	129.00	1000	4011.00	301320.06	1.33	8.92
2030	6068.90	191.00	926	7185.90	384569.24	1.87	8.42
2035	8175.79	198.00	992	9365.79	478505.79	1.96	7.77
2040	14769.20	247.00	879	15895.20	554719.35	2.87	7.05
2045	17705.15	229.00	776	18710.15	643071.76	2.91	6.36
2050	28458.27	302.00	683	29443.27	745496.42	3.95	5.94

资料来源：根据国家统计年鉴及相关数据计算而得。

（六）社会养老保险和社会救助联合给付财政支出水平

根据表 7-28，社会养老与社会救助联合给付后的财政总支出将从 2009 年的 470.74 亿元增加到 2050 年的 36077.52 亿元。与此同时，全国财

表 7-28　社会养老与社会救助联合给付财政支出总水平及适度性状况

年 份	农村社会养老保险财政总支出（亿元）	社会救助财政总支出（亿元）	社会养老与社会救助联合给付财政总支出（亿元）	全国财政总支出（亿元）	社会养老与社会救助联合给付财政支出占全国财政支出比重（%）	农村养老保险财政支出适度水平总系数（%）
2009	78.04	392.70	470.74	76299.93	0.62	10.33
2010	222.64	479.60	702.24	89874.16	0.78	11.18
2011	658.87	710.70	1369.57	109247.79	1.25	11.02
2012	924.00	1240.00	2164.00	121097.56	1.79	10.87
2013	1053.56	1190.00	2243.56	134973.32	1.66	10.71

续表

年份	农村社会养老保险财政总支出（亿元）	社会救助财政总支出（亿元）	社会养老与社会救助联合给付财政总支出（亿元）	全国财政总支出（亿元）	社会养老与社会救助联合给付财政支出占全国财政支出比重（%）	农村养老保险财政支出适度水平总系数（%）
2014	1195.94	1140.00	2335.94	150198.31	1.56	10.56
2015	1350.75	1093.00	2443.75	145993.70	1.67	10.40
2020	2587.97	925.00	3512.97	212347.56	1.65	9.65
2025	4047.72	1129.00	5176.72	301320.06	1.72	8.92
2030	7921.44	1117.00	9038.44	384569.24	2.35	8.42
2035	11040.63	1190.00	12230.63	478505.79	2.56	7.77
2040	18953.26	1126.00	20079.26	554719.35	3.62	7.05
2045	23244.80	1005.00	24249.80	643071.76	3.77	6.36
2050	35092.52	985.00	36077.52	745496.42	4.84	5.94

资料来源：同表7-27。

政支出将从2009年的76299.93亿元增加到2050年的745496.42亿元。社会养老与社会救助联合给付后的财政总支出占全国财政支出的比重将从2009年的0.62%上升到2050年的4.84%。将社会养老与社会救助联合给付财政支出占全国财政支出的比重与农村养老保险财政支出适度水平总系数比较可知，社会养老与社会救助联动的财政总支出水平并未超过农村养老保险财政支出适度水平，这表明国家财政具有社会养老与社会救助联动的财务支付能力。

（七）基于"三账户"农村社会养老保险财政支出水平评价

在"三账户"模式中，第一账户在初始期中央财政补贴占全国中央财政支出的比重为1.08%，在过渡期为2.34%，在目标期为3.39%，在适度水平区间内发展；第二账户在初始期地方财政补贴占全国地方财政支出的比重为0.3%，在过渡期为0.96%，在目标期为4.16%，在适度水平区间内发展；第三账户在初始期地方财政补贴占全国地方财政支出的比重为0.2%，在过渡期为0.88%，在目标期为1.62%，在适度水平区间内发展。

根据我们的测算，在第三账户中，农民具有一定的实现个人账户目标替代率的缴费能力。在不对个人账户进行财政补贴的条件下，在初始期，农民个人缴纳3.67%的费率能够实现3%的替代率；在过渡期，农民个人缴纳10.47%的费率能够实现15%的替代率；在目标期，农民个人缴纳8.42%的费率能够实现25%的替代率。如果考虑地方财政对农民个人账户进行动态补贴，则农民实现不同阶段替代率所需的实际缴费率分别降低为2.67%、8.47%、3.07%。

根据测算，如果农村社会养老保险仍然沿用基于东部和中西部地区划分的中央与地方财政的分担比例，则农村社会养老保险财政支出总水平占全国财政支出水平的比重不会超过农村养老保险财政支出适度水平总系数。但是，农村社会养老保险中央财政补贴的负担将较重，农村社会养老保险中央财政补贴占全国中央财政支出的比重将不断趋近并最终超过农村养老保险财政支出适度水平中央分系数。与此同时，农村社会养老保险地方财政补贴的负担过轻，农村社会养老保险地方财政补贴占全国地方财政支出的比重远低于农村养老保险财政支出适度水平地方分系数。

如果农村社会养老保险采用"三账户"筹资模式，则农村社会养老保险财政支出总水平的变化趋势不会改变，但是农村社会养老保险中央与地方的分担结构将会有明显改善。农村社会养老保险中央财政补贴的负担将变轻，农村社会养老保险中央财政补贴占全国中央财政支出的比重一直低于农村养老保险财政支出适度水平中央分系数。与此同时，农村社会养老保险地方财政补贴的负担将适度增加，农村社会养老保险地方财政补贴占全国地方财政支出的比重低于农村养老保险财政支出适度水平地方分系数。

第八章　农村社会养老保险制度运行效应

农村社会养老保险制度是继取消农业税、农业直补、新型农村合作医疗等政策之后的又一项重大惠农政策，也是国家实施社会主义新农村建设和扩大内需战略的重要内容。自 2009 年我国开展新型农村社会养老保险制度试点工作以来，农村社会养老保险制度的覆盖范围不断扩大，在实际运行过程中产生了一系列振动效应，如农村老年人口养老保障效应、收入再分配效应、拉动农村居民消费效应、城乡劳动力市场整合与就业效应等。通过对这些效应的分析和评价可以判断农村社会养老保险制度实施的效果和未来的完善方向。

一　农村社会养老保险的农民养老效应

养老保险制度的老年人口养老保障效应是指依靠养老金为退休人员提供基本生活保障的程度。在一般情况下，对养老金提供的基本生活保障效应的判断分为三个指标：一是养老金替代收入的比例；二是养老金补偿消费的程度；三是养老金减轻贫困的效果。我们将分别从这三个指标的分析入手，研究我国实施农村社会养老保险制度后的农村老年人口养老保障效应。

（一）农村社会养老保险养老效应机理

农村社会养老保险制度实行社会统筹与个人账户相结合的制度模式，其中社会统筹账户由国家财政全额补贴，个人账户主要有三部分：个人缴费、财政补助和集体补助。农村社会养老保险制度模式是在"老农保"个人账户模式基础上的创新，引入了财政转移支付的基础养老金制度。与"老农保"相比，现行农村社会养老保险制度对农村老年人口养老保障效应的贡献，主要体现在基础养老金对农村老年人口的养老保障效应上。在农村社会养老保险制度中对年满60周岁的农村老年人发放免费的基础养老金，相当于通过转移支付方式增加农村老年人的收入，在客观上免除了低收入或无收入农村老年人陷入贫困的风险。

（二）农村社会养老保险的替代收入效应

根据农村社会养老保险试点方案及跟踪考察，中央确定的基础养老金给付标准从2009年至2012年一直保持55元/月的水平。《社会保障"十二五"规划纲要》指出，在"十二五"期间要建立基本养老金正常调整机制，提高农村社会养老保险基础养老金标准。假定从2013年开始对农村社会养老保险基础养老金按CPI和农村人均纯收入增长率之和实施动态调整，现行基础养老金水平及动态调整后的农村社会养老保险基础养老金替代农村人均纯收入的比重见表8-1。

表8-1　农村社会养老保险基础养老金替代农村人均纯收入水平

年　份	基础养老金（元/月）	农村人均纯收入（元/年）	基础养老金替代农村人均纯收入水平的比重（%）
2009	55.00	5153.20	12.81
2010	55.00	5919.00	11.15
2011	55.00	6977.29	9.46
2012	61.05	7535.48	9.72
2013	67.77	8138.31	9.99
2014	75.22	8789.38	10.27
2015	83.49	9492.53	10.55
2020	140.69	13947.64	12.10
2025	216.47	18665.09	13.92
2030	333.07	24978.10	16.00
2035	503.13	30389.68	19.87

续表

年 份	基础养老金（元/月）	农村人均纯收入（元/年）	基础养老金替代农村人均纯收入水平的比重（%）
2040	760.03	36973.69	24.67
2045	1148.11	44984.14	30.63
2050	1734.33	54730.09	38.03

注：①基础养老金按CPI和农村人均纯收入增长率之和动态调整；②农村人均纯收入增长率2012~2020年为8%，2021~2030年为6%，2031~2050年为4%。

资料来源：由《中国统计年鉴》（历年）及相关数据计算而得。

2009~2011年中央确定的基础养老金并未进行动态调整，因此这段时间基础养老金替代当期农村人均纯收入的比重从12.81%下降到9.46%，这意味着未动态调整的基础养老金对农村老年人口的养老保障效应开始减弱。假设从2012年开始农村社会养老保险基础养老金按照CPI和农村人均纯收入增长率之和进行动态调整，调整后的基础养老金替代当期农村人均纯收入的比重开始提高，将从2012年的9.72%上升到2050年的38.03%，这意味着农村社会养老保险基础养老金的养老保障效应不断增强。

（三）农村社会养老保险的补偿消费效应

农村社会养老保险试点方案提出由中央确定的农民基础养老金标准为不低于每人每月55元，这相当于增加了农村老年人的可支配收入，补偿了农村老年人日常生活消费的一部分支出。2009年由中央确定的每人每月55元的基础养老金水平能够替代全国平均农村居民消费支出的16%左右。但是，由于中国经济发展不平衡，各地区的消费习惯和消费水平存在一定的差距，同样的中央基础养老金水平，补偿消费的程度却不一致，中西部地区农村社会养老保险基础养老金补偿消费水平高于全国平均水平，东部地区低于全国平均水平，东北地区则与全国平均水平接近。

农村社会养老保险基础养老金的功能定位是保障农村居民的基本生存公平，重点解决农村老年人对食品等维持生命所需的消费品的需要。

按照农村养老保险体系的目标框架及适度水平，农村社会养老保险基础养老金水平至少应该达到农民平均的恩格尔系数水平，这样才能为农村老年人提供最低层次的养老安全网。2009~2011年由中央确定的基础养老金为每人每月55元，将其与农村居民家庭平均每人生活消费支出比较，可以判断基础养老金的给付水平较低，仅能补偿农民平均食品消费支出的1/3左右，农村社会养老保险基础养老金还有进一步提升的空间。

同时，也应该注意到农村老年人与年轻人之间存在生活消费的差异，这些差异不仅表现在消费结构上，还表现在消费水平上。例如，年轻人除了衣、食、住、行等基本生活消费外，对家庭设备、文教娱乐等其他商品消费需求较高；而老年人的消费结构除了衣、食、住、行基本生活消费外，对医疗保健的消费需求较高。而且在衣、食、住、行等基本生活消费中，老年人的消费支出明显低于年轻人的消费支出。根据我们对辽宁省沈阳市沈北新区农户的问卷调查，农村老年人每月的基本生活费用支出平均为200~300元，农村年轻人每月的基本生活费用支出平均为600~800元。农村社会养老保险基础养老金每人每月55元的给付水平较低，仅能补偿农民低收入户食品消费的60%和中低收入户食品消费的50%。

根据《社会保障"十二五"规划纲要》，未来农村社会养老保险基础养老金将建立自动调整的增长机制。为了判断未来农村社会养老保险基础养老金对养老补偿消费效应的影响，我们采用CPI和农村人均纯收入增长率之和作为调整指数对基础养老金进行动态调整，然后将调整后的基础养老金占农村人均纯收入的比重与农村恩格尔系数进行比较，以此来判断基础养老金的补偿消费效应（见表8-2）。

表8-2 基础养老金补偿消费比例与恩格尔系数比较

年 份	基础养老金（元/月）	农民日常消费支出（元/年）	基础养老金占消费支出比重（%）	农村恩格尔系数（%）
2009	55.00	3993.45	16.53	41.00
2010	55.00	4381.82	15.06	41.10
2011	55.00	5221.13	12.64	40.40

续表

年　份	基础养老金 （元/月）	农民日常消费 支出（元/年）	基础养老金占消费 支出比重（％）	农村恩格尔 系数（％）
2012	61.05	5638.82	12.99	39.37
2013	67.77	6089.93	13.35	38.34
2014	75.22	6577.12	13.72	37.31
2015	83.49	7103.29	14.11	36.28
2020	140.69	10437.06	16.18	31.13
2025	216.47	13967.15	18.60	25.98
2030	333.07	18691.19	21.38	20.83
2035	503.13	22740.69	26.55	20.00
2040	760.03	27667.53	32.96	20.00
2045	1148.11	33661.78	40.93	20.00
2050	1734.33	40954.71	50.82	20.00

注：①基础养老金按 CPI 和农村人均纯收入增长率之和动态调整；②农民日常生活消费支出增长率 2012～2020 年为 8%，2021～2030 年为 6%，2031～2050 年为 4%；③农村恩格尔系数按照平均变动率变化，农村恩格尔系数下降到 20% 后保持不变。

2009～2011 年中央确定的基础养老金并未进行动态调整，因此这段时间基础养老金占当期农村日常消费支出的比重从 16.53% 下降到 12.64%，这意味着未动态调整的基础养老金对农村老年人口的补偿消费效应随着农民日常生活消费支出的增长而减弱。假设从 2012 年开始农村社会养老保险基础养老金进行动态调整，当按照 CPI 和农村人均纯收入增长率之和进行动态调整时，农村社会养老保险基础养老金占农民日常生活消费支出的比重逐步提升，将从 2012 年的 12.99% 上升到 2050 年的 50.82%，基础养老金的养老补偿消费效应不断增强。

（四）农村社会养老保险的减贫效应

农村社会养老保险基础养老金作为国家财政的转移支付，增加了农村老年人的收入，提高了预防老年贫困风险的能力。我国于 2009 年开始实施新型农村社会养老保险制度试点，对年满 60 周岁的农村老年人免费发放 55 元/月（660 元/年）的基础养老金。2009 年农村贫困线标准为 1196 元，农村社会养老保险基础养老金的给付水平相当于2009年贫困线标准的55.18%。中国在建立农村贫困线制度的基础上实施了最低生活保障制度，对收入达不到最低生活保障标准的家庭给予差额补助。2009年农村低保平均每月人均补助为68元，农村社会养老保险基础养老金给付水平相当于低保补助的80.88%。农村老年人在初始财富基础上，通过转移支付额外享受农村社会养老保险基础养老金，降低了陷入贫困生活的风险。

根据《社会保障"十二五"规划纲要》，未来农村社会养老保险基础养老金将建立自动调整的增长机制。为了判断农村社会养老保险基础养老金动态调整对减贫效应的影响，我们将动态调整后的基础养老金与农村贫困线和农村低保人均补助标准进行比较（见表8-3）。2009~2012年中央确定的基础养老金并未进行动态调整，而农村贫困线和低保人均给付标准不断上升，特别是2011年中央决定将农民人均纯收入2300元作为新的国家扶贫标准，按照2011年人民币兑美元的平均汇率，约为每天0.97美元。贫困线的上调导致农村社会养老保险基础养老金占贫困线的比重从2009年的55.18%下降到2011年的28.7%；农村社会养老保险基础养老金占农村人均低保补助的比重从2009年的80.88%下降到2011年的51.84%。

假设从2012年开始农村社会养老保险基础养老金按照CPI和农村人均纯收入增长率之和进行动态调整，农村社会养老保险的减贫效果不断增强，表现为基础养老金占农村贫困线和农村低保人均补助的比重不断上升。基础养老金占农村贫困线的比重将从2012年的30.92%上升到2050年的185.83%，基础养老金占农村低保人均补助的比重将从2012年的51.54%上升到2050年的309.72%（见表8-3）。

表8-3 农村社会养老保险基础养老金与农村贫困线、低保人均补助比较

年　份	基础养老金（元/月）	农村贫困线（元/年）	农村低保人均补助（元/月）	基础养老金占贫困线比重（%）	基础养老金占低保补助比重（%）
2009	55.00	1196.00	68.00	55.18	80.88
2010	55.00	1274.00	74.00	51.81	74.32

续表

年 份	基础养老金（元/月）	农村贫困线（元/年）	农村低保人均补助（元/月）	基础养老金占贫困线比重（%）	基础养老金占低保补助比重（%）
2011	55.00	2300.00	106.10	28.70	51.84
2012	61.05	2369.00	118.45	30.92	51.54
2013	67.77	2440.07	122.00	33.33	55.55
2014	75.22	2513.27	125.66	35.91	59.86
2015	83.49	2588.67	129.43	38.70	64.51
2020	140.69	3000.98	150.05	56.26	93.76
2025	216.47	4457.34	222.87	58.28	97.13
2030	333.07	5167.28	258.36	77.35	128.92
2035	503.13	7188.35	359.42	83.99	139.98
2040	760.03	8333.27	416.66	109.45	182.41
2045	1148.11	9660.54	483.03	142.61	237.69
2050	1734.33	11199.22	559.96	185.83	309.72

注：①基础养老金按CPI和农村人均纯收入增长率之和动态调整。②2011年中央决定将农民人均纯收入2300元作为新的国家扶贫标准，按照2011年人民币兑美元的平均汇率，约为每天0.97美元的贫困标准，仍略低于世界银行提出的每天1.25美元的标准。假设从2021年开始中国农村贫困线标准上调为每天1.25美元（2011年不变价）；从2031年开始中国农村贫困线标准上调为每天1.5美元（2011年不变价）。③农村低保月人均补助恒为农村贫困线标准的60%。

资料来源：《中国统计摘要（2012）》、《人力资源和社会保障统计公报》（历年）。

二 农村社会养老保险的收入再分配效应

收入再分配功能是政府介入养老保险业务的主要理由之一[1]，世界上绝大多数国家都建立了以优化收入分配格局及免除老年人生存风险为动机的社会养老保险制度。社会养老保险制度的再分配效应主要是指养老保险调节财富在同一代人不同收入人群之间或代与代之间转移的效应。[2]

---

[1] P. Diamond, "A Framework for Social Security Analysis," *Journal of Public Economics*, 1977 (3).

[2] 刘子兰、周熠：《养老保险制度再分配效应研究简述》，《消费经济》2010年第2期，第76页。

(一) 农村社会养老保险收入再分配效应机理

出于对代际再分配效应和代内再分配效应的价值取向差异，社会养老保险制度划分为不同的制度模式。现收现付制社会养老保险制度的收入分配效应包括转移效应和替代效应，主要是在代与代之间进行财富再分配；基金制社会养老保险制度主要是一代内部个人福利的转移，其替代效应没有现收现付制明显。[①]

在衡量和评估社会养老保险制度的收入再分配效应时，一般倾向于采用局部均衡分析方法，将利率、经济增长率等经济变量视为外生变量，根据具体的养老保险制度模式，在合理假设的基础上，运用保险精算的基本方法建立参保人员的缴费和受益模型，分别测算参保人的缴费贡献与给付现值，通过比较缴费贡献与给付现值之间的差距，度量参保人的净受益规模，以此判断养老保险的收入再分配效应。如果参保人的缴费贡献等于给付现值，则判断该制度模式不存在收入再分配效应；如果给付现值大于缴费贡献，则该制度模式存在正的收入再分配效应；如果给付现值小于缴费贡献，则该制度模式存在负的收入再分配效应。

(二) 农村社会养老保险收入再分配效应模型

1. 基本假设

根据收入再分配效应的分析思路，在建立效应测算模型前需要进行以下条件假设：①选取农村社会养老保险试点建立年份（2009年）为基准年份，假定所有符合条件的农村居民在2009年参保；②假定农村人口处于封闭状态，即不考虑人口迁移因素；③假定参保人员的养老金领取年龄统一为60岁；④假定参保人员的死亡年龄统一为平均余命（71.58岁），即从60岁开始领取，领取11.58年；⑤假定基础养老金按照CPI指数动态调整；⑥假定集体经济不补贴个人账户；⑦假定缴费档次100～500元不变；⑧假定地方财政对参保缴费补贴保持30元/年不变，且对各缴费档次的补贴额相同。

---

① 柳清瑞、穆怀中：《基于代际交叠模型的养老保险对资本存量和福利的影响》，《辽宁大学学报》（哲学社会科学版）2003年第2期。

2. 模型建立

（1）缴费模型

第一，"老人"缴费模型。

对"老人"（年龄大于等于60岁）而言，其无须缴纳养老保险费，而可以直接享受农村社会养老保险基础养老金。"老人"的缴费总额公式为：

$$FVC_1 = 0 \qquad (8-1)$$

其中，FVC_1 代表"老人"的缴费总额。

第二，"中人"缴费模型。

对"中人"（年龄大于等于45岁，小于60岁）而言，其从参保年龄开始缴纳保险费，缴费年限不足15年的一次性补足保费，地方财政对参保和补缴保费均进行补贴。其中一次性补缴保费的计算方法与"新人"按年缴费的方法相类似，自由选择缴费档次，只是缴费年限存在差异，这里一次性缴费年限为参保年龄距离退休年龄不满15年的差距，具体表述为：$[15-(R-X)]$；在补足缴费后，其余时间按照年缴费标准继续缴费，计算方法与"新人"完全相同。因此，"中人"缴费总额分为一次性趸缴补足保费和按年缴纳保费两部分，公式为：

$$FVC_2 = (G+C_r)[15-(R-X)](1+i)^{R-X} + \sum_{S=X}^{R}(G+C_r)(1+i)^{R-S} \qquad (8-2)$$

其中，FVC_2 代表"中人"缴费总额，G 代表政府参保补贴，C_r 代表缴费档次，R 代表养老金领取年龄，X 代表参保年龄，i 代表利率。

第三，"新人"缴费模型。

对"新人"（年龄大于等于16岁，小于45岁）而言，其从参保年龄开始缴纳保险费，公式为：

$$FVC_3 = \sum_{S=X}^{R}(G+C_r)(1+i)^{R-S} \qquad (8-3)$$

其中，FVC_3 代表"新人"缴费总额。

(2) 给付模型

第一，基础养老金给付模型。

农村社会养老保险基础养老金按照 55 元/月的初始水平，并根据 CPI 自动调整发放。

$$PVB_1 = \sum_{S=X}^{D} \frac{B(1+h)^{S-R}}{(1+i)^{S-R}} \tag{8-4}$$

其中，PVB_1 代表基础养老金给付，D 代表死亡年龄，h 代表基础养老金调整指数。

第二，个人账户养老金给付模型。

个人账户养老金按照精算平衡原则，即总缴费＝总给付的原则，结合平均余命进行发放。同时，由于缴费时分为"中人"和"新人"，他们之间的缴费年限存在差异，缴费积累值不同，个人账户养老金给付也不同。

"中人"个人账户养老金给付公式：

$$PVB_2 = \sum_{S=R}^{D} \frac{(G+C_r)[15-(R-X)](1+i)^{R-X} + \sum_{S=X}^{R}(G+C_r)(1+i)^{R-S}}{11.58(1+i)^{S-X}} \tag{8-5}$$

"新人"个人账户养老金给付公式：

$$PVB_3 = \sum_{S=R}^{D} \frac{\sum_{S=X}^{R}(G+C_r)(1+i)^{R-S}}{11.58(1+i)^{S-X}} \tag{8-6}$$

在养老金给付模型中，"老人"养老金总给付为基础养老金现值，"中人"养老金总给付为基础养老金现值加上"中人"个人账户养老金现值；"新人"养老金总给付为基础养老金现值加上"新人"个人账户养老金现值。

(3) 净收益模型

净收益模型用于计算农村社会养老保险制度参保人总收益与总缴费的差额，体现为不同参保年龄、不同缴费档次的缴费贡献与给付现值的差距，具体计算公式为：

$$\pi = PVB - FVC \tag{8-7}$$

其中，π 代表农村社会养老保险制度参保人的净收益，如果 $\pi>0$，则收入再分配效应为正；如果 $\pi=0$，则收入再分配效应为零；如果 $\pi<0$，则收入再分配效应为负。

3. 参数选取

根据假设前提及经验研究，确定模型所需参数如下：①养老金领取年龄统一为 $R=60$ 岁，参保人员死亡年龄统一为 $D=71.58$ 岁，养老金领取年限为 11.58 年；②利率水平参照金融机构人民币一年期存款利率，假定 $i=3\%$；③物价指数假定长期保持 3% 不变；④缴费基数保持 100～500 元/年不变，且参保人的缴费档次选择的倾向保持不变；⑤财政保持无弹性参保补贴 30 元/年不变。

（三）农村社会养老保险收入再分配效应测算结果及分析

1. 农村社会养老保险财政转移再分配效应

无论农村社会养老保险制度参保人选择何种缴费档次、选择什么年龄参加养老保险制度，所有参保农村居民的净受益额均为正。这说明所有的农村社会养老保险制度参保人员都能够从参保中获得新的财富，该制度实现了国民财富对农村参保居民的转移支付，具有较强的一代内部的再分配效应。在一定时期，国民财富的总量是既定的。国民财富按要素贡献在城市居民和农村居民之间进行初次分配，农村社会养老保险制度以再分配的方式增加了农村居民的财富，意味着财富由城镇居民向农村居民的部分转移，这有利于缩小城乡之间的福利差距。

2. 农村社会养老保险代际收入再分配效应

农村社会养老保险制度试点模式中不同参保年龄农民的净收益有较大差距。无论选择何种缴费档次，在 16～59 岁的参保人之间，参保年龄越高，净收益越大。年青一代（如参保年龄在 45 岁以下者）的净收益均显著低于中老年一代（如参保年龄为 45～59 岁的群体）。至于投保年龄超过 60 岁养老金领取年龄的农民，其净收益逐渐降低是因为模型假定农民个体的死亡年龄统一为 71.58 岁，越接近死亡年龄的投保人所能够享受到的基础养老金年限越短，财政对他们的转移支付金额就越少。这说明农村社会养老保险试点模式实现了财富从年青一代向年老一代的转移，具有较强的代与代之间的收入再分配效应。这种较强的代际收入再分配效应反映在农民对进入养老保险年龄的选择上。根据问卷调查，越接近养老金领取年龄、距回报时间越短的农民的参保率越高，而作为制度缴费主体的年轻农民的参保率却偏低。如 45～60 岁农民参加农村社会养老保险的比例为 60.04%，45 岁以下农民参加农村社会养老保险的比例为 44.83%。[1] 为了鼓励更多的农村年轻人参加养老保险制度，可以选择缴费年限与养老金领取相挂钩的补贴激励机制。这需要调整模型参数进行模拟分析来验证。

此外，在参保年龄同样的条件下，缴费档次越高的参保人享受的净收益越小。这种情况与丁煜的研究相吻合，"采取固定额度缴费和参保补贴，个人账户积累基金将会累退式增长"。[2] 这将鼓励农民选择较低的缴费档次。根据对辽宁省第一批农村社会养老保险试点县阜新市彰武县的问卷调查，在已参保的农户中有 88% 的农民选择 100 元/年的最低档次。[3] 建立固定费率缴费方式和弹性参保补贴机制可能有助于改善这种不公平的缴费机制，激励农民选择较高的消费档次，增加缴费积累，这需要进一步调整模型参数进行模拟分析来验证。

3. 农村社会养老保险缩小城乡收入差距效应

农村社会养老保险制度通过财政直接补贴的方式实现了国民财富向农村的转移，增加了农村居民的家庭人均纯收入。农村社会养老保险基金支出直接用于支付 60 岁及以上农村老年人的养老金，这些养老金若按照农村人口数进行换算，相当于每年为农村居民平均提供收入净转移 11～90 元。为了分析农民养老金收入对城乡收入差距的影响，我们比较了包含农村社会养老保险基金支出的城乡居民收入水平比和未包含农村社会养老保险基金支出的城乡居民收入水平比。通过比较发现，包含农村社会养老保险基金支出的城乡居民收入差距小于未包含农村社会养老保险基金支出的城乡

---

[1] 穆怀中、闫琳琳：《新型农村养老保险参保决策影响因素研究》，《人口研究》2012 年第 1 期。
[2] 丁煜：《新农保个人账户设计的改进：基于精算模型的分析》，《社会保障研究》2011 年第 5 期。
[3] 鲁欢：《新农保最低缴费档次"受宠"原因及对策分析——基于对辽宁省阜新市彰武县 400 户农户调查的研究》，《社会保障研究》2012 年第 2 期。

居民收入差距，在2009～2011年农村社会养老保险的试点范围逐步扩大期间，养老金转移支付每年使城乡居民的收入差距降低0.01～0.04倍。农村社会养老保险的覆盖范围越广、转移支付水平越高，对缩小城乡居民收入差距的效应越大。

综上，农村社会养老保险由于建立了财政全额补贴的社会统筹和个人账户相结合的养老金制度，在实际运行中产生了财政转移收入再分配、代际收入再分配、缩小城乡收入差距的效果。第一，农村社会养老保险基础养老金让所有的农村社会养老保险制度参保人员都能够从参保中获得新的财富，实现了国民财富对农村参保居民的转移支付，具有较强的一代内部的再分配效应。第二，在农村社会养老保险的统账结合模式下，年青一代（如参保年龄在45岁以下者）的净收益均显著低于中老年一代（如参保年龄为45～59岁的群体），这说明农村社会养老保险的试点模式实现了财富从年青一代向年老一代的转移，具有较强的代际收入再分配效应。第三，农村社会养老保险制度通过基础养老金财政直接补贴的方式实现了国民财富向农村的转移，增加了农村居民的家庭人均纯收入，在2009～2011年农村社会养老保险的试点范围逐步扩大期间，基础养老金的转移支付每年使城乡居民的收入差距降低0.01～0.04倍。

三 农村社会养老保险拉动农村居民消费的效应

社会养老保险制度主要通过对参保人实施跨期缴费和给付的政策来改变参保人现在和未来的收入预期，其目标是使参保人的消费福利在生命两期（工作期和退休期）能达到某种程度的均衡。[①]

（一）农村社会养老保险拉动农村居民消费的效应机理

由于中国现有的社会保障体系尚不完善，城乡居民对未来收入预期的不稳定性加剧，为应对住房、教育、医疗等领域的消费风险而加强预防性

---

① 柳清瑞：《部分积累制养老保险计划对消费决策的影响》，《中国人口科学》2005年第S1期。

储蓄，降低可支配收入中的消费比例。按照凯恩斯的消费理论，平均消费倾向会随着收入的提高而下降。但通过与美国等国家的同期平均消费倾向变动比较可以发现，美国的平均消费倾向在收入增长的同时基本稳定在 0.90~0.92 的水平，而中国的平均消费倾向下降较快，可见传统的凯恩斯理论并不能对居民平均消费倾向的变化做出一致性解释，[1] 中国平均消费倾向的下降更可能与社会保障体系不完善情况下居民预防性储蓄的增加有关。

农村社会养老保险制度采取的个人缴费和参保补贴相结合的筹资手段，对农村居民消费的影响是双重的。一方面，财政补贴增加了老年人的收入，提高了农民对养老安全的预期，有助于减弱农村年轻人预防性储蓄的动机；另一方面，个人账户的筹资对农民的当期消费会产生一定的抑制作用。从农村社会养老保险试点的实施情况来看，老年人的消费增加幅度可能超过年轻人的消费抑制程度，表现在自 2009 年实施农村社会养老保险制度以来，农村居民的平均消费倾向有所抬升。当然，农村社会养老保险制度拉动农村居民消费的效应还需要通过实证分析来判断。

（二）农村社会养老保险拉动农村居民消费的效应模型

1. 模型建立

社会保障对消费的影响一般要纳入经典消费函数中来研究。我们以 Ando 和 Modigliani 提出的生命周期模型[2]作为消费函数的表达形式，见公式 (8-8)。

$$C_t = \alpha + \beta_1 Y_t + \beta_2 W_{t-1} \qquad (8-8)$$

其中，C_t 代表当期消费，Y_t 代表持久收入（可由农民可支配收入来衡量），W_{t-1} 代表家庭在上年年底的存量财富。

---

[1] 杨河清、陈汪茫：《中国养老保险支出对消费的乘数效应研究——以城镇居民面板数据为例》，《社会保障研究》2010 年第 3 期。

[2] Ando, A. & Modigliani, F., "Tests of the Life Cycle Hypothesis of Saving: Comments and Suggestions," *Oxford Institute of Statistics Bulletin*, 1957, 19, pp. 99–124.

农村养老保险支出相当于增加农民的财富或收入，可以将其作为自变量扩展到消费函数中，得到农村养老保险支出对农民消费影响的计量经济学基本模型，见公式（8-9）。

$$consume = \alpha + \beta_1 income + \beta_2 wel\_lag + \beta_3 old \qquad (8-9)$$

其中，$consume$ 代表农村居民家庭平均每人生活消费支出，$income$ 代表农村居民人均纯收入，wel_lag 代表上一年城乡居民人民币储蓄存款余额，old 代表农村养老保险基金支出。

在现实生活中，农村居民家庭的消费决策不仅受当期收入、上一年存量财富以及养老保险支出的影响，还会受到其他控制变量的影响。①根据杜森贝利提出的消费棘轮效应理论，农村居民的当期消费水平还取决于消费习惯，受上一年消费水平的刚性影响；②由于农村居民收入的滞后性，农民的当期消费水平还受到上一年收入水平的影响；③一个国家或地区的经济发展水平对消费也会产生某种趋势性决定作用；④农村养老保险覆盖范围对农民获得养老金的预期产生影响，进而影响农民的预防性储蓄动机和当期消费决策。因此，为了全面把握农村居民家庭消费水平的解释变量，我们在公式（8-9）的基础上扩展了4个自变量：$consume\_lag$（上一年农村居民家庭消费支出）、$inco\_lag$（上一年农村人均纯收入）、GDP、$popu$（农村养老保险参保人数）。同时，出于数据优化及模型拟合的需要，对 GDP、wel_lag 采取对数表达形式。

2. 变量选取

农村社会养老保险制度的实施时间较短，但是推进速度较快。农村社会养老保险制度从2009年覆盖10%的县扩大到2010年覆盖24%的县，并进一步扩大到2011年覆盖60%的县。在农村社会养老保险制度尚未实现全覆盖之前，其拉动农村消费的潜力还未得以完全释放。考虑数据的可获得性以及分析的可靠性，我们选取覆盖范围较为广泛的2011年作为研究截面，利用全国除港澳台以外的31个省（市、区）农村社会养老保险支出、农村居民生活消费等变量对模型的回归系数进行估计。计入回归模型相关变量的描述性统计见表8-4。

表 8-4 农村社会养老保险拉动消费回归模型相关变量描述性统计

变 量	平均值	中值	最大值	最小值	总和	观察值
consume	5504.115	4726.64	11077.66	2741.6	170627.6	31
consume_lag	4581.403	4013.17	10210.46	2666.92	142023.5	31
lnGDP	9.37067	9.440023	10.88201	6.406599	290.4908	31
income	7480.23	6604.03	16053.79	3909.37	231887.1	31
inco_lag	6326.766	5529.59	13977.96	3424.65	196129.8	31
old	18.95775	12.26469	82.6826	1.516	587.6902	31
popu	1053.015	806.5762	3545.97	75.8631	32643.45	31
lnwel_lag	8.80108	8.960401	10.50009	5.587742	272.8335	31

资料来源：《中国统计年鉴》（2012 年）。

（三）农村社会养老保险拉动农村居民消费的效应测算结果及分析

在对上述模型进行估算时，模型中的变量样本数据为 2011 年 31 个省（市、区）的相关数据。利用 Eviews6.0 软件采用最小二乘法对模型变量数据进行回归分析，拟合结果见表 8-5。模型（1）是利用源数据里全部变量的各省（区、市）截面数据采用 OLS 方法进行的回归，尽管拟合优度较高，意味着自变量能够解释绝大部分因变量的变动，但是待考察变量 old 并不显著，说明在模型（1）中不能用农村养老保险支出来解释农村居民生活消费的变动。但是应该注意到在模型（1）中上一年度消费水平以及养老保险参保人数变量显著，且上一年度消费水平与当期消费水平正相关，养老保险参保人数与当期消费水平弱负相关。

通过进一步检验发现，模型（1）存在截面数据异方差现象，这将导致估算系数不可信。为了校对异方差问题，在模型（2）中以各省参加养老保险人数作为权重进行 WLS 方法回归，有效抑制了异方差现象，模型拟合优度提升，农村养老保险支出、上一年度消费水平、农村养老保险参保人数变量显著，且当期农村居民消费水平与上一年度消费水平、农村养老保险支出正相关，与农村养老保险参保人数负相关。这可以解释为农村养老保险参保人数增加，从而对农村居民的当期消费产生了一定抑制作用。从变量系数上看，农村养老保险支出拉动农民消费的效应大于参保缴费抑制农民消费的效应。

表 8-5 农村社会养老保险拉动消费的回归模型拟合结果

变 量	模型（1）OLS	模型（2）WLS	模型（3）WLS	模型（4）WLS
old	1.42249	4.332001**	4.268786*	2.838979**
	(0.6758)	(0.0771)	(0.0424)	(0.0850)
$income$	-0.310742	-0.104214		
	(0.3470)	(0.8141)		
$lnwel\_lag$	-149.213	-246.4756		
	(0.5240)	(0.3002)		
$consume\_lag$	0.776598*	1.041493*	1.189339*	1.19647*
	(0.0000)	(0.0000)	(0.0000)	(0.0000)
$lnGDP$	362.377	430.7461		
	(0.1681)	(0.1496)		
$popu$	-0.153226**	-0.15068*	-0.037547	
	(0.0832)	(0.0389)	(0.2560)	
$inco\_lag$	0.539604	0.175208		
	(0.1975)	(0.7454)		
C	-1091.42**	-1387.393	41.02707	-30.75354
	(0.0700)	(0.2101)	(0.7550)	(0.7915)
Adjusted R-squared	0.986588	0.986909	0.986798	0.986635

注：括号内为 p 值，其中 * 代表在 5% 水平上显著，** 代表在 10% 水平上显著。

在模型（2）中仍有一些变量不显著，如农村人均纯收入、GDP、存量财富。为了更好地反映模型的拟合精确度，在模型（3）中对不显著变量予以剔除，同样采用 WLS 估计方法回归，农村养老保险支出变量显著性得以提升，但农村养老保险参保人数变量不再显著。于是，在模型（4）中对不显著变量再予以剔除，同样采用 WLS 估计方法回归，农村养老保险支出变量虽然显著，但是其显著性较模型（3）有所下降。在所有模型的回归过程中，上一年度农村居民消费水平这一变量一直非常显著，这表明农村居民当期消费水平在较大程度上依赖上年消费水平，这也印证了农村居民消费存在固定消费习惯的棘轮效应。

为了简便理解自变量与因变量的关系，根据模型（4）的回归系数拟合方程：

$$consume = -30.75354 + 1.19647 consume\_lag + 2.838979 old \quad (8-10)$$

根据公式（8-10），农村居民生活消费支出主要由农村居民上一年度消费水平及农村养老保险支出来解释，在其他情况不变的前提下，农村养老保险基金支出平均每增加1亿元，当年农村居民每人平均的生活消费水平增加约2.8元。2011年农村居民人口数约为6.5亿，相当于拉动农村居民整体生活消费支出18亿元左右。同时，上一年度消费水平对当年消费产生正的影响，符合杜森贝利的相对收入理论假设，消费者的当期消费支出受过去的消费习惯和消费水平影响，我国农村过去的消费水平对当期消费水平的影响系数为1.2左右。

四 农村社会养老保险的劳动力市场整合与就业效应

中国的劳动力市场是伴随着改革进程而不断发育的，呈现变化迅速的动态特征。受经济体制变迁及户籍制度影响，中国的劳动力市场呈现制度性分割的特征。劳动力市场的制度性和体制性分割扭曲了收入分配关系，降低了经济效率，并减少了就业量和产出量。[1] 为了提高效率、促进劳动公平，需要对城乡劳动力市场进行整合，减少制度性和体制性障碍，提升劳动力市场的一体化程度。

（一）城乡劳动力市场整合与就业效应机理

城乡劳动力市场的制度性分割阻碍了农村劳动力的自由流动，限制了农村劳动力城乡居住选择的自主性，损害了农村流动劳动力的福利。一方面，在农村存在大量剩余劳动力的阶段，城乡劳动力市场工资存在差距，农村劳动力有进城务工增加收入的愿望；另一方面，受户籍制度等分割性障碍影响，外来务工劳动力一般较难进入城市正规部门，大多从事非熟练性劳动，乡城迁移者在劳动薪酬、住房、健康保险和养老保险方面得到的

---

[1] 赖德胜：《论劳动力市场的制度性分割》，《经济科学》1996年第6期。

待遇明显差于城市职工。[1] 雇主因为外来务工人员不具有城市身份而支付其低于城市劳动力的工资,在外来劳动力与城市本地劳动力就业岗位内的工资差异中,有39%的差异是由制度性歧视因素引起的。[2] 农村劳动力乡城流动就业以增加收入福利的主观意愿与劳动力市场分割导致的农民工市民化道路受阻形成迁移选择性矛盾。农村社会养老保险制度的实施填补了农村养老保险的空白,有利于农村劳动力在乡城转移就业中实现城乡养老保险对接,减弱了农民工因城乡福利差异而进行迁移选择的硬性约束。

(二) 农村社会养老保险对农村劳动力向城市流动规模的影响

根据《2011年我国农民工调查监测报告》中的数据,2011年全国农民工总量达到25278万人,比上年增加1055万人,增长4.4%。其中,外出农民工达到15863万人,增加528万人,增长3.4%。住户中外出农民工达到12584万人,比上年增加320万人,增长2.6%;举家外出农民工达到3279万人,增加208万人,增长6.8%;本地农民工达到9415万人,增加527万人,增长5.9%。

在全国农民工数量稳步增长的同时,也出现了一些结构性变化。在农民工就业流向中,中西部地区务工农民工增长较快,东部沿海地区务工农民工比重下降。在农民工就业地域分布中,跨省外出农民工数量减少,本地就业农民工数量增加。农民工流动的结构性变化与多种因素有关:一是2008年金融危机以来,东部沿海地区外贸订单减少,一些劳动密集型代工厂出现了停工、裁员的现象,农民工选择返乡打工或回农村从事农业生产;二是在后金融危机国内经济复苏时,东部地区一些工厂又出现了招工难等问题,农民工对东部地区生活的期望工资有所提高,一部分农民工在产业转移和西部大开发战略中选择到生活成本相对较低的中西部地区打工;三是农村实施农村社会养老保险制度后,农村老年生活有了保障,缩小了城乡之间的福利差距,使农民在选择城乡、跨区域流动就业时有了更

---

[1] John Knight, Lina Song and Huaibin Jia, "Chinese Rural Migrants in Urban Enterprises: Three Perspectives," *The Jouranal of Development Studies*, Feb. 1999, pp. 73 - 104.
[2] 王美艳:《城市劳动力市场上的就业机会与工资差异》,《中国社会科学》2005年第5期。

大的选择自主性。这些选择自主性的提升来自产业转移和西部开发为中西部农民工创造了本地就业机会；农村社会养老保险制度等农村其他社会保障制度的完善减弱了城乡就业转移的障碍。农民工在工作机会、收入水平、生活成本、福利改善等方面进行综合权衡做出迁移决策。

(三) 农村社会养老保险对农村劳动力向城市流动意愿的影响

为了更为详细地了解农民向城市转移的意愿以及农村社会养老保险制度对农村劳动力转移就业决策的影响，我们对辽宁省首批农村社会养老保险试点县之一阜新市彰武县进行了农村家庭入户调查。调查显示，在农村社会养老保险制度实施以后，大部分农民并不打算外出打工，在受访农户中对外出打工表示"不一定"和"肯定不会去"的比重分别为45.7%和45.6%，表示"肯定会去"的比重仅为8.7%。为了从更大的样本上验证农村社会养老保险实施后农民外出打工意愿的稳定性，我们对全国20个省市农户发放了1350份问卷。针对同样的问题，全国样本与阜新市彰武县样本反映的事实基本一致。在全国20个省市的问卷调查中，农村社会养老保险制度实施以后大部分农民仍并不打算外出打工，在受访农户中对外出打工表示"不一定"和"肯定不会去"的比重分别为44.6%和20.2%，表示"肯定会去"的比重为15.4%。这说明农村社会养老保险实施以后农民的养老生活有了保障，城乡之间的福利差距有所缩小，农民原本想通过外出打工增加收入或福利保障的积极性有所减弱。

农村劳动力向城市流动的意愿存在年龄差异，在农村社会养老保险实施后，农村年轻人外出打工的意愿高于年长者。彰武县农民各年龄组选择"肯定会去"的相应比例分别为：20岁以下14.6%；21~40岁12.3%；41~60岁6.1%；61岁以上1.6%。各年龄组选择"肯定不会去"的相应比例分别为：20岁以下22.0%；21~40岁27.8%；41~60岁58.9%；61岁以上63.9%。可见，随着年龄的增加，各年龄组选择"肯定会去"打工的比例逐渐降低，选择"肯定不会去"打工的比例逐渐提高。农民年龄越接近农村社会养老保险养老金领取年龄越不想外出打工。

通过以上调查结果可以判断，农村社会养老保险制度给农民的老年养老生活带来制度性保障,并在一定程度上降低了农民外出打工的意愿。有理由相信农民的这种选择是对"是否外出打工"进行福利获得比较后的理性决策,实际上大多数外出务工农民在城镇打工时较难获得城镇养老保险待遇,农村社会养老保险实施后;如果不出去打工则可以享受本地农村养老保险待遇,在这种情况下;一部分农民倾向于留守农村从事农业生产。这里存在一个延伸的问题,即"如果城镇企业为农民工提供各种社会保险,农民是否会提高外出打工的意愿"这个问题的提出是有意义的,如今我国东部沿海地区特别是大城市出现了"民工荒"和"技工荒",一些企业为招不到预期数量的农民工而苦恼,于是纷纷实施了提高工资或改善福利的吸引政策,那么这些农民工福利改善型或城乡福利均衡型的政策是否有效呢?

在实际的问卷调查和入户访问过程中,我们观察到农民外出打工是在自由选择受限的情况下所做的决策。以前农民在城乡转移就业中无论是从事农业还是进城务工都较难获得社会保障待遇,但外出打工能够比在家务农多挣钱从而补贴家用,于是农民倾向于转移到城镇就业。如今农民在家务农可以享受社会保障待遇,但外出打工受户籍制度限制以及制度性歧视仍较难获得社会保障待遇。这时,农民外出打工决策的影响因素就发生了变化,进城务工收入的增加与在家务农福利的增加相抵消,一部分农民可能就不愿意外出打工了。当农民被问及"如果企业愿意提供各种社会保险,是否会吸引你外出打工"时,表示"肯定会去"的比例为21.2%,比之前的比例(8.7%)高12.5个百分点,但是这并未改变农民外出打工的基本决策意愿,大多数农民仍表示"不一定"(44.7%)或"不会去"(33.4%)打工。

根据调查数据,如果企业愿意提供各种社会保险,农民外出打工的意愿在一定程度上会有所上升,这是因为农民认为参加城镇企业职工基本养老保险比参加农村养老保险要相对划算一些。根据对全国20个省市农户的问卷调查,被访问农民认为参加城镇职工基本养老保险划算的比例为26.3%,认为参加农村社会养老保险划算的比例为24.9%。如果城乡养老保障待遇一致,大多数农民还是倾向于生活在农村。

第九章 完善农村养老保险体系及提高水平的对策建议

农村养老保险体系水平的提高对实现农村养老保险适度水平,进而提高全国社会保障水平具有积极的影响。完善农村养老保险体系及提高社会保障水平是一项动态的系统工程,既要立足当前又要着眼长远,尽快推动农村社会养老保险制度从试验状态走向定型发展状态,分阶段提高基础养老金和个人账户的给付水平,建立农村养老保险管理运行的长效机制,充分发挥土地、子女和社会救助的养老作用,逐步实现城乡养老保险统一对接目标模式。

一 完善农村养老保险体系以提高社会保障水平

坚持"普惠、公平、参与、共享"的理念,按照"全覆盖、保基本、多层次、可持续"的方针,以"增强公平性、适应流动性、保证可持续性"为重点,完善农村养老保险体系,提高社会保障水平。

(一) 完善农村养老保险体系的总体思路及策略

完善农村养老保险体系的总体目标是社会养老保险制度基本完备,社会养老保险保障人群实现全覆盖,形成"一元化、二序列、三来源、五层次"的农村养老保险体系,使农村养老保险水平达到适度标准,最终实现人人享有体面与温馨的老年生活。农村养老保险体系的完善及水平的提高要遵循统一谋划、循序渐进的发展策略,以社会养老保险制度建设为重点,建立健全农村土地和子女养老政策支持体系,充分发挥社会救助制度在保障农民养老底线公平方面的作用。按照初始期（2012~2020年）、过渡期（2021~2030年）、目标期（2031~2050年）分阶段完善农村养老保险体系。农村养老保险水平要以适度水平发展为主线，采取"小步走、切线式、渐进性"的调整策略，逐步提高社会养老给付水平。

（二）加快实现基础养老金全国统筹"一元化"

基础养老金按照财政筹资来源的不同，分为中央统筹账户和地方统筹账户。基础养老金"一元化"是指基础养老金中央账户实行全国统筹一元化，养老金替代率为10%，中央财政全部负担，按全国统一标准发放。基础养老金中央账户现行给付标准为每人每月55元，中央财政负责中西部地区的全部及东部地区的50%，折合成替代率为6%，未来基础养老金中央账户筹资水平将逐步过渡到约合10%的替代率标准。未来城乡养老保险基础养老金全国统筹"一元化"对接的方案是，农村养老保险社会统筹账户筹资主体模式向城镇基本养老保险社会统筹账户靠近，由政府财政全额补贴向政府、集体与个人共同负担转变；城镇养老保险社会统筹账户向农村养老保险基础养老金"二账户"模式靠近，将社会统筹账户资金的一部分（如替代率的10%~15%）拿到中央账户全国统筹发放，其余社会统筹账户资金留存地方账户省级统筹发放。

（三）建立有无土地"二序列"农民养老保障对接机制

中国农村养老保险体系包含纯务农农民、乡企农民、农民工、失地农民等多种保障对象，按照"有无土地"和"有无子女"划分为"二序列"。无土地农民享受基础养老金和低保，低保替代土地养老；无子女农民享受基础养老金和计生家庭补贴，计生家庭补贴替代子女养老。如果基础养老金与低保联合给付接近于基础养老金与土地养老水平，且未超出微观适度上限，则两者就应该兼得，否则就应该对低保实行按一定比例给付。如果基础养老金与计生家庭补贴联合给付接近于基础养老金与计生家庭补贴养老水平，且未超出微观适度上限，两者就应该兼得，否则就应该对计生家庭补贴实行按一定比例给付。

（四）构建农村社会养老保险"三账户"筹资与给付模式

现行农村社会养老保险实际上是"二账户"模式，地方账户负责基础养老金的筹资与给付（中央财政分东部地区和中西部地区给予补助），个人账户由农民自己参保缴费并根据积累额享受待遇。"三账户"模式基于全国统筹对现行"二账户"模式进行完善，建立基础养老金中央账户、基础养老金地方账户和个人账户，其中，基础养老金中央账户的筹资全部由中央财政负担，实行全国统筹一元化给付，分阶段达到10%的目标替代率；基础养老金地方账户的筹资由地方财政全额负担，未来经济发展到一定阶段后，二元农业劳动福利差将逐步缩小，这时农民个人适当向地方账户缴纳社会统筹费，基础养老金地方账户实行省级统筹发放，分阶段达到15%的目标替代率；个人账户建立以个人缴费为主、以地方财政补贴为辅的筹资责任分担机制，分阶段实现个人负担20%替代率、地方财政补贴5%替代率的合意分担结构，个人账户实行省级统筹发放。

（五）实现农村养老保险适度水平并提高社会保障水平

实现农村养老保险适度水平要在现阶段农村养老保险水平的基础上，按照阶段性目标逐步将其提升至适度水平区间。在初始期，基础养老金可按照CPI指数进行动态调整，个人账户养老金要加大筹资力度和投资收益，在2020年使基础养老金和个人账户养老金替代农民劳均收入的比率分别达到5%和3%。在过渡期，基础养老金可按照二元福利差养老补偿金增长率进行动态调整，个人账户养老金继续加大筹资力度和投资收益，在2030年使基础养老金和个人账户养老金替代农民劳均收入的比率分别达到12%和15%。在目标期，基础养老金和个人账户养老金需要依据人口老龄化和人均收入增长情况进行动态调整，在2050年使基础养老金和个人账户养老金替代农民劳均收入的比率各达到25%。

二 不断优化基础养老金筹集与给付模式并提高水平

扩展基础养老金的筹资来源需要有步骤、有规划地进行，要与经济发展进程以及农村社会养老保险的发展规律相一致。在初期阶段，要通过基础养老金筹资来源的扩展实现基础养老金满足农村老年人口基本食品支出的功能；在后期要逐步实现基础养老金向适度水平的过渡。

（一）基础养老金筹集模式的优化及水平的提高

提高基础养老金筹资水平首先要明确目标，基础养老金的筹集要以各地区农村养老保险适度水平为目标主线来进行，适度水平是基础养老金筹资水平调整的根本依据。其次要突出中央财政的筹资责任，在现有的财政分担制度中，东部地区部分贫困县无力支撑筹资水平提升的目标，所以需要进一步强化中央财政的筹资责任，逐步实现基础养老金完全由中央财政负担。在二元福利差缩减阶段，要开始探索城乡养老保险制度统筹模式，实行社会保障税制度，实现个人缴费制的养老保险模式。为了实现普惠制养老保险模式向社会保障税模式的平稳过渡，个人缴费将在2030年前后开始实施。

（二）基础养老金给付模式的优化及水平的提高

在人口老龄化和人口平均预期寿命增加的大背景下，推迟城镇职工的退休年龄在一定程度上已经取得了共识。农村社会养老保险基础养老金的领取资格年龄也应该采取"小步渐进"[①]的方式逐渐增加，避免退休年龄波动对农村老年人口的养老安排产生不利影响，具体可以设计每5年调整1岁[②]、每3年调整1岁等不同方案，最终形成合理的方案。各地区基础养老金给付水平的提升要以适度水平为主线，在初始期实行低水平调整，保障农村社会养老保险"全覆盖"目标的实现；在过渡期要快速提高基础养老金给付标准，向农村养老保险微观适度下限过渡；在目标期，基础养老金给付要达到微观上限，保障农村老年居民的基本生活支出。在基础养老金给付激励机制的创建中，可以15年为农村社会养老保险的缴费基点，每

[①] 郑功成：《对延迟退休年龄的基本认识》，《光明日报》2012年9月12日。
[②] 柳清瑞、苗红军：《人口老龄化背景下的推迟退休年龄策略研究》，《人口学刊》2004年第4期。

增加 1 年，基础养老金给付增加 1% 的替代率。

(三) 建立基础养老金指数化调整机制

指数化调整是养老金计划的重要组成部分[①]，但我国农村社会养老保险从 2009 年试点到目前为止，基础养老金标准一直维持在 55 元/月，并未建立指数化调整机制。以年均 CPI 3% 的水平计算，基础养老金的实际购买力下降了将近 10%，基础养老金的保障功能不断下降。基础养老金指数化调整机制的建立要以农村养老保险适度水平为指导，并且与完善农村社会养老保险制度的阶段性划分相一致。在 2012 ~ 2020 年，按照二元福利差补偿金标准进行指数化调整，考虑到在此阶段二元福利差变动趋势不明显，实行以 CPI 为标准的调整指标；2021 ~ 2030 年以二元福利差补偿金为标准进行调整，迅速向微观适度水平靠近；2031 ~ 2050 年建立以物价水平和经济发展水平相结合的调整指标，使基础养老金既能免受通货膨胀的侵蚀，又能维持在适度区间。

(四) 全国统筹条件下的基础养老金筹集与给付模式改革

现有城乡养老保险制度在缴费标准、资金构成等方面存在较大差别，在未来实行城乡养老保险统筹的目标下，通过城镇职工养老保险全国统筹、机关事业单位退休制度改革以及农村社会养老保险改革，逐步实现城乡养老保险制度融合[②]，并以二元福利差下降为契机，在 2030 年前后开始探索城乡养老保险统筹，推动社会统筹税模式的建立。建立全国统筹养老保险基础养老金，可以采取 DB 和 DC 两种筹资模式。在 DB 模式下，城镇职工社会统筹税由企业负担，以工资总额为基数，按 30% 的目标替代率确定缴费率；个体灵活就业人员社会统筹税由个人负担，以社会平均工资为缴费基数，按 30% 的目标替代率确定缴费率；城乡居民社会统筹税由个人

[①] 韩伟、穆怀中：《基于工资指数的公共养老金调整指数特点及启示》，《统计与决策》2008 年第 13 期。

[②] 郑功成：《关于全面深化养老保险制度改革的理性思考》，《中国劳动保障报》2012 年 7 月 17 日。

负担,以农村人均纯收入为缴费基数,按25%的目标替代率确定缴费率。在DC模式下,缴费主体和缴费基数与DB模式相同,城镇职工和个体灵活就业人员按15%的缴费率、城乡居民按10%~15%的缴费率进行缴费。在中远期,农民社会养老保险模式与城镇个体、灵活就业人员的模式对接,并且农民需要按照一定的缴费率向社会统筹账户缴费。

三 建立个人账户参保缴费与给付的长效机制

(一) 建立激励农民参保和提高缴费水平的政策机制

对于广大农村居民而言,吸引其参保缴费的最直接、最有效的方式,就是把基础养老金水平的提高同参保缴费直接挂钩,而且挂得越紧效果越好,越有利于推动农村居民参保缴费。构建地方激励养老金,与基础养老金、个人账户养老金共同形成养老金待遇给付结构。地方激励养老金的计发,要以农村社会养老保险试点模式中的基础养老金最低标准为基准和计发基数。可以构造缴费年限影响系数,将超过最低缴费年限的缴费期限与最低缴费年限对比,形成影响基础养老金计算的影响系数。

(二) 加强个人账户投资运营以实现保值增值

由于养老基金是保障农民老年基本生活的重要手段,因此养老基金的投资运营必须注重安全性。但仅维持安全是不够的,取得收益是投资的重要目的,如果没有收益,投资就失去了意义。应采取多种方法和途径进行投资,而不仅拘泥于存银行、买国债,还可以投资于一些风险小、收益稳定的项目,大大增加基金流动性,保障基金的融通、周转和变现,从而使基金投资获得更大的收益。为了保证社保基金投资运营的安全性,必须建立健全相应的风险防范机制。一是所有养老基金投资运营公司都必须建立风险准备金。二是建立盈余公积金,用以弥补低收益时期的投资损失。三是政府对养老基金有监管的职能,可以直接采取措施保护养老金领取者的利益。此外,还需建立政府对养老基金投资运营的担保机制和非官方的养老基金民间监督机制。

（三）对延长的缴费年限给予适当激励

目前基础养老金的给付条件为个人账户缴费满15年，但对超过15年的缴费年限没有任何激励措施，应该适时出台对超过最低缴费年限给予适当激励的规定。首先，设定针对15年最低缴费期的基础养老金水平，以保证参保农民能够领取到一定水平的基础养老金以保障其基本生活；其次，确定对延长的缴费年限增加基础养老金给付标准，可以实行多缴费一年基础养老金增加一定百分比的方法，也可以实行分段给付的方法，即在允许补缴的前提下设定不同缴费年限区间所对应的不同基础养老金给付水平，以提高参保农民增加缴费年限的积极性；最后，基础养老金给付规定的变动，应建立在中长期财政收支预算的基础上，以避免基础养老金给付水平提高对财政支出造成过大压力。

四 发挥土地养老、子女养老和社会救助的辅助养老作用

在社会养老达不到适度水平时，要坚持利用辅助养老保障项目提升农民总体的养老保障水平，充分发挥土地养老、子女养老和社会救助养老等的补充作用。

（一）发挥农村土地养老和子女养老的辅助养老作用

土地出租收入是农村养老的重要来源，农村老年人口在达到养老金领取资格年龄时仍然掌握土地承包经营权，可以通过暂时让渡土地经营权来获取养老收入。针对我国农村土地承包经营权流转市场存在的问题，可以通过建立土地流转信息平台、增设土地流转管理机构以及完善土地评级机制逐步实现土地承包经营权流转市场的规范化。土地养老的根本来源是农业生产收入，应大力发展农村、农业生产合作社，采取"以土地入股"的方式吸纳农民，提高农业生产收入，从根本上提升土地养老的保障能力。

子女养老支出与农村居民收入之间的系统性关系，决定了要想提高子女养老的保障效用，就必须加快农村居民收入的增长。十八大报告提出要在2020年实现国内生产总值和城乡居民收入较2010年翻一番的目标，在这一中国式"国民收入倍增计划"的指引下，通过建立农村居民收入增长机制可以实现农村子女养老保障水平的提升。首先，要完善农村居民的工资增长机制，子女养老的主要来源是劳动人口的收入，增加农村劳动力人口的工资性收入是提高子女养老水平的直接途径。其次，要形成农村居民的经营性收入，通过增加农业科技投入、土地规模化经营等途径，实现农村居民经营性收入的增长。最后，要拓展农村金融投资渠道，逐步增加农村居民的财产性收入。多种机制的联动展开，确保农村居民收入与农村经济实现同步增长，不断提高子女养老的保障能力。

（二）完善农村低保、计生家庭奖扶金等辅助养老制度

农村最低生活保障制度与计生家庭奖扶制度的目标定位是满足城市化进程中土地养老、子女养老缺失家庭的基本生活需求，在农村经济发展、物价上涨的现实条件下，需要建立低保金和计生家庭奖扶金的动态调整机制，避免通货膨胀对其保障能力的削弱，同时使土地养老、子女养老缺失家庭能够享受经济发展成果。低保金和计生家庭奖扶金的动态调整机制要呈现以下特点：与土地养老和子女养老的发展规律相一致，具体体现为低保金按照物价增长率、经济增长率与土地养老增长率三者的均值水平进行动态调整，计生家庭奖扶金按照物价增长率、居民收入增长率以及子女养老增长率的均值进行动态调整；以农村养老保险基础养老金适度水平为增长判断标准，使低保金和计生家庭奖扶金向适度区间发展，真正满足土地养老、子女养老缺失家庭的基本生活支出。

农村最低生活保障制度与计生家庭奖扶制度是保障农村老年人口基本生活支出的最后一道安全网，应当覆盖所有农村土地养老、子女养老缺失的家庭。2005年农村计生家庭奖扶制度仅覆盖6%的人口[1]，经过这几年

---

[1] 王国军：《中国计生家庭生活制度的现状与城乡统筹》，《中州学刊》2009年第1期。

的发展，覆盖范围虽不断扩大，但仍未达到全覆盖的目标。在未来农村低保金与计生家庭奖扶金实行动态调整的情况下，为避免地方财政压力，必须增加中央财政的筹资责任，这样才能不断扩大制度的覆盖范围。

（三）分阶段联合给付以提高农村养老保险水平

土地养老、子女养老、社会救助与农村社会养老保险的联合给付能够保障在完善农村社会养老保险的初始阶段农村老年人口的基本养老需求。作为土地养老和子女养老缺失的补偿机制，农村最低生活保障制度与计生家庭奖扶制度在初始阶段与农村养老社会养老保险联合给付发挥同样的效用，即维持农村养老保障水平的稳定性。在完善农村社会养老保险的过渡阶段，土地养老、子女养老成为农村社会养老保险的重要辅助机制，确保农村老年人口在社会养老不足的情况下实现目标养老水平。在完善农村社会养老保险的目标阶段，基础养老金和个人账户均达到25%的目标替代率水平，依靠社会化养老完全能够达到农村养老的适度水平，土地养老、子女养老的功能定位转变为提升保障水平、促进福利改善，与现行企业补充养老保险、企业年金的性质相类似。

五 实现农村养老保险体系的协调对接

（一）实现农村养老保险体系的内部协调对接

农村养老保险、低保与计生家庭奖扶金是否实施联合给付取决于农民的养老保障需求。一方面，要考察农村养老保险与低保二者联合给付，或者农村养老保险、低保与计生家庭奖扶金三者联合给付，是否超过了农村老年人口养老需求的适度上限和政府财政的负担能力；另一方面，要根据初始期（2012~2020年）、过渡期（2021~2030年）与目标期（2031~2050年）的不同发展阶段，建立农村养老保险体系协调对接的动态调整机制。以2012年为例，全国农村养老保险基础养老金每人每月给付55元，农村低保每人每月给付118.5元，二者联合给付后为173.5元，低于每人每月185元的适度下限。而基础养老金、低保与计生家庭奖扶金三者联合给付额为308.5元，处于农村老年人口养老需求区间（185～393.02元）内。因此可以认为，农村养老保险、低保与计生家庭奖扶金三者联合给付是合理的。

（二）实现城乡养老保险之间的协调对接

在近期（2012～2020年），城乡养老保险制度逐步完善，覆盖范围不断扩大，逐渐弥补了制度缺失并提高了保障水平。城乡养老保险之间的协调对接的主要任务是随着农村养老保险与城镇养老保险制度的逐步完善，实现城乡养老保险制度的协调对接、转移与接续。中长期城乡养老保险制度的发展分为两个阶段，在2021～2030年，中国养老保险制度主要实现从"补缺型"向"适度普惠型"转变，达到两个整合：一是实现企业职工养老保险、灵活就业人员养老保险、农民工养老保险、失地农民养老保险、机关和事业单位养老保险制度的整合，统一为职工基本养老保险；二是实现农村社会养老保险制度与城市居民社会养老保险制度的整合，统一为城乡居民养老保险。在2031～2050年，实现养老保险制度的最终统一，城乡养老保险将由"二元"统一为"一元"，即将职工基本养老保险和城乡居民养老保险的二元组合型养老保险体系统一为国民基本养老保险。

（三）建立农民工与失地农民养老保险关系转移接续机制

农民工的养老保险协调对接，应从目前农民工的养老保险项目入手，围绕农村养老保险适度水平发展，分阶段动态协调推进，确保养老保险关系无损。农民工在农村养老，实施农村养老保险、低保与计生家庭奖扶金联合给付。在城镇养老，应根据其所能领取的养老金与城镇低保、计生家庭奖扶金实施联动，未达到城镇养老保险适度下限的，进行城镇低保与计生家庭奖扶金联合给付；超过适度上限的，取消城镇低保与计生家庭奖扶金的联合给付。农民工在城乡之间流动时，参照《城乡养老保险制度衔接暂行办法》（以下简称《办法》）的规定实施转移续接。只参加了一种保险制度的农民工不必依据《办法》，在跨地区转移时，依然按照各制度自身的规定实施转移接续。在中长期，伴随城乡养老保险制度的整合，可按在岗职工平均工资的8%或10%的缴费标准参加灵活就业人员养老保险。

失地农民养老保险的协调对接，要遵循以农村养老保险适度水平为主线，坚持公平与效率相统一的原则，建立养老保险关系动态协调对接机制。失地农民在农村养老的，农村养老保险、低保与计生家庭奖扶金三者需联合给付，以满足老年人口的养老需求；在城镇养老的，根据其所能领取的养老金和征地补偿金与城镇低保、计生家庭奖扶金实施联动，能否获得城镇低保与计生家庭奖扶金的依据为城镇养老保险适度水平，未达到城镇养老保险适度下限的，进行城镇低保与计生家庭特别扶助金联合给付；超过适度上限的，取消城镇低保与计生家庭特别扶助金联合给付。失地农民在城乡之间流动时，参照《办法》规定实施转移续接。只参加了一种保险制度的失地农民不必依据《办法》，在跨地区转移时，依然按照各制度自身的规定实施转移接续。在中长期，随着城乡养老保险制度的整合，可按在岗职工平均工资的8%或10%的缴费标准参加灵活就业人员养老保险，以保障老年基本生活。

（四）全国统筹条件下的城乡养老保险协调对接

建议于2030年开始探索改革养老保险筹资模式，将城镇职工、个体工商户、灵活就业者、城乡居民纳入养老保险统一社会统筹税率模式。在新模式下，企业职工按工资总额缴纳社会统筹税，个体、灵活就业人员按社会平均工资缴纳社会统筹税，城乡居民按照农村人均收入缴纳社会统筹税。这意味着农民的社会统筹资金将由现行农村社会养老保险制度中的"不需要缴费"，向社会统筹税模式中的"需要缴费"过渡。为了合理划定社会统筹税模式下中央和地方的财政责任，可以在社会统筹账户内设立两个分立子账户，一是全国统筹账户，该部分资金以社会统筹税收入的50%为宜，由中央财政预算收支管理；二是地方统筹账户，该部分资金以社会统筹税收入剩余的50%为宜，由地方财政预算收支管理。同时考虑到农民经济的负担能力，允许农民的社会统筹税率采取过渡性调整的政策，可以从8%的水平起步，逐步过渡到全国统一的15%的水平。

六 加大政府财政投入并建立合理的分担机制

(一) 建立健全农村养老保险体系的公共财政政策

在公共财政资金的具体使用方向上,应"从先到后"地突出三个重点:一是满足基本生存需要,确定最基本的民生支出范围并保证支出水平,弥补历史和现实的欠账;二是改善生活状态,让人民群众共同享受经济社会的发展成果;三是促进人民群众实现自我发展,主要是提供发展机会和提升发展水平。农村社会养老保险制度不仅能够为农村居民带来直接的利益并降低老年贫困率,同时能够稳定农村社会并提高农村居民的文化和身体素质。要大力推进财政的转型工作,向民生倾斜,向农村倾斜,向社会资金不愿投入的领域倾斜。在坚持财政资金为农村社会养老保险运行保障主渠道的同时,还应该从补偿因经济赶超战略导致的城乡二元经济发展"剪刀差"和社会保障"福利差"的角度,把一定比例的土地出让金净收益和一定比例的国有资本经营预算上缴部分作为农村社会养老保险的储备资金,用于推进农村养老保险公共财政制度的建设。

(二) 加大政府财政投入以提高农村养老保险水平

通过对农村社会养老保险试点模式财政支付水平的分析可以看出,无论是中央财政还是地方财政,都是在财力可承受范围内的。从总体上看,财政支持农村社会养老保险制度建设的资金空间还是有的。在有资金空间的前提下,要好好研究资金的使用问题。从财政支持的方向或者财政负担结构看,要加大基础养老金、低保金、计生家庭奖扶金等农村多种社会保障项目的财政补贴力度,依据政府的政策目标,使其标准逐步达到农村居民养老金的适度水平。从各级财政在农村社会养老保险制度建设中应承担的责任看,应当逐步改变目前由各级财政共同承担同一个补贴项目的局面。按照指导意见确定的财政补贴项目和分担机制,基础养老金分为最低标准和提高或增加部分两大块。对于东部地区而言,要承担一半的基础养老金最低标准和全部提高或增加部分。对于中西部地区而言，要承担全部提高或增加部分。如果按照农村社会养老保险试点模式的功能定位，考虑各级财政的实际承受能力，着眼于提高农村社会养老保险统筹层次并实现跨区域转移接续的发展要求，应坚持各级财政独立承担补贴项目。

（三）建立中央财政与地方财政的合理分担机制

中央财政还要重构与地方财政的关系，缓解地方财政压力。以2009年为例，中央财政收入占财政收入比重为52.4%，而中央财政支出仅占财政支出的20%。在地方政府"进少出多"的情况下，农村社会养老保险的财政筹资保障能力势必受到影响，特别是中西部贫困地区地方政府更加难以支付必要的农村社会养老保险配套补贴。中央财政应更多地负担起部分贫困、落后地区的农村社会养老保险配套补贴，中央财政应按照各地经济和社会发展水平的不同，对农村社会养老保险每人每年30元的缴费补贴予以适当分担。由于各地经济发展水平不同，养老金待遇水平应当有所差别，这就要求统筹考虑其他的社会保障事权乃至必须承担的刚性支出的责任划分问题，而不能仅仅按照划分东部、中部、西部的办法来进行。从地方各级财政分工的角度来看，省级财政应该承担参保激励养老金，缴费补贴责任可以由试点初期的省、市、县三级承担逐步向省级财政承担转变，届时市、县财政可以象征性地、约束性地承担一些责任。

七　加快农村养老保险管理运行体系建设

（一）完善农村养老保险体系的管理体制

要完善农村养老保险管理体制的各个流程，规范管理，先构建以省级统筹为主的法人受托管理体制，待时机成熟后，再建立全国统筹的管理体制，以确保农村养老保险制度良性运行。构建农村社会养老保险基金法人受托管理模式，除了要理清管理流程外，还要理清农村社会养老保险制度运行中各个相关的管理机构，主要涉及以下五个管理部门。第一个部门是县级农村社会养老保险基金经办机构，主要负责收缴农村社会养老保险基金。第二个部门是省级农村社会养老保险基金管理委员会，由一定比例的地方政府职员、收益人、人民代表等组成，是一个半官方的非营利性组织机构。第三个部门是专业基金管理公司，是农村社会养老保险基金的投资管理人，省级农村社会养老保险基金管理委员会通过公开招标方式，依法授权经营农村社会养老保险基金的商业银行或保险公司等金融机构成立的基金管理公司、专业基金管理公司以及新组建的专业养老基金管理公司。第四个部门是省级农村社会养老保险基金监督委员会，其主要职责是：依法批准和注销基金管理公司个人账户养老基金经营权；制定农村社会养老保险基金投资监督规则；依法监督农村社会养老保险基金的投资经营情况及信息披露等。第五个部门是银行，银行是农村社会养老保险基金个人账户投资管理的托管人，为了保证养老保险基金的安全，农村社会养老保险基金管理委员会不能直接将基金交给基金管理公司，而应将其交给合格的养老基金投资托管人。

（二）加快农村社会养老保险的经办机构建设

农村社会养老保险经办机构是农村社会养老保险资金收集、管理和支付的责任主体，要通过社会化的委托服务为广泛的农村参保居民提供全面、综合、人性化的养老风险保障。具体来说，一是要建立扁平状的、集成式的网络型农村社会养老保险经办组织机构，以提高政府的效率和服务水平及增强经办机构的能力建设。通过建立以省级统筹为主的农村社会养老保险经办组织结构，使相关部门各司其职、各尽其责，避免出现政事不分的情况。二是要改革农村社会养老保险经办组织结构的过渡措施，理顺社会保障系统内部行政部门与经办机构之间、同级经办机构之间、经办机构上下层级之间的工作关系，可通过理顺行政管理与经办管理的职权关系、理顺同级经办机构之间的职能关系、理顺经办机构上下级之间的职责关系来实现。

（三）加强农村社会养老保险经办队伍建设

关于农村社会养老保险经办队伍的人力资源管理，一要重视引进专业的技术管理人才,可通过在各组织机构内部设置规范的经办人员准入条件、设置标准化的选拔手段与方式、对进入试用期的新员工进行系统化的岗前培训与试用期考核来实现。二要注重对现有人才队伍的培训,要培养和提高经办人员的学习能力、执行能力、管理能力、服务能力和防控能力,使其在服务理念、服务意识以及业务操作上均能够胜任岗位职责的要求,保证政策有效贯彻执行。三要注意人员激励,在农村社会养老保险经办管理体系中,组织者要注意经办人员所在的需求层次,注意创造并满足经办人员的更高层次的需求,从而激发经办人员的各种潜能及努力动机,激励经办人员主动学习,以最大限度地发挥个人潜能,实现经办组织的目标。

(四) 加强农村社会养老保险信息化建设

农村社会养老保险信息平台建设是整个农村社会养老保险经办体系的技术支撑。加强农村社会养老保险信息化建设,一要转变信息普及率低的局面,要在连通县级社会养老保险经办机构的基础上,将业务专网覆盖面扩大到农村乡镇,形成支撑农村社会养老保险业务的网络环境。二要制定全国统一的农村社会养老保险信息化建设标准,在保证农村社会养老保险信息系统基本思路、基本框架、基本功能和指标体系全国统一的前提下,各地要积极采用系统参数配置的方式实现对本地政策和经办模式的支撑。对于确需本地化的地区,要按照"最少必须"的原则,以省为单位开展,以保证应用软件的统一和业务流程的规范。有条件的地区可建设农村社会养老保险和各项城镇社会保险一体化的信息系统。三要确保农村社会养老保险信息化系统的运行安全,包括完善网络安全建设、完善核心数据安全建设与规范安全管理制度建设三个方面。

(五) 完善农村社会养老保险基金的投资管理

一方面,要建立高效的农村社会养老保险基金的投资治理结构,通过委托的方式公开招标基金的托管人、投资管理人,建立管控有力的风险控制体系,保证基金的安全运营;另一方面,要开拓农村社会养老保险基金的多种投资渠道,不同性质的农村社会养老保险基金,应选择不同的投资产品。对于具有现收现付性质的基础养老金,其投资方向可选择货币类资产;而对于具有完全积累性质的个人账户基金,其投资方向可先以固定收益类产品为主,待条件成熟后再逐步放宽至权益类资产投资,且投资应以安全性为主要原则。

(六) 完善农村养老保险管理的相关法律制度

按照与社会养老保险基金制度紧密相关的社会保障法律体系的层次性要求,完善农村养老保险管理应该包含三个层次的法律制度安排:社会保障基本法、社会保险专门法和社会养老保险条例。构建农村社会养老保险基金风险管理长效机制,应加快立法步伐,加大工作力度,按照基金的运营环节制定相关法律规范。主要包括:一要强化农村社会养老保险基金筹集的法律规范;二要强化农村社会养老保险基金管理的法律规范;三要强化农村社会养老保险基金投资的法律规范;四要强化农村社会养老保险基金给付的法律规范。[①]

---

① 武萍:《社会养老保险基金运行风险管理存在的问题及对策》,《中国行政管理》2012年第3期。

主要参考文献

1. 阿玛蒂亚·森：《以自由看待发展》，中国人民大学出版社，2009。
2. 阿瑟·刘易斯：《二元经济论》，北京经济学院出版社，1989。
3. 贝弗里奇：《贝弗里奇报告》，中国劳动社会保障出版社，2004。
4. 蔡昉、都阳、王美艳：《中国劳动力市场转型与发育》，商务印书馆，2005。
5. 蔡昉、林毅夫：《中国经济：改革与发展》，中国财政经济出版社，2003。
6. 蔡昉：《中国劳动与社会保障体制改革30年研究》，经济管理出版社，2008。
7. 成思危：《中国社会保障体系的改革与完善》，民主与建设出版社，2000。
8. 邓大松、刘昌平：《2007~2008年中国社会保障改革与发展报告》，人民出版社，2008。
9. 邓大松、刘昌平：《新农村社会保障体系研究》，人民出版社，2007。
10. 邓大松：《中国社会保障重大问题研究》，海天出版社，2001。
11. 樊小钢、陈薇：《公共政策：统筹城乡社会保障》，经济管理出版社，2009。
12. 福建省农村社保模式及其方案研究课题组：《农村社会养老保险制度创新》，经济管理出版社，2004。
13. 冈纳·缪尔达尔：《亚洲的戏剧——南亚国家贫困问题研究》，首都经济贸易大学出版社，2000。
14. 国家经济体制改革委员会主编《社会保障体制改革》，改革出版社，1995。
15. 洪大用：《转型时期中国社会救助——转型时期的中国社会丛书》，辽宁教育出版社，2004。

16. 胡晓义：《社会保险经办管理》，中国劳动社会保障出版社，2011。
17. 胡晓义：《走向和谐：中国社会保障发展60年》，中国劳动社会保障出版社，2009。
18. 华迎放：《农民工社会保障问题》，《中国社会保障发展报告（2010）No.4》，社会科学文献出版社，2010。
19. 霍尔茨曼、欣茨等：《21世纪的老年收入保障：养老金制度改革国际比较》，中国劳动社会保障出版社，2006。
20. 景天魁：《底线公平：和谐社会的基础》，北京师范大学出版社，2009。
21. 考斯塔·艾斯平－安德森：《福利资本主义的三个世界》，法律出版社，2003。
22. 科林·吉列恩：《全球养老保险——改革与发展》，中国劳动社会保障出版社，2002。
23. 李迎生：《社会保障与社会结构转型：二元社会保障体系研究》，中国人民大学出版社，2001。
24. 李珍：《社会保障理论》（第2版），中国劳动社会保障出版社，2007。
25. 梁小民：《西方经学名著精览》，中国物资出版社，1998。
26. 林义：《农村社会保障的国际比较及启示研究》，中国劳动社会保障出版社，2006。
27. 林毓铭：《社会保障与政府职能研究》，人民出版社，2008。
28. 林治芬、胡琴芳：《社会保障资金管理》，科学出版社，2007。
29. 刘昌平等：《中国新型农村社会养老保险制度研究》，中国社会科学出版社，2008。
30. 刘苓玲：《中国社会保障制度城乡衔接理论与政策研究》，经济科学出版社，2008。
31. 刘英：《中国婚姻家庭研究》，社会科学文献出版社，1987。
32. 柳清瑞：《中国养老金替代率适度水平研究》，辽宁大学出版社，2004。
33. 罗伯特·霍尔茨曼、理查德·欣茨等：《21世纪的老年收入保障：养老金制度改革国际比较》，郑秉文等译，中国劳动社会保障出版社，2006。

34. 迈克尔·托达罗：《经济发展与第三世界》，中国经济出版社，1999。
35. 米红、杨翠迎：《农村社会养老保障制度基础理论框架研究》，光明日报出版社，2008。
36. 米红：《农村社会常态保障理论、方法与制度设计》，浙江大学出版社，2007。
37. 穆怀中、柳清瑞等：《中国养老保险制度改革关键问题研究》，中国劳动社会保障出版社，2006。
38. 穆怀中：《发展中国家社会保障制度的建立和完善》，人民出版社，2008。
39. 穆怀中：《国民财富与社会保障收入再分配》，中国劳动社会保障出版社，2003。
40. 穆怀中：《社会保障国际比较》（第2版），中国劳动社会保障出版社，2007。
41. 穆怀中：《中国社会保障适度水平研究》，辽宁大学出版社，1998。
42. 尼古拉斯·巴尔：《福利国家经济学》，中国劳动社会保障出版社，2003。
43. 萨缪尔森：《经济学》（第12版）上册，中国发展出版社，1990。
44. 石宏伟：《中国城乡二元化社会保障制度的改革和创新》，中国社会科学出版社，2008。
45. 舒尔茨：《经济增长与农业》，北京经济学院出版社，1991。
46. 斯塔西·亚当斯：《社会交换中的不公平》，商务印书馆，2008。
47. 宋晓梧：《中国社会保障体制改革与发展报告》，中国人民大学出版社，2001。
48. 田成平：《中国的社会保障制度》，外文出版社，2008。
49. 童星：《社会转型与社会保障——社会保障与社会政策研究》，中国劳动社会保障出版社，2007。
50. 庹国柱、王国军、朱俊生：《制度建设与政府责任：中国农村社会保障问题研究》，首都经济贸易大学出版社，2009。
51. 庹国柱、王国军：《中国农业保险与农村社会保障制度研究》，首都经济贸易大学出版社，2002。
52. 汪则英、何平：《建立覆盖城乡居民社会保障体系》，中国劳动社会保障出版社，2008。
53. 王国军：《社会保障：从二元到三维：中国城乡社会保障制度的比较与统筹》，对外经济贸易大学出版社，2005。
54. 王希：《原则与妥协：美国宪法的精神与实践》，北京大学出版社，2000。
55. 王晓军：《中国养老保险制度及其精算评价》，经济科学出版社，2000。
56. 西蒙·库兹涅茨：《各国的经济增长：总产值与生产结构》，商务印书馆，2005。
57. 西蒙·库兹涅茨：《现代经济增长：速率、结构与扩展》，北京经济学院出版社，1989。
58. 肖前等主编《辩证唯物主义原理》，人民出版社，1981。
59. 杨翠迎：《中国农村社会保障制度研究》，中国农业出版社，2003。
60. 杨复兴：《中国农村养老保障模式创新研究——基于制度文化的分析》，云南人民出版社，2007。
61. 杨燕绥、阎中兴等：《政府与社会保障——关于政府社会保障责任的思考》，中国劳动社会保障出版社，2007。
62. 袁志刚：《中国经济增长：制度、结构、福祉》，复旦大学出版社，2006。
63. 约翰·罗尔斯：《正义论》，中国社会科学出版社，2006。
64. 岳庆平：《中国的家与国》，吉林文史出版社，1990。
65. 赵曼、杨海文：《21世纪中国劳动就业与社会保障制度研究》，人民出版社，2007。
66. 郑秉文：《2011中国养老金发展报告》，经济管理出版社，2011。
67. 郑秉文：《社会保障体制改革攻坚》，中国水利水电出版社，2005。
68. 郑秉文主编《当代社会保障制度研究丛书》，法律出版社，2003。
69. 郑功成：《论中国特色的社会保障道路》，中国劳动社会保障出版社，2009。

70. 郑功成：《社会保障学》，中国劳动社会保障出版社，2005。

71. 郑功成：《中国社会保障30年》，人民出版社，2008。

72. 郑功成：《中国社会保障发展与发展战略——理念、目标与行动方案》，人民出版社，2008。

73. 中共中央马克思恩格斯列宁斯大林著作编译局：《马克思恩格斯全集》（第3卷），人民出版社，1995。

74. 中南财经政法大学财税研究所：《财政经济评论》，经济科学出版社，2009。

75. 钟仁耀：《养老保险改革国际比较研究》，上海财经大学出版社，2004。

76. 白重恩：《养老保险抑制消费》，《上海经济》2011年第9期。

77. 《成都市城乡居民养老保险试行办法》（成府发〔2009〕58号），《四川劳动保障》2011年第8期。

78. 《关于印发宝鸡市城乡居民社会养老保险实施办法的通知》（宝政发〔2011〕30号），宝鸡市人力资源和社会保障局网站，2011年12月27日。

79. 《国家人社部、财政部召开动员视频会议部署城乡居民养老保险全覆盖工作》，人力资源和社会保障部网，2012年5月7日。

80. 《盼望新农保早日"无缝对接"》，《人民日报》2010年8月25日。

81. 《全国第二批新农保试点工作陆续开始》，中国广播网，2010年10月12日。

82. 《社会保障"十二五"规划纲要发布》，《经济参考报》2012年5月3日。

83. 《沈阳城镇居民基础养老金提到90元》，《沈阳日报》2012年10月11日。

84. 《养老金"双轨制"两端渐行渐远》，《新京报》2012年9月14日。

85. 《诸暨市人民政府关于完善城乡居民社会养老保险制度的意见》（诸政发〔2011〕37号），诸暨市人民政府网站，2011年5月31日。

86. 穆怀中：《社保体系建设应遵循"生存公平"原则》，《中国改革报》2007年9月28日，第4版。

87. 白维军、童星：《"稳定省级统筹，促进全国调剂"：我国养老保险统筹层次及模式的现实选择》，《社会科学》2011年第5期。
88. 白维军：《我国农村养老保障的"碎片化"与制度整合》，《经济体制改革》2009年第4期。
89. 边恕、孙雅娜：《辽宁省养老保险制度改革与财政支付能力分析》，《辽宁经济》2007年第2期。
90. 边恕：《养老保险缴费水平与财政负担能力——以辽宁养老保险改革试点为例》，《市场与人口分析》2005年第3期。
91. 财政部社会保障司课题组：《社会保障支出水平的国际比较》，《财政研究》2007年第10期。
92. 蔡昉：《人口红利能持续多久》，《人民日报》2006年8月24日。
93. 曹信邦、李静琪：《国外农村社会养老保险政府责任模式比较及启示》，《劳动保障世界》2011年第9期。
94. 常红晓、何禹欣：《农保不相信乌托邦》，《财经》2006年第13期。
95. 陈彩霞：《经济独立才是农村老年人晚年幸福的首要条件——应用霍曼斯交换理论对农村老年人供养方式的分析和建议》，《人口研究》2000年第2期。
96. 陈淑君：《完善新农保基金监管体系的设想》，《经济研究导刊》2011年第26期。
97. 陈颐：《论"以土地换保障"》，《学海》2000年第3期。
98. 程乐华：《社保管理体制改革的设计与推进》，《中国社会保障》2005年第6期。
99. 褚福灵：《人人享有是统筹城乡社会保障的最终目标》，《劳动保障报》2009年2月1日。
100. 崔树义：《农村计划生育家庭养老保障的问题与对策——一项基于900份问卷调查的实证研究》，《人口与经济》2009年第1期。
101. 邓大松、薛惠元：《新型农村社会养老保险替代率的测算与分析》，《山西财经大学学报》2010年第4期。
102. 邓大松、薛惠元：《新型农村社会养老保险制度推进中的难点分析——兼析个人、集体、政府的筹资能力》,《经济体制改革》2010年第1期。

103. 邓大松:《新旧养老保险政策的替代率测算及其敏感性》,《经济与管理》2008年7月第7期。

104. 丁煜:《新农保个人账户的改进——基于精算模型的分析》,《社会保障研究》2011年第5期。

105. 董立人:《进一步完善新农保运行机制的有效途径》,《决策探索》2012年第7期。

106. 杜飞进、张怡恬:《中国社会保障制度的公平与效率问题研究》,《学习与探索》2008年第1期。

107. 段玉恩、陈美:《农村最低生活保障制度的伦理思考》,《安徽农业科学》2008年第10期。

108. 樊天霞、徐鼎亚:《美国、瑞典、新加坡养老保障制度比较及对我国的启示》,《上海大学学报》(社会科学版)2004年第3期。

109. 费孝通:《论中国家庭结构的变动》,《天津社会科学》1982年第3期。

110. 封铁英、贾继开:《社会养老保险城乡统筹发展问题研究综述》,《生产力研究》2008年第1期。

111. 封铁英:《城市居民最低生活保障现状分析及对策研究——对陕西省西安市三城区低保人员调查》,《统计与决策》2008年第4期。

112. 冯仲平:《瑞典社会保障制度及改革》,《国际资料信息》1996年第11期。

113. 盖尔·约翰逊:《中国农村老年人的社会保障》,《中国人口科学》1999年第5期。

114. 高析:《国外养老金指数化调整与指数化投资的发展》,《中国信息报》2012年4月6日,第8版。

115. 耿永志:《农村社会养老保险试点跟踪调查——来自河北省18个县(市)的农户》,《财经问题研究》2011年第5期。

116. 谷彦芳、王峥:《我国城乡社会保障制度的差异分析与统筹对策》,

《山东纺织经济》2009 年第 2 期。

117. 顾平安：《政府起源的经济学解释》，《国家行政学院学报》2003 年第 4 期。

118. 关博：《新型农村养老保险制度分析——以北京市为例》，《北京工业大学学报》（社会科学版）2009 年第 4 期。

119. 关颖：《改革开放以来我国家庭代际关系的新走向》，《学习与探索》2010 年第 1 期。

120. 郭存海：《智利养老金新政的启示》，《人民论坛》2008 年第 8 期。

121. 郭艳芬：《社会养老保险基金的给付风险及防范措施分析》，《现代商贸工业》2008 年第 7 期。

122. 韩伟：《通货膨胀条件下国外养老金指数化调整机制及对中国启示》，《技术经济》2005 年第 10 期。

123. 郝向东：《关于我国人口老龄化及养老保险的思考》，《特区经济》2006 年第 1 期。

124. 何文炯：《农民社会养老保障："老年津贴＋个人账户"》，《学习与探索》2009 第 4 期。

125. 贺清龙：《农村医疗保险制度建设研究》，《社会主义论坛》2005 年第 8 期。

126. 洪大用：《中国城市居民最低生活保障标准的相关分析》，《北京行政学院学报》2003 年第 3 期。

127. 侯晓丽：《积极推进我国农村养老保险制度的健全和发展》，《理论导刊》2005 年第 10 期。

128. 胡宏伟、栾文敬：《挤入还是挤出：社会保障对子女经济供养老人的影响——关于医疗保障与家庭经济供养行为》，《人口研究》2012 年第 3 期。

129. 胡平、王冲：《构建城乡衔接的社会保障体系》，《经营与管理》2009 年第 4 期。

130. 胡央娣：《农民工参加社会保险的影响因素研究》，《统计研究》2009 年第 4 期。

131. 花蓉:《我国养老保险基金投资风险》,中南大学硕士学位论文,2009。

132. 华雯文、范融泽:《我国农村社保基金管理机制存在的问题与出路》,《经济纵横》2011年第10期。

133. 黄范章:《评林德伯克教授谈中国经济与社会发展战略》,《市场经济研究》2004年第4期。

134. 黄桦:《三支柱体系我国新型养老保障体系的借鉴》,《中央财经大学学报》1999年第2期。

135. 黄丽:《中山市农村基本养老保险制度的收入再分配效应研究》,《中国人口科学》2009年第4期。

136. 黄泰岩:《正确把握扩大内需这一战略基点》,《求是》2012年第12期。

137. 黄阳涛:《江苏三县农村社会养老保险实施情况的比较分析》,《山西农业大学学报》2011年第1期。

138. 惠恩才:《我国农村社会养老保险基金管理与运营研究》,《农业经济问题》2011年第7期。

139. 贾洪波:《城镇居民基本医疗保险适度缴费率分析》,《财经科学》2009年第11期。

140. 贾宁、袁建华:《基于精算模型的"新农保"个人账户替代率研究》,《中国人口科学》2010年第3期。

141. 解佳龙、何山:《我国残疾人社会福利存在的问题及其对策》,《理论月刊》2009第9期。

142. 景天魁:《城乡统筹的社会保障:思路与对策》,《思想战线》2004年第1期。

143. 景天魁:《底线公平与社会保障的柔性调节》,《社会学研究》2004年第6期。

144. 景天魁:《中国社会保障的理念基础》,《吉林大学社会科学学报》2003年第3期。

145. 赖德胜:《论劳动力市场的制度性分割》,《经济科学》1996年第

6 期。

146. 李爱平：《我国城市居民最低生活保障制度——从构建和谐社会谈起》，《山西财经大学学报》2007 年第 1 期。

147. 李冬妍：《"农村社会养老保险"制度：现状评析与政策建议》，《南京大学学报》（哲学·人文科学·社会科学）2011 年第 1 期。

148. 李桂华：《加强社会保险档案管理 推进社保事业发展》，《今日科苑》2009 年第 7 期。

149. 李家胜：《试论农村社会养老保险的困境与出路田》，《社会科学研究》2002 年第 3 期。

150. 李敏峰：《论我国农村养老保险制度的缺陷及其完善》，《商品与质量·科教与法》2011 年第 7 期。

151. 李泉：《中外城乡关系问题研究综述》，《甘肃社会科学》2005 年第 4 期。

152. 李群、吴晓欢、米红：《中国沿海地区农民工社会保险的实证研究》，《中国农村经济》2005 年第 3 期。

153. 李迎生：《社会保障制度的中国模式》，《人民论坛》2009 年第 5 期。

154. 李媛：《我国企业年金发展存在的问题及对策建议》，《经济研究导刊》2009 年第 8 期。

155. 李珍、万明国：《中国过渡期社会保障的政策选择分析》，《华中科技大学学报》（社会科学版）2003 年第 6 期。

156. 李珍、王海东：《基本养老保险目标替代率研究》，《保险研究》2012 年第 1 期。

157. 李致炜、宋世斌：《城镇居民基本医疗保险中的医疗费用分析及预测》，《统计观察》2008 年第 16 期。

158. 梁伟：《失地农民社会保障需求与供给分析》，《郑州航空工业管理学院学报》2006 年第 5 期。

159. 林新岳：《我国农村养老保险基金运营管理的问题及对策》，《财经界》2009 年第 5 期。

160. 林义、林熙：《国外农村社会保障制度改革的新探索及其启示》，《国家行政学院学报》2010 年第 4 期。

161. 林毓铭：《城乡社会保障一体化：将进城农民纳入城镇养老保险体系》，《调研世界》2003 年第 10 期。

162. 刘昌平：《社会养老保险制度城乡统筹之路探索》，《社会保障研究》2009 年第 2 期。

163. 刘国光：《把"效率优先"放到该讲的地方去》，《经济参考报》2005 年 10 月 15 日。

164. 刘瑞莲：《加强新型农村社会养老保险基金监管的必要性和对策分析》，《科技情报开发与经济》2009 年第 29 期。

165. 刘书鹤：《农村社会保障的若干问题》，《人口研究》2001 年第 5 期。

166. 刘晓英：《农村家庭养老模式探析》，东北财经大学硕士学位论文，2007。

167. 刘燕斌：《试论促进灵活就业发展的政策措施》，《中国劳动》2002 年第 3 期。

168. 刘正桂：《中国农村社会养老保险基金管理模式研究》，四川大学硕士学位论文，2007。

169. 刘子兰、周熠：《养老保险制度再分配效应研究简述》，《消费经济》2010 年第 2 期。

170. 柳建平：《中国农村土地制度及改革研究——基于土地功能历史变迁视角的分析》，《经济问题探索》2011 年第 12 期。

171. 柳清瑞、刘波、张晓蒙：《城镇基本养老保险扩大覆盖面问题研究——以辽宁为例》，《辽宁大学学报》（哲学社会科学版）2009 年第 4 期。

172. 柳清瑞、穆怀中：《基于代际交叠模型的养老保险对资本存量和福利的影响》，《辽宁大学学报》（哲学社会科学版）2003 年第 2 期。

173. 柳清瑞、田香兰：《中国建立覆盖城乡社会保障体系的基本框架与推进策略》，《天津社会科学》2008 年第 6 期。

174. 柳清瑞：《部分积累制养老保险计划对消费决策的影响》，《中国人口科学》2005 年第 S1 期。

175. 柳清瑞：《人口老龄化背景下的推迟退休年龄策略研究》，《人口学刊》2004年第4期。

176. 柳清瑞：《养老金替代率的自动调整机制研究》，《中国人口科学》2005年第3期。

177. 柳清瑞等：《中国建立覆盖城乡居民的社会保障体系的思路与对策》，《辽宁大学学报》（哲学社会科学版）2008年第1期。

178. 柳清瑞等：《中国新型农村合作医疗制度的利弊分析——基于辽宁省辽阳市的调查》，《中国发展观察》2007年第5期。

179. 卢茗：《浅议生育保险的存在的问题及对策》，《经济师》2008年第2期。

180. 鲁欢：《新农保最低缴费档次"受宠"原因及对策分析——基于对辽宁省阜新市彰武县400户农户调查的研究》，《社会保障研究》2012年第2期。

181. 马红鸽、麻学峰：《新型农村社会养老保险筹资主体利益均衡机制研究》，《西安财经学院学报》2010年第4期。

182. 梅建明、刘频频：《城市低保群体的社会经济特征及低保救助制度——对武汉市387户低保家庭的调查分析》，《中南财经政法大学学报》2005年第5期。

183. 米红、王丽郦：《从覆盖到衔接：论中国和谐社会保障体系"三步走"战略》，《公共管理学报》2008年期1期。

184. 宓小雄：《土地换保障——化解农村社保困局》，《中国经济时报》2009年7月29日。

185. 穆怀中、丁梓楠：《产业层次的初次分配福利系数研究》，《中国人口科学》2011年第3期。

186. 穆怀中、柳清瑞：《养老保险需梯度对接》，《社会科学报》2006年5月25日。

187. 穆怀中、沈毅：《中国农民养老生命周期补偿理论及补偿水平研究》，《中国人口科学》2012年第2期。

188. 穆怀中、闫琳琳：《新型农村养老保险参保决策影响因素研究》，《人口研究》2012年第1期。

189. 穆怀中：《城乡社会保障体系建设中的"生存公平"问题》，中国社会保障网，2007年9月22日，http：//www.cnss.cn。

190. 穆怀中：《社会保障水平发展曲线研究》，《人口研究》2003年3月第2期。

191. 穆怀中：《养老保险体制改革中的关键经济因素分析》，《中国人口科学》2004年第4期。

192. 宁丽荣：《浅议社会保险档案管理》，《山西档案》2007年第11期。

193. 庞洁丽、羊纳：《建立农村最低生活保障制度的若干思考》，《陇东学院学报》2009年第4期。

194. 钱宁：《社区照顾与中国社会福利制度的改革》，《北京科技大学学报》（社会科学版）2003年第2期。

195. 邱添、张海川：《约束我国养老保险制度可持续发展的六个条件》，《中国社会保障》2012年第1期。

196. 申曙光、孙健：《论社会保障发展中的七大关系——基于社会公平的视角》，《学习与探索》2009年第4期。

197. 沈洁：《探索中国型的全民养老保险制度——借鉴日本的经验》，《社会保障研究》2006年第3期。

198. 施用虎：《社会保险档案管理亟待加强》，《秘书工作》2001年第10期。

199. 史建军：《机关事业单位养老保险可持续发展面临的突出问题》，中国社会保障网，2010年7月1日，http：//www.cnss.cn。

200. 宋宝安：《论我国城乡社会保障制度衔接的必要性与对策》，《学习与探索》2007年第3期。

201. 宋建军、刘晓斌：《中国农民的生命周期模型与人力储蓄养老模式研究》，《学术研究》2004年第5期。

202. 宋士云：《新中国农村五保供养制度的变迁》，《当代中国史研究》2007年第1期。

203. 孙树菡、朱丽敏：《中国工伤保险制度30年：制度变迁与绩效分析》，《甘肃社会科学》2009年第3期。

204. 唐钧：《确定中国城镇贫困线方法的探讨》，《社会学研究》1992年第2期。
205. 唐钧：《新农保的软肋》，《中国社会保障》2009年第11期。
206. 庹国柱、杨翠迎：《国外农民社会养老年金保险计划的经济社会条件的实证分析》，《中国农村观察》1997年第5期。
207. 庹国柱、朱俊生：《国外农民社会养老保险制度的发展及其启示》，《人口与经济》2004年第4期。
208. 王翠琴、薛惠元：《新农保个人账户养老金计发系数评估》，《华中农业大学学报》（社会科学版）2011年第3期。
209. 王桂新、张蕾、张伊娜：《城市新移民贫困救助和社会保障机制研究》，《人口学刊》2007年第3期。
210. 王国辉，陈洪侠，陈洋等：《农村社会养老保险基层经办服务能力的隐忧与对策》，《劳动保障世界》2011年第5期。
211. 王国辉：《辽宁省彰武县农村社会养老保险调查报告》，2011年1月。
212. 王国军：《浅析农村家庭保障、土地保障和社会保障的关系》，《中州学刊》2004年第1期。
213. 王海兰：《中国农村社会养老保险基金管理模式研究》，山东大学硕士学位论文，2006。
214. 王利军：《中国养老金缺口财政支付对经济增长的影响分析》，《辽宁大学学报》（哲学科学社会版）2008年第1期。
215. 王美艳：《城市劳动力市场上的就业机会与工资差异》，《中国社会科学》2005年第5期。
216. 王思斌：《我国适度普惠型社会福利制度的建构》，《北京大学学报》（哲学社会科学版）2009年第3期。
217. 王小鲁、樊纲、刘鹏：《中国经济增长方式转换和增长可持续性》，《经济研究》2009年第1期。
218. 王小英：《论"以土地换保障"——一个解决农村养老保险资金来源问题的新思路》，《中南财经政法大学研究生学报》2007年第3期。
219. 王晓军、康博威：《我国社会养老保险制度的收入再分配效应分析》，

《统计研究》2009 年第 11 期。

220. 王新梅：《全球性公共养老保障制度改革与中国的选择——与 GDP 相连的空账比与资本市场相连的实账更可靠更可取》，《世界经济文汇》2005 年第 6 期。

221. 王延中、张时飞：《统筹城乡社会保障制度发展的建议》，《中国经贸导刊》2008 年第 1 期。

222. 王章华、黄丽群：《新型农村社会养老保险存在的问题及其对策》，《改革与战略》2012 年第 4 期。

223. 蔚俊：《如何做好企业补充养老保险金》，《内蒙古煤炭经济》2007 年第 5 期。

224. 吴连霞、吕学静：《新老农保制度成败原因之对比》，《山东工商学院学报》2012 年第 2 期。

225. 吴玲、施国庆：《我国最低生活保障制度的伦理缺陷》，《南京大学学报》（社会科学版）2005 年第 2 期。

226. 吴晓林、万国威：《新中国成立以来五保供养的政策与实践：演进历程与现实效度》，《西北人口》2009 年第 5 期。

227. 吴中宇：《美国社会保障制度的发展及启示》，《中国社会导刊》2006 年第 20 期。

228. 武萍：《从内生警源和外生警源看我国社会保障危机预警》，《中国软科学》2006 年第 5 期。

229. 武萍：《社会养老保险基金运行风险管理存在的问题及对策》，《中国行政管理》2012 年第 3 期。

230. 席恒：《新农保实现好收益的关键在于服务供给》，人民网，2012 年 3 月 15 日。

231. 夏书章：《制度重要》，《中国行政管理》2003 年第 6 期。

232. 肖金萍：《农村养老保险的制度"缺失"与"补位"》，《改革》2010 年第 4 期。

233. 邢宝华、窦尔翔、何小锋：《新型农村社会养老保险制度的金融创新》，《东北财经大学学报》2007 年第 4 期。

234. 熊跃根：《中国城市家庭的代际关系和老人照顾》，《中国人口科学》1998 年第 6 期。

235. 徐文芳：《国外农村养老保障实践及对我国的启示》，《社会保障研究》2010 年第 2 期。

236. 徐文芳：《我国农村商业养老保险存在的问题与对策探析——基于完善社会保障体系的视角》，《保险研究》2009 年第 8 期。

237. 轩红：《国外农村养老保险制度对我国的启示》，《东岳论》2010 年第 12 期。

238. 薛惠元、张德明：《新型农村社会养老保险筹资机制探析》，《现代经济探讨》2010 年第 2 期。

239. 薛惠元：《新型农村社会养老保险操作风险评估及处理》，《华中农业大学学报》2012 年第 1 期。

240. 薛惠元：《新型农村社会养老保险风险的识别》，《现代经济探讨》2012 年第 1 期。

241. 阳义南：《"新农保"个人账户基金市场化投资管理的关键问题研究》，《经济体制改革》2011 年第 2 期。

242. 杨翠迎：《中国社会保障制度的城乡差异及统筹改革思路》，《浙江大学学报》（人文社会科学版）2004 年第 3 期。

243. 杨德清、董克用：《普惠制养老金——中国农村养老保障的一种尝试》，《中国行政管理》2008 年第 3 期。

244. 杨河清、陈汪茫：《中国养老保险支出对消费的乘数效应研究——以城镇居民面板数据为例》，《社会保障研究》2010 年第 3 期。

245. 杨来胜：《农村养老社会保障制度建设可行性分析与前瞻性思考》，《人口研究》1999 年第 3 期。

246. 杨立雄：《我国农村社会保障制度创新研究》，《中国软科学》2003 年第 10 期。

247. 杨晓红：《包头 80 万老人享受福利养老金》，《中国劳动保障报》2009 年 3 月 25 日。

248. 杨燕绥、赵建国、韩军平：《建立农村养老保障的战略意义》，《战略与管理》2004 年第 2 期。

249. 杨宜勇、张英、顾严：《构建城乡统筹的最低生活保障体系》，《中国人口科学》2006 年第 6 期。

250. 杨再贵：《中国养老保险新制度与社会统筹养老金和个人账户本金》，《中国人口科学》2007 年第 4 期。

251. 姚士谋等：《我国城镇化的五个关键性创新过程》，《中国经济报告》2009 年第 1 期。

252. 姚远：《从运行环境的变化看农村家庭养老的发展》，《人口研究》1997 年第 6 期。

253. 叶静漪、肖京：《社会保险经办机构的法律定位》，《法学杂志》2012 年第 5 期。

254. 尹文静、侯军岐：《失地农民社会养老保障问题探析》，《安徽农业科学》2006 年第 15 期。

255. 于海中：《非典对我国医疗卫生体系的冲击及反思》，《人口与经济》2004 年第 1 期。

256. 原新、刘士杰：《日本公共养老保障体系的财政困境及对我国的启示》，《现代日本经济》2010 年第 2 期。

257. 袁芳：《浅析人口老龄化与社会保障》，《科技经济市场》2007 年第 6 期。

258. 曾毅、王正联：《中国家庭与老年人居住安排的变化》，《中国人口科学》2004 年第 5 期。

259. 张车伟、张士斌：《中国初次收入分配格局的变动与问题——以劳动报酬占 GDP 份额为视角》，《中国人口科学》2010 年第 5 期。

260. 张冬敏：《新型农村社会养老保险制度的统筹层次研究》，《经济体制改革》2011 年第 4 期。

261. 张红梅、杨敏：《中国农村社会养老保险筹资主体分析》，《人民论坛学术前沿》2010 年第 6 期。

262. 张静：《农村社会养老保险档案管理的困境及对策分析》，《兰台世界》2010 年第 8 期。

263. 张静：《浅析农村社会养老保险档案管理的困境及对策分析》，《农业经济》2010 年第 6 期。
264. 张乐：《印度社会保障体系概述》，《南亚研究季刊》2006 年第 2 期。
265. 张茜：《发展和完善农村社会养老保险制度的政策建议》，《中国电子商务》2010 年第 5 期。
266. 张晓峰：《全国老年人高龄津贴制度建立情况》，《社会福利》2009 年第 6 期。
267. 张盈华：《养老保险"多层次"才能"可持续"》，《中国证券报》2012 年 2 月 15 日。
268. 张勇：《中国养老保险制度的再分配效应研究》，《财经论丛》2010 年第 4 期。
269. 赵华伟：《缩小收入差距的国际经验与启示》，《北方经贸》2009 年第 1 期。
270. 赵人伟：《福利国家的转型与我国社保体制改革》，《经济学家》2001 年第 6 期。
271. 郑秉文：《建立社会保障"长效机制"的 12 点思考——国际比较的角度》，《管理世界》2005 年第 10 期。
272. 郑春荣：《德国农村养老保险体制分析》，《德国研究》2002 年第 4 期。
273. 郑功成：《捆绑式参保损害农村老年人福利的实现》，《第一财经日报》2011 年 7 月 28 日。
274. 郑功成：《社会公平与社会保障》，《中国人民大学学报》2009 年第 2 期。
275. 郑功成：《中国社会保障改革研究及理论取向》，《经济学动态》2003 年第 6 期。
276. 郑功成：《中国社会保障改革与未来发展》，《中国人民大学学报》2010 年第 5 期。
277. 周弘：《西方社会保障制度的经验及其对我们的启示》，《中国社会科学》1996 年第 1 期。

278. 周美林、张玉枝：《计划生育家庭特别扶助制度若干问题研究》，《人口研究》2011 年第 3 期。

279. 周其仁：《中国农村改革：国家和所有权关系的变化（上）》，《管理世界》1995 年第 3 期。

280. 周运涛：《中国新农保基金管理制度研究——试点问题分析与制度完善构想》，《广西经济管理干部学院学报》2010 年第 4 期。

281. 周战超：《中国人口老龄化问题研究》，《经济社会体制比较》2007 年第 1 期。

282. 朱孔来：《对世界"中等发达国家"的认识及核心指标的界定》，《统计研究》2002 年第 11 期。

283. 朱丽莎、谢昕怡：《试论社会保险电子档案管理系统的创新》，《时代经贸》2012 年第 4 期。

284. 祝梅娟：《贫困线测算方法的最优选择》，《经济问题探索》2003 年第 6 期。

285. 左菁：《中国农村养老保险制度的反思与重构》，《河北法学》2007 年第 1 期。

286. Anderw A. SaMwick, "New Evidence on Pensions, Social Security, and the Timing of Retirement," *Journal of Public Economics*, 1998.

287. Ando, A. & Modigliani, F., "Tests of the Life Cycle Hypothesis of Saving: Comments and Suggestions," *Oxford Institute of Statistics*, 1957.

288. Aroal, H. J., "The Social Insurance Paradox," *Canadian Journal of Economics*, Vol. 32, 1996.

289. Arrow, K. J., *Social Choice and Individual Values*, MIT Press, 1986.

290. Barr, Nicholas, "National Defined Contribution Pensions: Mapping the Terrain," *Pension Reform through NDCs: Issues and Prospects for Non-financial Defined Contribution Schemes*, ed. Robert Holzmann and Edward Palmer. Washington, D. C: World Bank, 2005.

291. Barro R., "Are Government Bonds Net Wealth," *Journal of Political Economy*, Vol. 82, 1974.

292. Barry Friedman, Estelle James, "How Can China Provide Income Security for Its Rapidly Aging Population," *Selected Papers from Pension System Reform Workshops*, World Bank, 1998.

293. Borjas and Trejos, "Immigrant Participation in Welfare System," *Industrial and Labor Relations Review*, Vol. 44, 1991.

294. D. W. Johnson, "The Functional Distribution of Income in the United States, 1850 – 1952," *The Review of Economic and Statistics*, 36 (2), 1954.

295. David Lindeman, "Incentives and Design Issues in Pension Reform," *Selected Papers from Pension System Reform Workshops*, World Bank, 1998.

296. David, M. Cutler, Richard Johnson, "The Birth and Growth of the Social Insurance State : Expanding Old Age and Medical Insurance across Countries," *Public Choice*, Vol. 120, No. 1/2 (July, 2004).

297. Diamond, P. A., "A Framework for Social Security Analysis," *Journal of Public Economics*, 1977.

298. Dorothy J. Solinger, "Citizenship Issues in China's Internal Migration: Comparisons with Germany and Japan," *Political Science Quarterly*, Vol. 114, No. 3, 1999.

299. Estelle James, "New Models for Old Age Security and How Can They Be Applied in China?" *Selected Papers from Pension System Reform Workshops*, World Bank, 1998.

300. Franco Modigliani, "Life Cycle, Individual Thrift, and the Wealth of Nations," *American Economic Review*, Vol. 76, No. 3., 1986.

301. Frédéric Docquier, "On the Optimality of Public Pensions in an Economy with Life – cyclers and Myopes," *Journal of Economic Behavior & Organization*, 2002.

302. Helmuth Cremer, Pierre Pestieau, "Reforming Our Pension System: Is it a Demographic, Financial or Political Problem?" *European Economic Review*, 2000 (44).

303. Jan Ekberg, "Immigration and the Public Sector : Income Effects for the

Native Population in Sweden," *Journal of Population Economics*, August 17, 1999.

304. Jayasri Dutta, Sandeep Kapur, J. Michael Orszag, "A Portfolio Approach to the Optimal Funding of Pensions," *Economics Letters*, 2000.

305. Knight John, Lina Song and Huaibin Jia, "Chinese Rural Migrants in Urban Enterprises: Three Perspectives," *The Jouranal of Development Studies*, Feb., 1999.

306. Liebman, Jeffrey, B., "Redistribution in the Current U. S. Social Security System," NBER Working Paper, 2001. No. 8625.

307. Miller, David, *Social Justice*, Oxford: Oxford University, 1976.

308. Nicholas Barr and Peter Diamond, *Pension Reform—A Short Guide*, Oxford University Press, 2010.

309. P. Diamond, "A Framework for Social Security Analysis," *Journal of Public Economics*, 1977 (3).

310. Ramgopal Agarwala, "Managing Public Pension Programs: Analysis of Key Administrative and Policy Processes," Selected Papers from Pension System Reform Workshops, World Bank, 1998.

311. Razin, Assaf, And EfraiM Sadka, "Resisting Migration: Wage Rigidity and Income Distribution," *American Economic Review*, Paper and Proceedings, Vol. 85, 1995.

312. Richard, R. Nelson, "A Theory of the Low – level Equilibrium Trap in Underdeveloped Economies," *American Economic Review*, Vol. 46, 1956.

313. Robert Holzmannn, Truman Packard, and Jose Cuesta, "Extending Coverage in Multipillar Pensionsystems: Constraints and Hypotheses, Preliminary Evidence, and Future Research Agenda in New Ideas about Old Age Security," The World Bank, 2001.

314. Robert, M. Ball, *Social Security: Today and Tomorrow*, New York Columbia University Press, 1978.

315. Roger Axelsson, Olle Westerlund, "A Panel Study of Migration, Self –

316. Samulson, P. A., "The Pure Theroy of Public Expanditure," *Review of Economic and Statistics*, 1954.

317. Samulson, P. A., "An Exact Consumption Loan Model of Interest with or without the Social Contrivance of Money," *Journal of Political Economy*, Vol. 67, 1958.

318. Vincenzo Galasso, Paola Profeta, "The Political Economy of Social Security: A Survey," *European Journal of Political Economy*, Vol. 18, 2002.

319. Wildasin David E., "Income Redistribution and Migration," *Canadian Journal of Economics*, Vol. 27, No. 3, 1994.

320. World Bank, *Averting the Old Age Crisis*, Oxford University Press, 1994.

321. Yvonne Sin, "China Pension Liabilities and Reform Options for Old Age Insurance," The World Bank, Washington D.C., USA, Paper No. 2005 – 1 p. 34.

图书在版编目(CIP)数据

中国农村养老保险体系框架与适度水平/穆怀中等著.—北京：社会科学文献出版社，2015.3
 ISBN 978 - 7 - 5097 - 7009 - 2

Ⅰ.①中… Ⅱ.①穆… Ⅲ.①农村 - 养老保险制度 - 研究 - 中国 Ⅳ.①F842.67

中国版本图书馆 CIP 数据核字（2015）第 003611 号

中国农村养老保险体系框架与适度水平

著　　者 / 穆怀中　沈　毅　等

出 版 人 / 谢寿光
项目统筹 / 恽　薇　高　雁
责任编辑 / 颜林柯

出　　版 / 社会科学文献出版社·经济与管理出版分社（010）59367226
　　　　　 地址：北京市北三环中路甲29号院华龙大厦　邮编：100029
　　　　　 网址：www.ssap.com.cn
发　　行 / 市场营销中心（010）59367081　59367090
　　　　　 读者服务中心（010）59367028
印　　装 / 三河市尚艺印装有限公司

规　　格 / 开　本：787mm×1092mm　1/16
　　　　　 印　张：18.75　字　数：288千字
版　　次 / 2015年3月第1版　2015年3月第1次印刷
书　　号 / ISBN 978 - 7 - 5097 - 7009 - 2
定　　价 / 69.00元

本书如有破损、缺页、装订错误，请与本社读者服务中心联系更换

版权所有 翻印必究